慈濟宗門的普世價值

本書係第四屆慈濟論壇論文、講述結集

感恩所有與會學者、專家、貴賓、諸山長老

為慈濟宗門論述之貢獻與指導

目次

靜思法脈　慈濟宗門　　　　　　　　　　　　釋證嚴　*006*

論文：佛教與慈濟宗門

菩薩精神與慈濟宗門　　　　　　　　　　北京大學　樓宇烈　*048*

慈濟，組織管理與領導的典範
　　　　　哈佛大學　赫曼‧李奧納 (Herman B. "Dutch" Leonard)　*086*

慈濟在佛教歷史中的定位：個人與利他主義
　　　　　牛津大學　理查‧龔布齊 (Richard Gombrich)　*109*

實踐，而非教條──慈濟與傳統佛教
　　　　　加州大學聖地牙哥校區　趙文詞 (Richard Madsen)　*125*

慈濟宗與中國現代佛教的新宗派特徵　中國人民大學　何建明　*140*

慈濟：一個創新型華人教派的興起　　　哥倫比亞大學　魏德東　*164*

證嚴上人立慈濟宗門之思想體系　　　　　慈濟大學　何日生　*185*

作為大乘菩薩道的慈悲行：原理及途徑──
兼駁「慈濟將佛教俗化和淺化」說　　　中國人民大學　宣方　*283*

信仰與實踐：慈濟人間佛教裡的跨宗教反思
　　　　　波士頓學院　葛雷‧薩奇 (Gregory Sharkey)　*287*

講述：慈濟宗門入世思想

有禮達理──有禮之人，才能通達真理　靜思精舍　德傁法師　*296*

靜思法脈勤行道──佛法生活化
慈濟宗門人間路──菩薩人間化　　　　靜思精舍　德悅法師　*308*

行經之路　　　　　　　　　　　　　　靜思精舍　德懷法師　*312*

步步生蓮　　　　　　　　　　　　　　靜思精舍　德勷法師　*316*

慈濟法脈宗門與慈善的開展　　　　　　　　慈濟基金會 呂芳川 *321*

國際宗教的合作
　　　　印尼奴魯亞 伊曼習經院 烏蜜・瓦黑達 (Umi Waheeda) *337*

志工及捐助者的感受對慈濟宗門全球化的影響
　　　　　　　　牛津大學 約翰・霍夫曼 (John Hoffmire) *340*

從王道理念談慈濟宗門的全球化發展　　　　宏碁集團 施振榮 *346*

人類互助的希望──
來自愛與關懷的人性　　　　　　　　　　慈濟基金會 謝景貴 *352*

真情伴星月──
佛教慈濟與伊斯蘭在土耳其的相遇與相融過程
　　　　　　　　　　　　　　　　　慈濟志工 胡光中 *360*

「真愛」跨越藩籬──以祥和社會、創造
無災無難世界的共同目標與使命融合宗教
　　　　　　　　　　　　　　　　　慈濟志工 潘明水 *372*

德國慈濟志工對於難民問題的觀察與關懷行動
　　　　　　　　　　慈濟志工 范德祿 (Rudolf Pfaff) *378*

論壇致詞輯錄

中國佛教會理事長　　　　　　　　　　　　　圓宗長老 *384*

新北市佛教會理事長　　　　　　　　　　　　淨耀法師 *386*

慈濟法脈宗門中心秘書長　　　　　　　　　　黃麗馨 *388*

慈濟教育志業執行長　　　　　　　　　　　　蔡炳坤 *391*

慈濟大學　　　　　　　　　　　　　　　　王本榮校長 *395*

靜思法脈 慈濟宗門

佛教慈濟功德會創辦人　釋證嚴

佛心師志啟宗門

　　佛陀為「一大事因緣」來人間，這一大事因緣，就是「開、示、悟、入」佛之知見；為人們開示，期待人人都能開啟清淨覺悟的智慧。

　　「靜思法脈，慈濟宗門」傳承佛法，以《無量義經》作為我們修行的精髓。《無量義經》經文：「靜寂清澄，志玄虛漠，守之不動，億百千劫。無量法門，悉現在前，得大智慧，通達諸法。」這段文字所要傳達的意涵，就是佛陀對人間最重要的教育；人人本具佛性，本擁有清淨、遼闊的心靈境界，來人間的目的，即是為人群付出。

　　當年我皈依時，印公導師給我六個字：「為佛教，為眾生」；我給靜思弟子八個字：「佛心己心，師志己志」，這就是「靜思法脈勤行道，慈濟宗門人間路」。

　　佛心己心就是靜思勤行道。佛心清淨無染；我們要貼合佛心，使心回歸如佛「靜寂清澄，志玄虛漠」的境界，寧靜而無染，才能真正「為佛教，為眾生」。

師志己志就是慈濟人間路，師志是行菩薩道；人人都是一部經，都含藏微妙法，深入其中，則「無量法門，悉現在前」，因此行入人群，為苦難眾生付出的同時，不僅是利他造福，也成就個己智慧。

期待每位靜思弟子都能以佛心為己心，若人人心中有佛，看人人是佛，則能對天地萬物常存感恩、尊重、愛；以師志為己志，投入人間，為苦難眾生付出。

靜思法脈菩薩道

靜思法脈「為佛教」，是智慧；慈濟宗門「為眾生」，是大愛。

「靜思法脈」，是於勤行中修習靜定法，不斷地在為人群付出中去淨化自心。靜思法脈就是要勤，從「內修誠正信實，外行慈悲喜捨」，回歸心靈靜寂清澄的境界。不只要自修自利、獨善其身，還要利及他人、兼善天下。由此，體現眾生平等，萬物和合相連，以契入真如本性與萬法合一的大智慧。

「慈濟宗門」，是走入人群，去知苦、惜福、造福。以六度萬行，入人群不被眾生煩惱所染，不只不染，還以淤泥為養料清淨自心；不只清淨自心，還要轉眾生的煩惱為清淨，如蓮花清淨汙泥，也淨化自身。我們要引導天下人入人群中，自度度人，利他度己，這就是慈濟人間路。

「宗」即宗旨，慈濟宗旨，就是人間菩薩道。大

家依其出家入慈濟宗門，入此門來就要守住慈濟的宗旨，這就是靜思法脈、慈濟宗門。

「門」，就是修行的法門，修行的道路。我常說，「經者，道也；道者，路也」；我不是要讓大家只是念經，而是要讓大家身體力行。經就是道，道就是道理；道理，我們當路走，人人要身體力行。作為佛陀的弟子，要能體會佛陀在人間出生、在人間覺悟、傳法於人間，就是要開啟運用在人間、度化世人的人間佛法。

「慈濟宗門人間路」的宗旨，就是為度眾生而行入人群。慈濟宗門入群眾，無量法門在人間，自性智慧大圓鏡；芸芸眾生，每個人身上都有一部藏經，入人群得見無量法門，虛心納受就能得智慧，進而通達諸法。若道心堅定，心鏡明朗，能夠歷歷照映天地眾生相，才能運用眾生之法而回向、教導眾生。

慈濟宗門無量義

慈濟宗門源於靜思法脈，《無量義經》則是靜思法脈之依據，且是《法華經》之精髓。

《無量義經》「靜寂清澄，志玄虛漠」的境界，就是靜思的境界；為人間付出亦不能有我執的私心染著，唯有心靈清淨、開闊，才能「志玄虛漠」，立大志、發宏願，朝志願勤精進，此為「靜思法脈勤行道」之精神。

《無量義經》指出菩薩「是諸眾生大良福田」，慈

濟人都是眾生的大良福田，只要用心播種，菩薩種子即能從一而生無量──只要一位菩薩出現在人間，就可以利益無數人，這是慈濟宗門人間路之目標。

慈濟人就是從經典中躍出的菩薩！慈濟人要發願當千手千眼觀世音菩薩，就地招募人間菩薩，有五百人同心協力，就能成就一尊觀世音菩薩；每一位慈濟菩薩都能成為眾生的「不請之師」，只要有災難發生，慈濟人已經到達，開始勘災、準備發放，不只是自動自發前來救助的「不請之師」，且是及時給予所需物資、膚慰心靈的菩薩。

慈濟人在遼闊的世間，不僅為眾生安穩樂處，且聞聲救苦，做到苦難眾生的「救處、護處、大依止處」，及時救助、及時庇護，讓眾生惶恐茫然的身心有所依止。

二千多年前佛陀所說法，在二千多年後的現在，慈濟人做到了。而且不只是在臺灣做到，我們見證了五十多個國家與地區的慈濟人，以影音分享他們在各個國度所做，多麼踏實；不只是「如是我聞」，且是「如是我做」、「如是我行」、「如是我見」、「如是我感受」，所做的一切與經典是如此吻合！

大家珍惜法脈宗門，用心傳承。師父是「為佛教，為眾生」而做慈濟，自慈濟創立之始，即開始傳承法脈。為佛教，不能停滯在二千多年前的社會，要適應現代；所以我們要讓眾生所接收到的，是現代的

人能接受的佛法。

慈濟精神理念從靜思起始，人人須先自我淨心，並非只在口頭唸「阿彌陀佛」求生淨土，而是要把西方極樂世界化現在我們的心裡——心淨即國土淨。要淨化到什麼程度？達到「靜寂清澄，志玄虛漠」，心靈無煩惱、無得失、無是非，當下即是淨土。

自淨其意而行入人群淨化人心，在實際付出的過程中，因為心中有佛、行中有法，遂能「福從做中得歡喜，慧從善解得自在」，與眾生結福緣，不斷地啟發智慧。若問付出心力、流汗辛勞的慈濟人是否辛苦？人人皆言「幸福！」面容態度展現的是油然而生的法喜，彼此之間親近融洽如家人，故云「慈濟宗門一家人，志同道合是法親，法髓相傳長慧命，如同身受感恩心。」期許法親之間彼此勉勵、彼此感恩，日日慧命增長。

靜思法脈、慈濟宗門已立，大家回到靜思精舍，即是為了傳法脈、開宗門，就地撒播菩提種子，使之落地生根，所以人人齊心專注研習；研究慈濟起源，也實習方法，將行儀規矩落實於生活，展現團體合齊之美。期許海外慈濟人將連日所學、所感受的心得帶回居住地，用心傳承，將粒粒種子均勻撒播在人人的心地；以戒為制度，以愛為管理，維持慈濟團體的真善美。

「真善美」不是形容詞，而必須落實在生活中；看

到大家誠心接受教法、守規如矩而有滿滿的感動，希望大家恆心守志願，恆持此分感動，且將感動化為行動，志業精神恆久不息，從而產生無量菩提種子。每個慈濟人都是一顆顆菩提種子，力行在各自的國度，粒粒種子遍撒功德林，身口意行在靜思，於慈濟宗門以善解、包容入人群。

「靜思」能讓心靈維持寂靜、清淨。有寂靜、清淨的心思，自然所說、所想、所行皆是法；從慈濟宗門行入人群，必須運用善解、包容。

靜思是「內修」的心法，慈濟是「外行」的行動；內修誠正信實，外行慈悲喜捨。如《無量義經》云：「扶疏增長大乘事業，今眾疾成阿耨多羅三藐三菩提」；菩提種子在世界各地落地生根，成就、增長濟世救心的大乘事業，啟發無上正等正覺，具有無上的覺悟智慧。

利他度己行圓滿

眾生與佛本來佛性平等，差別只是在一個「迷」字，迷者就是凡夫，覺者就是諸佛。「眾生迷之而成顛倒」，為什麼叫做眾生？就是你迷了、顛倒了。「諸佛悟之而得自在」，諸佛為什麼那麼自在？因為他覺悟了，他悟之而得自在。「迷悟雖殊」，迷和悟雖然差得很遠，但是「體性恆一」。覺和迷，迷的起點其實也是覺，所以修行就是覺一念無明而已，它們同樣是一

體。眾生和佛的心還是一體，體性恆一。

　　學佛的目標，是自覺覺他、自度度人，這就是我們的目標。《無量義經》也是這麼教導，我們修行必定要有這分「覺性」，這個覺性要啟自無量大悲。無量大悲的良能，就是救濟苦難眾生，就是要當所有眾生的善知識，也是眾生的大良福田，是眾生的不請之師，為眾生所做的一切，使令眾生安穩樂處。我們所到的地方，就可以讓眾生得到歡喜、得到安穩、得到快樂。眾生有困難，就是要為他們設立了救濟、保護，所以「救處、護處、大依止處」，這是我們修行應該要有的。

　　菩薩是苦難眾生生命中的貴人，人人要發這個心、立這個願，提升我們生命的價值。貧窮的人，身心無所依止，所以一直在說，人間菩薩招生。每一個地方若能夠都是菩薩，就是「菩薩所緣，緣苦眾生」，菩薩也就是眾生的依止處，救處、護處、大依止處。

　　菩薩是我們的目標，佛陀教育我們，要成佛一定要經過菩薩道，菩薩道就是要自利利他。我們了解了法，要入人群度眾生。眾生根機不整齊，佛陀就設權教，用方便法，但是佛陀不失於實法而施教眾生。真實法，就是要引導我們，從凡夫地行菩薩道，直到終點才是成佛。學佛不是一生一世的事，是生生世世的道理。我們若能好好守志奉道，其道甚大。

　　慈濟宗門是行菩薩道，菩薩先救他人，再救自

己；利他同時也是度己。

慈濟人沒有專事念佛，也沒有參禪打坐，就是入人群行菩薩道，為天下苦難付出，有別於各宗派，且確實依循佛陀教育，走過五十年，普獲肯定，如今立宗，大家要堅定前行。

自立勤行定慧生

靜思法脈勤行道，傳承法髓弘誓願，慈濟宗門人間路，悲智雙運無量心。

我們靜思法，就是弘傳靜思法脈；靜思法脈就是勤行道，這勤行道是佛陀教法的菁華，就是將「經」與「法」鋪成了一條道路，身體力行傳下去，還要精進向前，不能懈怠，這是精神理念。

靜思勤行道是無量義，不只要在道場裡精進，更要透澈文字道理，精進勤行。「靜寂清澄」是守戒，「志玄虛漠」是立志，「守之不動，億百千劫」是定力；「無量法門，悉現在前，得大智慧，通達諸法」則是智慧。

戒、定、慧，就是靜思弟子的心靈方向，既已選擇修行的方向、軌道，一定要守規戒，止惡防非，立大志、發宏願，不是獨善其身，而是要兼利他人；在紛紛擾擾的人間發宏願，一定要有定力，才能生出智慧，這條菩薩大道才能千秋百世接續不斷。

慈濟宗門是行菩薩道，以身修慧命，在人間傳

法。做人間事，做得人和、事和、理和，以智慧鋪平人人心路，自然就契入菩提大道。我們藉事練心，藉假修真，藉方便事相來會理啟真，如能知曉方便妙法，則能無難不解，通達諸法，智慧如海，和睦群眾，一切無礙了。這都是法脈精髓，傳承法髓我們要發弘誓願。

靜思的道場，就是要「勤」；靜思精舍也是天下慈濟人的大家庭，不只是自力更生，也要為此一大家庭而營生，精舍裡的修行者各就其位，有耕作種植者，也有投入生產等各項工作，為四大志業而營生，這就是靜思道場的生態，目標乃在行入慈濟人間路，引領人群反迷為覺，化私愛為大愛。

慈濟宗門人間路，要運用慈悲與智慧，慈悲智慧雙行，就是無量心。我們要發願，有願沒有行也沒有用，有行沒有願也不長久，所以「願」和「力」要平行。

靜思法脈是「克己」，也就是要嚴守戒律、身心不逾矩。人人守戒，才能照顧好身心和家庭的健康，維護團體的清淨。我們要克己、克勤、克儉、克難，這就是靜思法脈。大家在日常生活中要勤儉、惜福，好好地傳承靜思法脈。

「慈濟宗門」是「復禮」，人與人之間以禮相待、彼此尊重。走入慈濟，須在生活中建立正確的人生宗旨，指引我們行正道。人人守戒，才能照顧好身心與

家庭和諧，維護團體的清淨，進而敦親睦鄰，主動關懷身心靈需要陪伴、經濟需要扶助的人，將社區融合成一個大家庭。因此從見習、培訓，就要用心學習禮節、規矩，去除心靈奢侈、改變習氣、啟發慈悲心、力行孝順、注重生活禮節等等，這都是做人與建立人格的方式。所以，我們要照顧好自己的形象，個人美，團體才會美。

師父不要大家去做法會、誦經，是希望你們走在人群中這條路，真正行六度萬行、菩薩行：布施、持戒、忍辱、精進、禪定、智慧。這不是用念的，是要大家走入人群中做出來，這就是靜思的法脈。我們要發心立願，要傳承下去，這就是法髓。

兼利天下結善緣

「靜思法脈勤行道」，是將「佛法生活化」；佛法不只是燒香拜佛而已，要身體力行，將佛法用在生活中，淨化自心，也撫慰他人的心。

「慈濟宗門人間路」，是要「菩薩人間化」；外行大慈無悔愛無量；我們要有無量的大愛，看人人歡喜幸福即慈心。我們到老人院、殘疾人士及弱勢族群的家，那些人與我們無親無故，我們都能耐心投入去愛他、輔導他。對周圍的家人、鄰居更要多一分關懷與愛；人間有愛，處處即是淨土。

人人本具佛性，只是佛陀在「覺」，一般凡夫眾生

在「迷」;「覺」的本體是清淨,「迷」是因為業障,受無明汙染。業障是否能消?只要我們有覺醒之心,每一分鐘都在消業。

在生活中面對的所有人,有緣者見之歡喜──起歡喜心卻不要動念;看到無緣的人,我們能清楚知道這個人與自己沒有很好的緣,要提高警覺──不再與他結交惡緣,如此則能消業。

若是面對無緣者又起心動念、惡言相對,是業上增業。假如曾經有過這樣的情形,現在開始要對他更好一點,不再傷他的心,不再讓他起惡念,隨著時間過去,對方心平氣消,惡緣隨之消散,或許有朝一日或是來世再相遇,反而是對方成就我們的道業。

行入「靜思法脈勤行道」,要耐得了身心的苦勞;開啟菩薩人間路,要貼近佛心,自利利人。自利,就要自修德、自治心,達到「靜寂清澄,志玄虛漠」,不再造作人我是非,造業攀緣,才能成就德行。

踏上「慈濟宗門人間路」,要運用佛法在人群中,做別人生命中的貴人。既知因緣果報之理,就要種善因、結善緣,「甘願做,歡喜受」,坦然面對困境,積極付出,才能得滿心法喜。

「靜思法脈勤行道,慈濟宗門人間路」,最終要回歸清淨無染的真如自性。清淨無染的心即是無所求的心;我們應提起正信不生疑惑,以智慧判斷,踏實行於人間路。唯有真正走入菩薩道路,走入無數人的生

命中，才能達到佛陀教育的真空妙有境界。

修行者不能獨善其身，而應兼利天下。人人都有無限的潛能，這一股潛在的力量是能夠拯救眾生的力量；心量能夠無限開闊，才能達到「心包太虛，量周沙界」，而擴大心量的方法，就是知足、感恩、善解、包容。

能夠包容天下眾生，自然不捨眾生受苦難。若不捨眾生只是想在心裡、唸在口中，對於苦難眾生毫無幫助，必須起身力行，伸手救拔。眾生不只在人間，六道眾生都是菩薩度化的對象。慈濟人包容、愛護一切生命及物命，因為蠢動含靈皆有佛性。

「慈濟宗門人間路」就是一條走入娑婆世界救助苦難的寬廣大路；所以慈濟人行為處事要有個性，也要有韌力。所謂有個性是能分清是非，心堅志定，雖有困難險阻亦無法障礙前行；然而不能過於剛硬易斷，要有足夠的韌力才能承擔重任。

三千世界眾和合

靜思法脈的法源就是靜思精舍，靜思精舍除了出家僧團外，之所以建立清修士，即為佛教而將出世的精神與人間結合，修行者不能隔世而修行，必須行人間路；在滾滾紅塵中，只要堅定立志，就能以其生命完全奉獻，發揮慧命。

出家或清修，即使沒有俗情的牽絆，心靈也要有

皈依處，靜思精舍就是我們心靈的家，辭親割愛後，就要專心投入這個大家庭，與眾融合，彼此合心、互愛。

清修士等於出家眾，要有出家的心。出家只是現了出家形象，以形象表達心靈的方向、修行的決心；清修士也是下定決心的修行者，要立定懇切的真心傳法脈。

既然要傳法脈，就要精進勤修，慈濟宗門不離人群，還要走入芸芸眾生中，實行菩薩道。於人間行菩薩道，需要天下所有的慈濟人、靜思弟子起而力行。精舍對於出家眾與清修士，是身心有形的皈依處、共同生活的家；對於在家居士慈濟人，則是無形的心靈皈依處。

在精舍生活，每天要用感恩心，相互依靠、相互包容。感恩家人成就我們，又有福、有緣與志願相同的人會聚於此，朝同一目標邁進，要先修除自己的習氣。其實是「我」不能與人合，而非人不能與「我」合；是自己不入群，不是人群不入己。

若希望「群能入己」，必須心量開闊，才能包容群眾；人不入己心、看人不順眼，是因為心不開闊。假如別人看我們不順眼，就要自我檢討，是否過於膨脹？要虛心接受別人的批評。法就是如此簡單，只要縮小自己，就能讓人人心中都有我、重視我，也會很愛我，與眾合群，受人人接納，很自然地融入群體。

靜思是慈濟的家，大家不要忘記，要常常回到精舍，精舍就是我們的家。因為靜思家庭中，不只有出家眾、清修士，也有在家居士慈濟人，慈濟人都是靜思弟子。靜思精舍，就是大家和合共住的大家庭，相傳靜思法脈人人有責。法脈即是法的根源，一棵樹要穩立不倒，根要開展得廣、扎得深；法脈又如血脈，血脈通達健全，身體才能健康運作，法才能永續相傳。

　　靜思法脈的勤行「道」，與慈濟宗門的人間「路」，皆來自於佛陀所說的經典；我們要依教奉行。

　　皈依佛，佛陀是宇宙大覺者，人天大導師；佛陀來人間就是為了一大事因緣，教導眾生以佛陀的大慈悲心為己心，故而皈依佛，就要體解大道，發無上心。

　　皈依法，要深入經藏，並非讀經、念經，而是要「行經」才能實際體會。慈濟人已經行在菩提大道上，周遭的每一個人都是學習的對象——「無量法門，悉現在前」。全球各地的慈濟人能彼此分享用法救人的經驗，每一個人都展現了不同的法門，都是可以學習的對象。能吸收每一個法門，加以運用，則智慧如海。

　　皈依僧，僧眾捨離小家、小愛，走入如來家庭，荷擔如來家業，負起傳法的責任與使命，讓佛法住世，應用在當代，故對僧眾要起恭敬心。

　　人人皆有「自性三寶」，除皈依有形三寶，更重要的是向內發掘自性三寶——「心、佛、眾生，三無差別」，人人都有與佛同等的慈悲與智慧；法也存於

自心，心靈自有一片法海；人人都是修行者，即使是在家居士，只要自愛，守戒律，行六度，內修誠正信實，外行慈悲喜捨，也能以身教、言教傳法，為人導正方向。

自愛就是報恩，付出就是感恩。你們自愛、守規律，師父就安心了；人人守護這條清淨大道，師父就不擔心了，這就是最好的報恩。大家身心健康，有餘力能付出，要感恩受幫助的對象，讓自己能夠有助人的機會。

佛教的法門是開闊的，千江萬水同歸大海；有不少慈濟人信仰不同的宗教，無論是基督徒、天主教徒或穆斯林，都能放寬心，融入慈濟大家庭，皈依於慈濟宗門。宗教間要彼此尊重、互愛，但願每一個宗教都能合和互協——「合」心、「和」氣、「互」愛、「協」力，才能拯救世間的苦難。大家在慈濟宗門都能法喜充滿、福慧雙修，讓人間菩薩從自己的這一顆種子不斷地衍生。

持法入群皆道場

「靜思法脈勤行道，慈濟宗門人間路」，靜思法脈著重於精神的淨化，即淨化人心。而今欲淨化人心與古代大不相同，過去是佛法存於叢林道場，一般大眾須行千里、萬里入深山寺院求法、求師，其心性純樸虔誠；現代人口密集、交通便利，然而人心距離卻

愈益遙遠，所以人不來求法，而我們要主動使法入人間，故普遍於各社區設立慈濟道場。

慈濟不蓋寺院，而是建醫院、建學校，取於社會、用於社會——醫院搶救生命，全臺六所慈濟醫院救人無數；九二一希望工程援建中部學校，又有花蓮與臺南的教育志業體，是為社會未來的希望培養慧命。

現在的社會教育令人憂心，倫常顛倒，若不予矯正，道德理法不斷衰亡，很快就會面臨佛陀所言的「末法」亂局。五濁惡世，眾生垢重；劫濁、見濁、煩惱濁、眾生濁、命濁，都是由人心境界所延伸，因此人間需要淨化人心的道場。

我們當眾生的「不請之師」，不等眾生求救拔，真菩薩不求自來，於苦難地方、於眾生需要之處，設有許多人間道場，即為「傳承靜思法脈，弘揚慈濟宗門」。

慈濟人皆為靜思弟子，而「靜思」以佛教精神為本，旨在淨化人心，以「自力更生」的生活，作為全球慈濟人心靈的故鄉，讓大家回到精舍就如回到自己的家。而各地慈濟道場不派駐常住師父，靜思堂屬於慈濟基金會，匯合大眾的愛心而建設，故盼「行有餘力，則以學文」；做慈善救濟之餘，也做精神教育，舉辦共修、讀書會，彼此分享心得，傳承舊法新知。

希望大家有共同的一念心為未來傳續慈濟精神。我們都是第一代的靜思弟子、慈濟人，行於靜思法脈

勤行道、慈濟宗門人間路，要重視宗教精神；靜思法脈保存宗教精神，《無量義經》是靜思法脈的精髓，要勤於實行，入人群中踐履慈濟宗門人間路。

《無量義經》「靜寂清澄，志玄虛漠」的境界，就是靜思的境界；為人間付出亦不能有我執的私心染著，唯有心靈清淨、開闊，才能「志玄虛漠」，立大志、發宏願，朝志願勤精進，此為「靜思法脈勤行道」之精神。

靜思法脈，要四弘誓願，要修誠正信實，才能將法脈傳承於後代，慈濟宗門才能在人間鋪路，走得穩！

四心弘願淨世間

誠心誓願度眾生，正心誓願斷煩惱，信心誓願學法門，實心誓願成佛道。

靜思弟子發四弘誓願，「眾生無邊誓願度，煩惱無盡誓願斷，法門無量誓願學，佛道無上誓願成」，這是靜思法脈，人人既發心就要有四弘誓願，這是行大道；要用「誠心誓願度眾生」，要有誠心，才能度化眾生，你沒有誠心，你的話人家不會聽，你要有誠懇的心意，要有正念的心，才能度眾。

「正心誓願斷煩惱」，我們一定要煩惱斷，才能脫離煩惱無明之苦。有時候，有錢了，煩惱也很多，用錢切不開煩惱，還是以佛法才能撥開煩惱。法，讓我

們歡喜、法喜，所以我們要以「正心誓願斷煩惱」。

還要有「信心誓願學法門」，我們若沒有信心，法門無法，就不知道方向在哪裡。「信為道源功德母，長養一切諸善根」，有信心才能堅定守志，不動搖，精勤學法門。信，是自己對內心的要求；「信」，非常重要，做人要有自信，也要能讓人相信。

要「實心誓願成佛道」，我希望人人都可以成佛道，我也很期待所有的弟子們一起都能真正地成佛道。

人人本具佛性，這分妙有的真性，就如一顆種子，倘若離開土壤就無法萌芽；同理，我們也需要有好的心地，含藏善種的真純本性才能發芽茁壯，所以需有「誠正信實為大地」。

還需要「慈悲喜捨為和風」，也就是「慈悲喜捨」如和風般，將種子撒播在人人的心地，提供清新的空氣。若僅有種子與土壤，則無法成長，還需要水的灌溉，所以「智慧妙法為淨水」；加上不息的熱情，以「殷勤精進為陽光」。人間菩薩需要這些助緣，才能讓一顆顆的種子，從樹苗長成小樹，進而成為綠蔭的大樹。

我們走入慈濟宗門，要先發四弘誓願，開始要身體力行，要「慈悲喜捨」，「大慈無悔，大悲無怨，大喜無憂，大捨無求」。

慈悲喜捨誠正行

　　大慈無悔愛無量，大悲無怨願無量，大喜無憂樂無量，大捨無求恩無量。

　　「大慈無悔愛無量」——入慈濟宗門，一定要有無緣大慈，為了眾生的幸福，我們願意付出無後悔，所以叫「大慈無悔」。對無親無故的苦難人，能以無量大愛付出，看到人人歡喜幸福，即同感歡喜；大慈就有大量，心胸開闊，即使受到惡言惡語對待仍不以為忤；對於共同付出的法親，更要以知足、感恩、善解、包容的心念誠摯互動。

　　「大悲無怨願無量」——眾生苦難，我們一定要投入，拔除苦難，任勞任怨，絕對無怨無尤；真辛苦，我甘願我不怨，這種無怨無尤。即使做好事，也難免遭遇人事障礙和困難；既是出於志願，面對他人的批評責難，只要問心無愧，不要埋怨，做好自己本分事，還要用寬心善解對方且用耐心接引，真正達到無悔無怨。

　　「大喜無憂樂無量」——付出後輕安自在，無憂了；因眾生在苦難中，已經付出將其救拔出來，安穩了；啟發他的心，身心安穩，我們無憂愁了。我們願意自動自發，願意捨。心寬念純，就能時時歡喜自在，做得快樂。

　　「大捨無求恩無量」——我們願意付出無所求，還要由衷生起無量感恩，這是我們要行的菩薩道。

「靜思勤行道，慈濟人間路」是依循《無量義經》的方向而行，勤修佛陀的教育──「慈、悲、喜、捨」四無量心。同時開啟智慧，用心走入人群實踐四無量行──慈，行大慈無悔；悲，行大悲無怨；喜，行大喜無憂；捨，行大捨無求。

　　以慈悲為首，以眾生為念，如是發心，佛種不斷，菩薩慈悲，無量無邊；眾生根機，無量無邊；慈悲心法，無盡無量。

　　我們知道，天下的苦難偏多，「教富濟貧、濟貧教富」，就是一條菩提道路。我們初發心時的那念心，就是真誠的心，我們要以這念真誠的心來為善。這念善不是一個人能達成的，要有人協力，動員群眾，走在同一條道路，守於真誠的心。

　　所以我常說，人人從自己的內心要誠正信實──守真、守誠、守信、守實；人人內心若能誠正信實，自然我們行於外是慈悲喜捨。人人都是這樣的心，人人共同一個目標：慈、悲、喜、捨，在這條道路上，這就是善。

　　心淨如琉璃，方能「誠正信實」──一切付出發自真誠，沒有虛偽，是「誠」；步伐正確，方向沒有偏差，是「正」；付出無所求，做得讓人信任、肯定，是「信」；腳踏實地，穩步前進，是「實」。

　　內修「誠、正、信、實」，才有力量外行「慈、悲、喜、捨」。

自謙禮讓修福慧

「內修就是四弘誓願，外行是四無量心」；「內修靜思法脈，外行慈濟宗門」，這是很完整的福慧雙修。

「慈濟宗門是修福，靜思法脈是修慧」，所以福慧兩足；我們要在時間中好好把握，時日苦短，不要空過，我們要恆持剎那，時時要精進，不要再貪戀人間欲樂，不要偏離正道，好好修身養性行大道。

法髓入行福慧修，付出無求平等愛，內能自謙即是功，外能禮讓是為德。

「傳承靜思法脈，弘揚慈濟宗門」，法脈，是慈濟人精神所在。慈濟四大志業要有精神理念，才能源遠流長。法髓入心，慧命增長；慧命增長，心門自然打開；心門打開，智慧則開，就會以天下大事為己任。

佛陀來人間說法，在四十多年間，他從眾生不同的根機，不同的位置方向，循循善誘引導來到中間，就是要行在中道，那就是菩薩道。我們應該以感恩心來接受，一燈能滅千年暗，一智能除萬世愚。

佛陀他是無量劫來，不斷現相人間，示範他修行的方法、典範。因為時代不同，修行的方法也可以不同，但精神是一。由於生活的時代空間不同，因此諸佛菩薩不斷來人間現相，展示他的典範來教育我們。我們要視人人是佛，佛陀就是要我們尊重人人。因此，修行的過程，一定要積功累德，不斷不斷累積我們修行之德。

修行的果就是德，德之前一定要用功，「內能謙虛」即是「功」；「外能禮讓」即是「德」。我們要好好修行我們的內在，以我們的靜思法脈，人人信實誠正，就是內修，這就是用功。我們若能信實誠正，我們的心就沒有過患了；不會有過失犯錯，心就會常常很清淨，清淨的本性就是佛性。

　　人人都有與佛同等的至誠無染心，慈濟人及時湧現在苦難者身旁，作為「不請之師」或「大良福田」，給予膚慰、擁抱、照顧，真誠地付出；淨化他人之前，必須先自我淨化。在慈濟大家庭中，也要合心、和氣、互愛、協力，立願做人品典範，自愛愛人；要呵護且帶動後進，如琉璃般剔透清淨，傳承法脈、弘揚宗門。

　　慈濟從慈善起步，雖然缺乏人力與物力，但是見到人間疾苦，以及那分苦不堪言，即使明白「善門難開」，仍須勇敢地投入救助的工作；因為我相信佛陀所言：人人本具清淨如來本性，除了信己無私，也相信人人有愛；無論再艱辛，都要啟發大眾的愛心、匯聚力量，將佛陀的理念在人間實踐。

　　慈濟從教富濟貧做起，進而在濟貧中再教富，以期待人人平等。我常說「智慧」：智，是分別智；慧，是平等觀。分別智，能夠明辨是非；平等慧，就是人人平等。我們本具佛性，雖然看不到、摸不著，但是能用行動表達出來。倘若人人都能付出一分愛，就是

實踐平等愛，就是通達智慧。

慈濟人行經知路，親自做過的歷史與記錄下的每個足跡，都是人生的大藏經；每個人力行之後，所得的智慧與感動，彼此吸收、學習，這就是「無量法門，悉現在前」，也是我們的「慈濟宗門」。那分無所求的真誠付出，不僅自己能感受到法喜，也可以感動他人，乃至一同加入人間菩薩的行列。

我告訴全球慈濟人：大家安心做，做了才能讓人看得到、感受得到。因此必須先淨化自己的心地，再淨化他人，才能真正地啟發愛心，接引當地人。我們為何要開啟慈濟法門？為何要在國際間從事急難救助？並非只是要大家聞聲救苦、馳援救人，更希望大家能淨化自心，做自己心地的農夫，須播善種、勤耕耘，如此才能回歸自性清淨與佛心。

如今慈濟能推展至全球，這都是全球慈濟人合心拯救了多少苦難蒼生，很令人感動與感恩；我們都有一個共同的名稱，叫做「慈濟人」，看到大家和氣、互愛，如同對待家人般，付出無所求，這分清淨的愛，滿懷歡喜、感恩，就是慈濟宗門清淨無染的法髓。

力行六度弘覺道

六度之「智慧」，即六法，這六法亦合於經典，在《無量義經・十功德品》的「第一功德」，即言「四心六度」：「無慈仁者，起於慈心；好殺戮者，起大

悲心；生嫉妒者，起隨喜心；有愛著者，起能捨心；諸慳貪者，起布施心；多憍慢者，起持戒心；瞋恚盛者，起忍辱心；生懈怠者，起精進心；諸散亂者，起禪定心；於愚癡者，起智慧心。」

所以慈濟的法門，包括四門四法，以及六法六度，與「慈、悲、喜、捨」四無量心，皆含納於《法華經》的精髓《無量義經》之中；以經典來見證慈濟法門，絕對是正法。

各位菩薩們走入慈濟之門，絕無後悔；既無後悔，人人要勇猛精進，發大心、立大願，把握當下的發心，恆持剎那，這一念心不受外境影響。

可知人生無常，生命脆弱，我的心天天都起起落落；儘管人人都說「敬請師父莫憂慮」，但是弟子何其多，世界何其大，要我如何不擔心、不憂慮呢？我們平常要把身心照顧好，堅定行菩薩道。

全球人口近七十億，僅有百萬慈濟人，善惡拔河實力懸殊，所以人人都要發大心、立大願，更何況自做自得，行善得福；「福從人群中修，慧從人群中得」，修福與慧，都不能離開人群，但是在人群中，一定要把心調好，與人人結好緣，帶人人走上正確的方向。

慈濟宗門就是要走入人間，不離人群。在人群中得見善法，要時時吸收，也要向人分享；若是看到人間的惡法，要時時警惕，自我提醒。就如大家精進，吸收了許許多多的善法，要將善法永遠留在心坎裡，

且時時提高警覺，不要讓惡法走入我們的生活，防止惡法入心，守好自己的心門。

正法勤行護慈心

眾生有八萬四千種根機，思想、理念不同，所以佛陀要用智慧，開啟許多法門，才能夠適合眾生的需要。生活中不離佛法，佛法最能契合眾生的根機，尤其要能與我們的心契合，與我們的生命同行，所以佛法要生活化。

很多人日日精進佛道，卻還說學佛是很深遠的法門，路那麼深，又那麼長，究竟要從哪一個門、哪一條路進入呢？其實我常說佛法是為眾生施設，最平易近人，最親近人生。只是要用什麼方法，才能貼近我們的心？什麼樣的佛法和眾生最契機？可以不離生活呢？是「三十七道品」，也稱作「三十七助道品」。

為什麼稱作「三十七助道品」？因為總共有三十七種方法，要我們用心思考，身體力行、自我覺悟，所以還有一個名稱是「三十七覺分」，即引導我們覺悟人生。

內修四無量心，外行六波羅蜜，以三十七助道品，堅固四心、堅定六度，為菩薩成就佛道之法。

我們要「發慈悲心」，我們要度自己，同時我們要度別人，所以這是度的工具，「六度」，就是用六種方法度我們過去，六度大家都知道，布施、持戒、忍

辱、精進、禪定、智慧，一開始就是布施，不忍眾生
受苦難，所以我們要去付出、付出，付出布施千差萬
別很多、很多，因為眾生苦難多、需要多，所以我們
要應眾生的苦難去付出，所以這叫做慈悲，慈悲布施。

除了發慈悲心，我們還要「加修一切菩提分法」，
那即是「三十七助道品」，八正道、七菩提分等等合起
來三十七種方法，其實三十七菩提分，完全是在保護
我們的心境，我們的心境遇到什麼困難，就在三十七
菩提分裡加強我們的道心，讓我們知道，要如何面對
外面的境界，障礙如何消除；消除了外面的障礙，我
們才能再身體力行，這要靠三十七菩提分，來保護我
們的心。

三十七菩提分就是要為我們分析，外面有什麼
事，不要計較，一切分析到最後什麼都沒有，計較什
麼呢？但是偏偏人世間就是「有」，所以我們一定要設
很多方便。「方便涉有」，一定要處群入眾，「方便涉
有」意思就是，明明世間這麼多苦難人，我們不能光
是潔身自愛，在旁邊做一個旁觀者，看別人苦難不能
無動於心。

我們必定要保持住道心，但是要進入芸芸眾生群
中，我們處群入眾，在苦難眾生中，眾生多為煩惱所
苦，唯有以法水洗心，方能滌除重重垢穢，回歸清淨
本性。

我們不捨度生，投入人群中，不捨眾生受苦難。

我們若有這種不捨，不捨眾生受苦難，這念心，能再身體力行，這樣我們就能與菩薩同等；「同於菩薩，證法無別真如」，與佛的真如等同。

常常說，「佛心為己心，師志為己志」，簡單的幾個字，就已經從起步到終點，藍圖都已經很準確，但是發心容易恆心難，佛心本來離我們不遠，人人與佛心同等。佛心己心，「唯得其正」。我們要真能達到佛的心就是我們的心，我們的心就是佛的心，只有一個字——正；要心正，心若正，道就正；心行、道正、行正，因此只是在這個「正」字。

「正心住」很重要，住就是定在那裡，叫做住。我們的心若能定於正確不偏差，這樣我們的心念同佛，和佛相同。

所以《三十七助道品》，是修行的重要法門，其中就有八正道，八正道裡面八個正，這個正字很重要，是一條道路，康莊的道路。

心合佛心住佛行

學佛的目的，就是為了要去除種種的煩惱，提升我們的平等觀，讓心靈不受到汙染，回歸清淨的真如本性。

真如實相本來自在，人人都有與佛同等的真如實性在，只是我們的一念無明起，緣著外面的境界，不斷複製煩惱，已經複製到現在，微細的煩惱，八萬塵

勞的煩惱。想一想這多麼辛苦，本來我們人人都有如來本性，本來就是自在，只是漏和結，漏就是煩惱，結就是執著，這種煩惱、執著，將我們綁住、覆蓋。大家若能了解，那就是漏結已盡了。

其實我們本來就是這麼清淨，只是我們接受外面的境界汙染我們的心。否則，本來自在之相，全體顯現在我們的日常生活中，真理絕對沒有離開我們的心，真理也沒有離開我們生活的周圍，只是我們被煩惱、漏結，將我們遮蓋住，將我們綁住，讓我們不得自在，不得自由。

心和境在一處，大家是否都能靜謐輕安，不論是單獨一個人時，或是在群眾中，我們的心都是清淨一如。學佛，就是要常常問自己的心，我們的心是不是時時真如一致。

真，就是不假，修行要修真的，不假，我們是不是從源頭那念心開始，源頭那念心就是佛心。人人要學佛，要先學得佛心。

只要我們發心，把真如本性提起，就能透徹。真如本性，原來就是一個「善」字。常常和大家說一句話，就是「人之初，性本善」，這就是佛陀的本性，是我們人人本具清淨的本性。所以稱為實性，就是真如實性。只要我們的心是清淨的，不受汙染，行為上事事皆善，沒有惡事雜揉，若能如此，這就是人人的本性。

真如的實性，我們依原本有的清淨心，再開始修起，所修之行無非真實。只要你那分真如的本性再重新提起，我們就依教奉行，依照這條道路再走，走回來，回歸我們清淨的本性，這就是佛陀教我們的，我們依教奉行，如此所修的行都是真實的。所以真實行，無非就是回歸我們的本性，以真如實性來向前前進。

　　我們人間，佛也是從人間修，我們人要成佛，離人間無佛可成。印順導師也是這麼說，佛在人間成；人間因為有種種的苦難，苦難偏多，就是因為苦難的眾生，才能練出智慧與愛的菩薩，清淨的智慧、無私的大愛，這是菩薩的心。

　　諸佛的世界散開是恆沙諸世界，合一則是一如。若能將心收攝在一處，源自佛心，行住佛行，就能清楚這個世界的型態了。

　　法界有多大，我們的真如本性就有多大，我們一再要學習的，就是要讓我們的心量開闊，等於法界。時間、空間、人與人之間，無不都是佛法，無不都是普遍真如本性。我們的真如本性靜寂清澄，這是最妙的環境。我們的心境，周圍的環境，這麼寧靜，就是讓我們體會到性海圓融的境界。常說「心包太虛、量周沙界」，擴大我們的心胸，我們的心胸要包太虛。這就是一種形容，心量要大，尤其是我們的心要伸展到，只要有土有沙的地方，就有我們的愛到達，這叫

做量周沙界。

到底我們的愛心，普遍到什麼程度呢？到沙界的程度，所以「周遍」。我們若能回歸到真如本性，清淨的心境開闊到什麼程度呢？心等法界，含攝周遍。心，我們的心要等於法界，尤其是含攝周遍。量就是要到達所有的遍法界，所以，量等虛空，名等法界無量。我們的真如要到達法界，等法界無量，等就是和它一樣大，法界有多大，我們的性，真如本性，就和它同等的大。心量開闊等於法界。所以我們能含攝遍周，就是遍虛空，遍法界，那就是包太虛、周沙界。

萬法合一契真如

什麼叫做如來身？真如實相，真，就是真誠，一如貫徹。我們既然發心學道，這條路就是要真如，真誠一如貫徹我們的道路。

什麼是智慧圓明？智慧圓明，就是世間事沒有什麼可障礙我們的。讓我們沒有掛礙，無論是物質或是親愛的人，真正的愛就是能愛出他和我們走同一條路，讓他能改變過去的無明習氣，這就是真愛。這一生既然有緣在一起，但願來生他能改掉許多無明習氣。明明覺覺再來人生，這就是真愛。

我們愛，要愛在真道，道是一條大直道，這就是真的道理。不必用很多複雜的心，說我要如何去求道，其實道在我們面前，道在我們腳底，道在我們

身邊，道在我們口中，道在我們的日常生活，待人處事，只要我們的心能會道，無處不是真道。發揮如來清淨如實真如的道理，我們要用明朗的智慧看世間，萬事萬物。

真如之理，圓滿成就，內外要合一，內謙外讓，這樣開闊心胸，無處不包，無所不容，這種包容的心，就是真如之理。

眾生為什麼有根本和枝末無明的交結，就在內心。因為大家還未體會到，因為眾生不達一法界之理。我們的心還沒體會到一法界。什麼叫做一法界？就是真如。真如不離法，所以叫做一。

佛陀為我們說法，萬法歸一就是真如。真如無染，就是佛陀所說的法。

諸佛名為如來，真如來去，乘如是願而來娑婆世界，乘如是行而應眾生世界。所以世界即一切如來之世界，世界、如來，涉入無礙。不論是什麼境界，諸佛，不論是娑婆世界、西方世界、東方世界，總共十方的諸佛世界融會一起，其實散開是恆沙諸世界，合一就是一如世界。所以我們若能將心收攝在一處，我們來自佛心，我們在芸芸眾生中行住佛行。

立體琉璃同心圓

立體琉璃同心圓，菩提林立同根生，隊組合心耕福田，慧根深植菩薩道。

無論身在世界上的哪一個地區，慈濟人皆是一家親，這一分親近感不同於世俗血緣之親，世俗之親只在一生一世，而慈濟「法親」，所結的緣是生生世世。我們在過去結了一個共同的好因，以慈濟為緣，以法結親，即使此生各自生活在不同的國度、有不同的文化背景，都能有共同的理念，同師、同門、同道。

　　慈濟人合和互協，要立體琉璃，我們的心要時時很乾淨，乾淨得像琉璃一樣，沒有一點汙染雜質，這是我們要修行的功夫「立體琉璃同心圓」。

　　我們還要「菩提林立同根生」，每個人所接受到的是靜思法脈，傳同樣的法，也是共同的一道門，就是慈濟宗門；我們是菩提林立同根生，志同道合是法親。

　　「隊組合心耕福田」，慈誠隊、委員等，大家要合和互協，如此我們就可以耕人間的大良福田。

　　大家所修行的就是慧根，智慧的根要扎得深、被得廣，菩提樹才會茂盛；慧根深植菩薩道，是慈濟人必須要努力的。

四法四門四合一

　　慈濟宗門的組織力行：「四法四門四合一、立體琉璃同心圓」的理念。

　　「四法四門四合一」為「合心」、「和氣」、「互愛」、「協力」。「合和互協」為深入慈濟的四個步驟而非四個層次。不論分在哪個隊組，都要「四合一」；

無分資深、資淺，親自投入，匯聚力量，使社區即道場，實踐「立體琉璃同心圓，菩提林立同根生，隊組合心耕福田，慧根深植菩薩道」的精神。

感恩委員慈誠的發心與用心，用心守持戒律，真正發大心、立大願，力行四法四門四合一，達到「立體琉璃同心圓」。

慈濟人應知「靜思法脈勤行道，慈濟宗門人間路」；靜思法脈以佛法為中心思想，且將佛法自叢林道場推入世間與人群，自度度人。大家要確實做到「四合一」，無論是否承擔幹部、身為哪一個組隊幹事，都要合為一心，把靜思法脈的勤行道，與慈濟宗門的人間路，走得更寬廣、更長遠。

慈濟四大志業、八大法印，由社會各界人士齊力付出而成。每位慈濟人歡喜甘願、一心投入，將念念好念匯聚為清流，泛起一圈一圈的漣漪，慢慢從花東推展到全臺，進而普遍全球，成就真正的立體琉璃同心圓。

長養慧命法永住

慈濟人在立體琉璃同心圓之中，行四修法──「長時修、無間修、無餘修、尊重修」；好的法，我們不要放棄，感恩、尊重、無餘修；不好的現前來，給我們警惕、教誡，我們也要無間修，自己常常好好反省自己。不論無餘修、無間修，總是長時在日常生活

中，分秒不空過，用尊重、恭敬的心來修我們日常生活的行。

所以我們要誠正信實，這念心面對人間，四修法、四弘誓願、四無量心。我們由這個方向去精進，這樣正法就能永住人間。

希望立體琉璃同心圓如水漣一般，一滴水，圈圈擴散，漸至全球，達到佛法生活化，菩薩人間化。

慈濟菩薩隊伍浩蕩長；既投入慈濟宗門，我期待人人心中有法，以佛心為己心。

佛法不一定是在寺廟裡得，也不是只有法師說的法才是佛法；只顧著到寺廟裡念經、誦懺、做法會，求佛陀加持、求菩薩保佑，這不是佛法。其實佛陀不要人拜，只要人尊重；能接受佛陀教法，就是尊重佛陀所說法。學習佛陀的精神，無緣大慈、同體大悲；佛陀如是說，我如是聽、如是行，就是真佛法。

「合抱之樹，發於毫芒」，每個人心中都有一畝田，去除無明、煩惱，讓心田乾乾淨淨，才好播種、耕耘；而一句善法深植心底，如同種下一粒善種子，能「一生無量」，結成纍纍的果實，滋養慧命。

期待人人回歸「靜寂清澄如琉璃」的明朗清澈本性，把握當下、恆持剎那，以天下大事為己任；點亮自己心中的智慧燈，進而用這盞燈照亮世界，為人引出光明道路！

感恩慈濟人秉持「為佛教，為眾生」的精神，不

論有形的距離多麼遙遠，你心貼我心、貼合佛心，心心相印；長久守護天下苦難人，哪裡有災難，總是合心協力付出。

四大八法行佛道

慈濟邁入第五十一年，第一個十年扎根慈善，第二個十年擴及醫療，第三個十年奠立教育，第四個十年深耕人文；整整四十年時間，一直是「為眾生」先行，內含「為佛教」的精神──以「誠、正、信、實」的清淨心，在人與人之間力行「慈、悲、喜、捨」。五十年後，正式開立慈濟宗門，在「為眾生」的同時，加強「為佛教」。

四大八法菩薩行，無私大愛人間路，宗門萬行弘師志，法脈勤修契佛心。

慈濟在發祥地臺灣，逐步開展出「四大志業、八大法印」，撒播一顆顆的種子，讓愛遍布全球，慈濟人都是用無私大愛踏實在全球各地。面對全球氣候丕變，天災、人禍頻仍，在災區都能見到身穿「藍天白雲」的慈濟人聞聲救苦，膚慰受災者；付出無所求，付出還要感恩。

慈濟四大志業──慈善、醫療、教育、人文，鋪成人間菩薩網。我們行於菩薩道，應該感恩普天之下的苦難人，讓我們有機會為他們付出。人世間不僅天災人禍、貧窮是苦，病痛也是苦不堪言。無論貧富老

幼，都可能遭受病痛折磨。佛陀說「八福田中，看病功德為第一。」醫療志業守護生命、守護健康、守護愛，發揮搶救生命的良能。現今社會，人們雖然普遍生活無虞、身體健康，但是人倫道德的觀念卻愈來愈淡薄，實是令人憂心。人從小時候，若能教之以禮、育之以德，將來才能為社會付出，成為安定社會的力量。然而，這都需要人與人之間彼此的帶動。

我們透過大愛臺，就能將我在臺灣說的話，傳送到全球不同的國家，大家都能看得到、聽得到；我輕輕地說，全球慈濟人都重重地聽，同時化作行動，立即投入去做。大愛人文也日日報導許多人品典範，遍布在全球；即使在遙遠的國度，一如家人般地親切，這都是時空的妙有，讓慈濟能遍虛空法界，人人能接收得到，都有機會成為人間菩薩，這正是「人能弘道，非道弘人」。

儘管如此，慈濟人也經常受質疑：「你們是佛教徒，不念佛、打坐參禪嗎？」

其實我們是以佛心行菩薩道，心境就如「靜寂清澄」；願天下遠離災難，這分「志玄虛漠」要「守之不動，億百千劫」，以六度萬行入世間法，數十年來目標沒有轉移，精神沒有偏差。「做慈濟」絕對沒有疑惑，只要心中有佛、身行有法，自利利他投入人群中行菩薩道，這就是我們靜思法脈的精神。

聖教奉行傳法脈

佛陀是宇宙大覺者，覺悟人性平等，然而凡夫總是執於世間貧富貴賤等事相的不平；若要打破這分執著，進而體會佛陀教化的真理，就必須投入人群中去付出，啟發自性的慈悲心，行菩薩道法。從四聖諦開始，了解苦、集、滅、道的真理，找到滅苦之道；進而發四弘誓願，以誠正信實，修四無量心，行六度波羅蜜；以三十七助道品，堅固四心、堅定六度，為菩薩成就佛道之法。

慈濟宗門傳承佛陀教法，以《無量義經》的法髓，《法華經》的精神，應機教育，菩薩所緣，緣苦眾生，苦難的眾生我們都無所求地去幫助，這是我們的法髓。

《藥師經》如來十二大願是大乘法最重要的法髓。「藥師佛十二大願」看盡人間疾苦，十二大願欲令眾生離苦得樂，菩薩立願引導眾生五官無缺、身體建康、環境安適、心靈富足。

落實佛法生活化、菩薩人間化，建立起慈濟宗門，全球的慈濟道場，應共修《三十七助道品》，契入佛理，以法入心，以法入行，調整好自己的心靈，於慈濟宗門人間路，悲智雙運無量心。

我用多年的時間開講《法華經》，講到〈寶塔品〉，〈寶塔品〉裡的多寶佛，只是發一個願，在那個地方講述《法華經》，寶塔就會現前。在講《法華經》

的道場，浮現在靈山會，忽然看到有大塔從地湧出。〈寶塔品〉裡，分身佛匯集在一起，就像每一個國家的慈濟人回來精進，都是很歡喜。真正的〈寶塔品〉是心中有法，法脈相傳，人人的精神理念一致。

從五十年前的起步，克難慈濟功德會，到現在國際慈善基金會，這都是從小而大，慈濟走過了五十一年，所救助的國家已經有九十多個，這都是慈濟人的足跡走過來的，都是因為有慈濟人跨出的腳步，很感恩慈濟人用心用愛撒播愛的種子，點滴累積成為一股大力量。

我們走過半世紀，救濟過半個地球的國家數，未來要走的路還很遠，要做的付出，需要我們的國家還很多，所以期待人人要「法脈勤行道、宗門人間路」。

五十一載立宗門

慈濟第五十一年，正式傳法，還有正式立宗。慈濟宗門已經正式成立，因為在二〇一六年十月間舉辦國際論壇為慈濟立宗，為慈濟立宗門做論述。邀來的都是宗教界的人士以及在國際間很有名的教授。從遙遠的英國、美國、中國大陸、印尼、泰國，還有尼泊爾等等，有佛教、天主教神父、伊斯蘭教都來了。聽他們在論述，我真的很感恩。他們對慈濟都有很好的評論，對慈濟宗門都很肯定。

有一位哈佛大學的李奧納教授，他是商學家、經

濟學家，為了這樣一個鐘頭的發表，他來回搭飛機四十個小時。他說這一趟來，要說的就是感恩慈濟，因為慈濟這樣的世界觀，為人間世界付出，慈濟以愛管理，以價值領導，以對苦難眾生的信願、承諾，開展救世的工作，讓他在教育生涯裡，增添獨特豐富的課程與教材，所以他是專程為感恩而來。

大陸也有許多佛教教授泰斗在論壇結束後特地到精舍來，他們是專門在研究佛學的學者，都鼓勵我把慈濟宗門建立起來，雖然已幾百年佛教沒有人立宗，當年禪宗立了宗但也備受批評。看到慈濟人總是共同一心，為人間付出，都是那樣地整齊，他們鼓勵我不要畏懼別人的批評。

北京大學研究佛法的大老樓宇烈教授，連續說三次：「上人，您一定要堅持，您在的時候要把宗門立起來，明文建立起來，當有一天您不在的時候，慈濟宗門會永遠存在，假如您不在，『慈濟』這兩個字會消失掉，沒有人知道慈濟是用什麼立宗？慈濟這樣的法若沒有很詳細建立，宗門的規例將會消失，所以趁師父您在的時候，趕快正式立宗，法脈永傳、宗門明確，宗門、規矩、方向都是千秋百世，都會按照這樣的法流傳下去。」

所以現在要跟大家說，二○一六年是我們正式的立宗。法脈正傳，宗門正立；我們不是淨土宗，也不是禪宗，如果有人問我們是什麼宗？我們說是「慈濟

宗」；我們是「慈濟宗」，所修的是人間菩薩道。

　　慈濟宗門，要走入人間路，靜思法脈就是勤行道，不能懈怠還要向前進，這是精神理念。慈濟宗門是身體力行的，大家要很精進。我們是以大愛之道廣披寰宇，長情之路古往今來，這樣的大愛長情是五十年前一直鋪過來，長情是覺有情，五十年前不間斷，還是永遠地鋪下去。

　　五十年前，克難功德會；五十年後，全球一共有一百九十七個國家，我們慈濟的足跡已經踏過了九十多個國家，等於全世界的國家我們也走過一半，我們還要繼續延續下去。

　　靜思法脈勤行道，我們要傳法，傳承法脈弘誓願。慈濟第五十一年正式傳靜思法脈，同時也要正式地立慈濟宗門，慈濟宗門人間路，真正的人間道路落實生活化，佛法為人間來鋪路，我們要悲智雙運無量心，這都是我們必定要鋪出來的道路。

　　我們的道就是靜思，精舍是所有慈濟人的大家庭，人人都是入世去緣苦眾生的菩薩；靜思的弟子，任何一位都是走入世間去緣苦眾生的菩薩，這就是道。而且宗門是人間路，我們開宗，四大八法鋪在人間，用情一棒接著一棒過來，未來無數的五十年，還有很多國家需要我們普遍去撒播愛的種子。

論文：佛教與慈濟宗門

菩薩精神與慈濟宗門

Bodhisattva Spirit and the Dharma Path of Tzu Chi

樓宇烈 　北京大學宗教研究院名譽院長

Yu-Lieh Lou
Honorary president of Research Institute of Religion,
Peking University

摘要

慈濟宗門以慈悲濟世為宗旨，乃大乘佛教菩薩精神之踐行者。
佛教從以自我覺悟解脫為主的阿羅漢、辟支佛修證，發展至自覺
覺他、自度度他的菩薩行，乃至提升至以專門利他為主的菩薩精
神，是一個漫長的過程，是一個佛教文化不斷深化為社會眾生服
務的過程，也是一個佛教信仰者精神境界一步步提升的過程。

菩薩精神，以菩提心為因。菩薩皆發大心願，觀音發「度盡眾
生」願，文殊發「廣度有情無有休歇」願，普賢發「普皆回向眾
生」願，地藏發「地獄不空誓不成佛，眾生度盡方證菩提」願等
等。菩薩發大心、種大因，方能成大事，結大果。

菩薩精神，以慈悲為根本。佛說「慈悲是佛道之根本」，慈悲
者「不為自己求安樂，但願眾生得離苦」。「捨己利他」，為度他
人，自陷地獄而不辭。此乃菩薩精神之最高境界。

菩薩精神，以方便達究竟。彌勒以慈門度眾生，觀音以悲門度眾
生，文殊以智門度眾生，普賢以行門度眾生，地藏以願門度眾
生。法門方便有多種，萬法歸一度眾生。

證嚴上人開啟慈濟宗門，高揚菩薩精神，以大愛心關愛眾生，特別是人類。證嚴上人認為，菩薩是在不斷的付出中，最終修得自身清淨法身的。因此，「菩薩先救他人，再救自己」，眾生不脫度，自己不成佛。依此精神，慈濟宗門逐步建立起了慈善、醫療、教育、人文環保等四大志業，動員所有慈濟人全身心地投入利他事業中去。人人學菩薩做菩薩。

慈濟大家庭以天下一家親的情懷，對於這個世界、人類生存的地球所付出的大愛精神，真是令人非常感動。這種精神，我覺得是來自於證嚴上人對於佛法的智慧。佛法在世間，是隨著世間的發展而發展的，佛教的根本精神就像印公（印順導師）所說的，是契理、契機的。它既要秉承佛法的根本精神，又要隨著時代的變化，不斷地適應時代的發展。環顧當代佛教發展，上人所開創的慈濟志業，可以說在當今的佛法中，是一面旗幟，是對佛教精神大大的發揚。

大乘佛教的根本精神

印公讚揚大乘佛教，尤其是讚揚大乘佛教的《中觀學》，認為《中觀學》體現了佛法的根本精神；他主張要連接原始的佛法，和之後的唯識學說來構建佛教。據我的觀察，上人也是秉承印公的精神，尤其是《法華經》的精神。《法華經》是一種什麼精神呢？根據六祖慧能的分析，《法華經》的核心理念具有兩種精神。第一，佛是為了一大事因緣來到這個世間。什

麼大事因緣呢？因為眾生都沉淪在無明的苦海中，所以佛來到世間是來開啟佛的知見，顯示佛的知見，讓眾生悟佛的知見、入佛的知見，也就是我們經常講的「開示悟入，佛之知見」的精神。

　　第二種精神，慧能說《法華經》是宣揚「會三歸一」。什麼是「會三歸一」？從佛法來說，從原始佛法到大乘佛教，有所謂的三乘——聲聞乘、緣覺乘、菩薩乘。在大乘佛教剛興起時，有一點擯斥聲聞乘和緣覺乘，認為菩薩乘才是最高的，聲聞乘、緣覺乘是較低的，彼此有層次高低的差別。

　　大乘佛教剛興起時褒大貶小，因為在此之前，以小乘為主，它批評小乘佛教欣上厭下、追求自了；而大乘佛教的菩薩乘是普度眾生，有貶棄、歧視聲聞、緣覺的意味。這樣的影響，其實到現在，有一些不太明瞭佛法精神的信眾，還是常常會問這個問題。我們常會看到寺院裡面有羅漢、菩薩和佛，通常會說佛是最高的一等，菩薩是次一等，羅漢又更次一等，把羅漢、菩薩、佛分成三個等次。

　　反之，《法華經》裡面，恰恰所傳達的卻不同於上述，而是「會三歸一」的平等思想。眾生平等，覺悟也平等，「是法平等，無有高下」——這是《金剛經》裡面的句子。但在《法華經》裡面也有這個意思，它強調「會三歸一」。所謂「會三歸一」，就是不管聲聞乘、緣覺乘、菩薩乘，最後都是「一佛乘」。我覺得上

人可以說是把握住《法華經》的這兩種精神。

慧能在《六祖壇經》裡面講這個問題的時候，因為有一位講了幾十年《法華經》的行者，《法華經》在他的腦子裡已經滾瓜爛熟，也可以說是倒背如流。但他總是想，《法華經》這麼多內容，究竟什麼是最重要的呢？他就去請教六祖慧能，六祖慧能就說：「你給我講一遍，念一遍。」他念了一遍，六祖就告訴他，《法華經》有這兩個重點；他一聽，恍然大悟。

六祖對這位行者說，「要轉法華，不要被法華轉。」同樣的道理，我們念經、讀書，要把握根本的精神，而不是在字面上轉圈子，不要讓它牽著鼻子走。我覺得上人就如佛懷抱一樣的志願，為了這麼一大事因緣來到這個世間，來開啟我們眾生如佛的知見，開示悟入成佛，而且強調眾生平等，三乘會一。

空觀思想的發展

我們都知道，中國佛教屬於大乘佛教。大乘佛教與早期的佛教曾經發生過什麼樣的變化呢？我認為，必須對這段歷史有些了解，如此才能夠更加體會到中國佛教對佛教所做出的貢獻。

大約西元一世紀前後，大乘佛教在印度興起，當它發展起來之後，有幾個方面顯著的變化，完全是理論上的變化，我想只能簡單提到。理論上的變化主要是「空」概念的發展，而「空」概念的發展，可分為

兩個方面來看：一是把空推廣到一切的現象世界，也就是不僅要破我執，不僅講我空，還要破法執，要講法空。這是我們經常講的二性空，是「空」概念上的一個大的變化。因此，也有所謂的「四大皆空」。

第二個「空」的理論變化，在於講空不離色，色不離空，就是《心經》裡面的那幾句話。《心經》開頭的這一段話──「觀自在菩薩行深般若波羅蜜多時，照見五蘊皆空，度一切苦厄。」然後，「舍利子，色不異空，空不異色，色即是空，空即是色，受想行識亦復如是。」其中講的是五蘊空。

在早期佛教裡，存在這樣一個問題──五蘊聚在一起，就有了我；五蘊離散，就沒有我。因此，會陷於離色空、斷滅空、析色空。所以，《心經》裡面特別指出，不是五蘊聚在一起就有，五蘊離散就是空，而是五蘊聚在一起的每個蘊本身即是空。

所謂「即空」，我們常會用現在漢語的字義去理解；很多年輕的學生用慣現在的漢語，如果問他們，「即」是什麼？通常他們會回答：「即」就是「等於」，所以，色等於空，空等於色。我說：「錯了。」怎麼講「色等於空，空等於色」呢？「即」就是「不離」的意思。我們常常講「不即不離」，「不即」就是「離」；「不離」就是「即」。所以，「即」就是「不離」。

色不能離空，空不能離色，也就是不能離色講

空，也不能離空講色，這就是中觀的思想。《中觀》上說：「眾因緣生法，我說即是空；亦為是假名，亦是中道義。」就是中道思想。由此可見，「空」和「假名」是不能離的，不能離空講假名，也不能離假名講空。

色、受、想、行、識，都是假名，這個假名不能離空來講。反過來說，空也不能離色、受、想、行、識等假名來講。所以，大乘佛教是以「空」作為佛法的核心理念。有的人認為要講佛法，只要抓住兩個字就足夠──一個是「苦」，一個是「空」。一切皆苦，人生就是苦，生命就是苦。為什麼苦？我們都很清楚，為什麼會造成苦呢？因為造業。為什麼造業？就是看不破。執取名相，看不破；執我為本，放不下。這就是我們平常人最容易犯的問題。

空和色是不能分開來講的，所以，中觀發展了「空」的思想，這是非常重要的。從理論上來看，對「苦」的詮釋，大乘佛教基本上還是延續了原始佛教的精神，但是在「空」這個問題上，就有兩個非常重大的變化。從整個大乘佛教的發展情況來看，我們可以看到幾個特點：第一、整個理論的昇華。從「中觀學」到「瑜珈行學」，或是中國叫做「唯識學」、「法相學」，這個理論是愈來愈深，愈來愈繁雜。雖然繁雜，但它確實是闡述佛教「空」的理論，從中觀的實相到瑜珈行派的唯識的現象。

唯識理論的建立

「中觀學」主要是讓我們認識諸法實相，以《金剛經》、《中論》為代表，讓我們把握諸法實相，「諸法實相者，空相也」。所以，整個「中觀學」的核心理念，就是讓我們破相顯性，但是這個認證的過程非常繁瑣，到了瑜珈行派「唯識學」，通過八識、五位、百法、三性、二空，這樣一套非常繁瑣的理論，讓我們研究佛教的，都以唯識為畏途，因為它的名相太複雜了。它的核心理念是要說明，為什麼我們要破名相，為什麼要破相？相，是怎麼來的？追究我們之所以有種種相的原因，所謂種種相，就是分別相，種種分別相的根源就在我們的「識」，眼、耳、鼻、舌、身、意——六識。

「識」的功能就是了別，就是分別。確實，人認識世界，必須通過分別才能認識。如果我看一片都一樣，我們還能夠認識嗎？不可能。所以賦予我們眼、耳、鼻、舌、身、意，就是要讓我們去分別。眼睛去分別不同的顏色、不同的形狀，耳朵去分別不同的聲音，鼻子去分別不同的氣味，舌頭去分別不同的味道，身體去接觸不同的物體。這樣我們才開始對所處的現象世界有所認識，然後通過這些認識來構造人類的知識體系。

人如果沒有這六根的分別功能——也就是「六識」，藉此來認識外境，那麼就不會有知識。但是，

也恰恰是這種分別，造成了我們的分別妄想、顛倒妄想、執著心、煩惱障、所知障，因此而起。所以，唯識的理論，就是通過現象產生的根源就在於八識。前六識，通過末那識（第七識），把第八識（阿賴耶識）視為自我，對於「我」的執著。

第八識（阿賴耶識）又通過第七識（末那識），指揮前面的六識去增強對外境的分別。所以，《唯識學》就是專為理解我們為什麼會對現象有如此多的分別？以人來講，人的認識世界是不可迴避的過程，佛法的深刻智慧也就在此，要我們能夠超越這種認識，超越這種分別的認識。因此，瑜珈行派的《唯識學》，最後的結論就是——轉識成智，尤其是把第八識（阿賴耶識）轉成大圓鏡智。所謂「大圓鏡智」，就是我跟萬物是一體的，不要把自我及他我分隔開來。大乘佛教在理論上的發展主要是這兩大派，以後是密教。

密教的理論，從根源來講，沒有超越這兩大派，而是把這兩個學派的理論更好地結合起來，也可能比較偏重中觀為主來吸納唯識，有些以唯識為主去接納中觀。也就是說，一個要把握實相，一個要圍繞著現象，正好從裡外兩個方面，把我們的認識和世界解剖得非常地透析。以整個理論來講，甚為繁瑣，名相多得不可勝數，再加上漢文經典的翻譯，又有同名異義，又有異名同義的，使得我們對佛教這方面的研究產生了畏懼。這是從理論上深入探討大乘佛教發展必

須面對的問題，同時也可看出其中許多繁瑣之處。

「世、出世不二」法的踐行

第二個變化是把空不離色，色不離空，不是色即是空，空即是色的理論運用到實踐的行動上。因為運用到實踐的行動上，最直接的就是「世、出世不二」。

《維摩詰經》裡面講：「世間性空，即是出世間。」既然色不異空，空不異色；色不離空，空不離色，那麼，照這個邏輯推論──煩惱即是菩提；生死即是涅槃。煩惱與菩提不二；生死與涅槃不二。不離生死而得涅槃；不離煩惱而得菩提。所以，既不住生死，也不住涅槃。誠如《維摩詰經》提到的：不住有為，不住無為。

如果要講佛教追求的最高境界──涅槃，我想，一定要分清楚早期的「涅槃」和大乘佛教的「涅槃」。早期的「涅槃」有兩種，一種叫做「有餘涅槃」，一種叫做「無餘涅槃」。「涅槃」的意思就是寂靜，「羅漢」就是達到涅槃的境界，但他是一種「有餘涅槃」；雖然他離欲了，但是他的肉身還在，所以是「有餘涅槃」。「無餘涅槃」就是灰身滅智，這在經典裡講得很清楚，「無餘涅槃者，灰身滅智」；灰身滅智，也就是死了。所以，佛的涅槃相就是佛的無常，或者叫無常，也就是死亡了。所以，身灰了，身變成灰了，因為荼毘了，火化了，智當然也就沒有了。而涅槃，羅漢最後

死了，當然就從「有餘涅槃」到「無餘涅槃」。

羅漢要達到什麼樣的境界呢？早期《阿含經》裡面講得很清楚，四條——生死已離（我生已盡），梵行已立，所做已辦，不受後有。羅漢也是沒有後有的。

當然，無餘涅槃就是如此，所以佛反覆地講，在他臨終的時候，阿難就問：「世尊，您要走了，我們怎麼辦？」世尊說：「我說的法都說了，你們將來依我的法去做就可以了。」所以要以戒為師，以法為飯。然後再告訴他——生必有死，會必有離，「不受後有」——不會再來了。反覆地教導大家，要靠自己去解決自己的問題。

這個問題，讓我想到有句經言，佛打了比喻，他說：「我可不像那些拳師。」拳師教人總要留一手，萬一他教會徒弟，說不定徒弟就打敗了老師，所以拳師總會留一手。他說：「我可不像拳師，我一點都沒有保留，我統統講了，該講的，我都講了。所以，有緣的，已經度了；沒有緣的，也可以根據我這個法，慢慢地，自己來度自己。」他反覆強調這一點。

到了大乘佛教發展後，強調「世、出世不二」，菩提不離煩惱，涅槃不離生死，不住有為，不住無為。大乘佛教的涅槃理論有兩個，一個叫做「實相涅槃」，把握萬法的實相，就是坐禪中會有實相的觀想。實相的觀想，就是觀萬法的空相，也就是前面所講的破相顯性。我們通過唯識學的說法——轉識成智，也

是讓我們用般若的智慧去觀照萬法的空相。這兩個到最後，其實是完全同義。

另一個是「無住涅槃」，這個是我們比較熟悉的；「應無所住而生其心」，六祖慧能就是聽到《金剛經》裡面的這一句話而開悟了。

所謂無住，就是不停留在涅槃。我們不要停留在生死上，難道就能夠停留在涅槃上嗎？停留在生死上是一種執著，難道停留在涅槃上就不是一種執著嗎？所以，「不二」，不住生死，也不住涅槃。這是大乘佛教在實踐上的變化，讓我們都要不離世間，甚至要不離染汙，不離五濁世界。在《維摩詰經》裡面，多處講這個問題。

最潔白的蓮花，就出於汙泥。離了汙泥，還能有蓮花嗎？為什麼大乘佛教要在這個世間普度眾生？不僅要自度，還要度他；不僅自覺，還要覺他。你要覺他，你要度他，你離開世間，行嗎？當然是不行，所以要入世。入世，是在出世的基礎上入世，所以我們常常講大乘佛法是以出世心做入世事。這是大乘佛教的發展，前面所提的是在理論上。在實踐上，並非完全是一種出世的方法，而是把出世和入世很好地結合起來。

大乘佛教的第三個變化，就是逐步地出現神話的傾向，這與佛教所處的文化環境有關係。在印度有很多其他的宗教，在這些宗教裡面，神的信仰非常

普遍、非常強烈，當時佛教在印度文化中不是主流，甚至可以說是一個異端，因為它是針對婆羅門教而來的。婆羅門教是有神的信仰，而且非常強調神的決定性作用，人的命運就是由神來決定的。佛教恰恰要破除這個論點，以業報的理論來駁斥神的決定論。婆羅門教這種神的決定理論，稱為「邪因論」，錯誤的因。正確的因是什麼呢？正確的因就是自己造業，自己受報。

自己通過身、口、意，造了十（惡）業，然後就要受業報，因此佛教講「自作自受」，自己造業，自己受報。可是在印度文化環境之下，就要受到其他宗教的影響，直到西元一世紀時，佛教也開始出現各種各樣的神。梵天也成為佛教的護法神，本來佛陀是佛教的創始人，信徒們尊稱他是最早的覺悟者。

到了大乘佛教開始時，佛，不僅僅是釋迦牟尼佛，千百億化身，十方世界，十方佛；菩薩，也不是一個統稱，而是有這樣的菩薩，有那樣的菩薩，各種形象的佛、菩薩都出現了。而且為了要鞏固佛教在印度的地位，開始把其他宗教的神都吸收過來，作為自己的護法神，對於佛教的神明開始尊重。這是文化環境形成的原因。

另外還有一個原因，就是人們對於佛陀的懷念。當社會處於非常混亂，人們的生活十分痛苦的時候，人們就盼望著佛陀降臨來救贖大家。佛開始成為人們

所祈求的、解除災難的、賜予幸福的、有神性的一個物件。正好這個時候，希臘犍陀羅的造型文化傳入，造佛的形象，菩薩的形象，有很具體的，可以去頂禮的像。在印度的佛陀涅槃地的塔，上面有很多造像，其中有一個造像，有兩個人向佛問法，這個像裡面，兩個問法的人，是有人形的，而中間是一個法輪，沒有佛的形象，這是早期的造像。

　　一步一步開始有了佛像後，大乘佛教的發展也不用忌諱神話的過程，就是前面我講的，是由很多複雜原因所形成。其中很關鍵的一個因素就是信徒的期望，因為現實社會的痛苦所造成，也可以說在發展過程中，出現的正常現象。我們現在就來分析，大乘佛教在發展過程中，這三個方面的變化。

　　這些變化包括理論的昇華、複雜化，在實踐中，把出世和入世作結合，另外在信仰儀式上、儀軌上的神格化。中國吸收這樣的大乘佛教，與早期的原始佛教有些不同，早期佛教很少討論，理論上很清楚，很簡單，就是四聖諦、八正道，大家要去實踐，去修行，或者再加上《三十七助道品》，就這樣修行。按照八正道、《三十七助道品》去修行，就可以達到寂滅、涅槃的境界。四諦 —— 苦、集，一個因果；滅、道，一個因果。通過「道」的修行，達到「滅」；「滅」就是滅了苦，滅了「集」的因，滅了「苦」的果。所以，對人類文化來說，以世間為主的大乘佛教，在理

論上，應該有很大的貢獻才是。

一直到現在，不管《中觀學》或是《唯識學》，還是非常深奧的人類哲理思維，以至於現在印度仍有很多大學，還是把《中論》當成哲學著作來研讀。

大乘八宗的發展

按照太虛大師的講法，在中國發展的大乘佛教有八宗，將這大乘八宗作簡單地分析，法相宗和三論宗，其實就是《唯識學》及《中觀學》。所以，吉藏（大師）的三論宗、窺基（大師）的《唯識法相學》，都是傳播中觀思想和唯識思想的，這是佛法的共法，在理論方面也很繁瑣，基本上還是以印度佛教的原點為基礎。我們可以看到，這兩派在中國的歷史上都沒有流傳得很悠久。還有天臺和華嚴這兩個理論化非常精緻的宗派，天臺宗是沿著中觀的理路而來，以《法華經》為宗經。

天臺宗講一經三觀，三觀就是觀空、假、中；與三論宗不同，它是沿著中觀的理路，結合中國的思想發展起來的。華嚴宗以《華嚴經》為宗經，與唯識學系統相關。這兩派都結合中國的文化，也都曾經對中國文化有極大的貢獻。它們是屬於理論繁瑣化的傳統，在當時必須有相當的時間和經濟實力來支撐，才可以做深入的研究。

然而，這兩派在民眾間的基礎就差一些，它是

屬於佛教裡的菁英層次。唐武宗會昌滅佛以後，這兩派受到重大的打擊，因為在群眾中的根基比較弱，是屬於菁英層次的東西。我們可以看到，宋、元、明、清、近代等五個時期，都有不少的高僧希望中興天臺、華嚴。但這個情況都只維持了很短的時間，這說明了在理論上雖有很大的貢獻，也很深刻，但畢竟離民眾還是比較遙遠。

另外，還有律宗和密宗。律宗提倡戒律，也是歷史的產物；這個時期，中國的律師相當混亂，由於各家採用的律不同，有的採用五分律，有的採用四分律，有的採用僧伽律，有的採用大乘律，不一而足。

最後由道宣律師出來整頓，歸納成四分律，刪繁就簡，形成律宗最重要的根據。當然，後來也有不遵守這項戒律的，或者是在四分律的基礎上再吸收其他的。譬如玄奘進一步強調菩薩戒本、《瑜珈師地論》裡面的〈菩薩戒品〉，還有《梵網經》等等大乘律。

中國的律，以道宣律宗為基礎。律宗被提出來形成基礎後，就成為一種普遍且各宗都能接納的，所以也沒有單獨存在的必要，算是完成了歷史任務。因此，律宗在道宣以後，很快便在社會上退隱了。

密宗在西元七世紀傳入中國，傳入以後，在唐朝開元時期曾經相當興盛。我們常講「開元三大士」──善無畏、金剛智、不空。在當時佛教的儀式、儀軌上，受到很深的影響。總而言之，與漢地的文化氣氛

不是很投合。有一些密的東西，比如像口密，就是咒語、陀羅尼，在很多經典裡面都有。《心經》最後的「揭諦，揭諦，波羅揭諦」，也是咒語。

　　密宗在中原漢地，並沒有得到更多的重視和發展，反而被日本留學生帶回日本，在日本創立真言宗，一直流傳到現在。所以，近代很多研究唐密、漢密的學者，反而要到日本去學，所以這兩宗也沒有能夠流傳下去。留下的還有兩宗——禪宗、淨宗。這兩個宗比較適合中國文化的背景。

　　淨土宗聲稱是普被三根，橫超三界。什麼人都可以，上根的人可以，下根的人也可以，所以說普被三根。它又橫超三界，不需要從欲界、色界、無色界，一步步上升。在欲界，只要信仰淨土，稱名念佛，功德圓滿，從欲界就可以超脫出去，就是橫超三界，不是豎超三界，不是從欲界到色界，再到無色界，然後超越三界。它是簡易法門，人人都可以接受，在民眾中間，它可以扎根，而且提倡念佛，這個「念」字是沒有口字旁的念，不僅僅是嘴念，包括思念也在裡面。所以，念佛本身就包括觀想念佛，觀相念佛，觀實相念佛，稱名念佛等種種不同的念佛。

　　稱名念佛，本來是念佛裡面的一個法門、方法，或叫做持名念佛。淨土宗把實相念佛、觀相念佛，統統歸到稱名念佛，那就是口稱佛號，南無阿彌陀佛，所以極簡易，普遍受到歡迎。當然，它是信仰他方淨

土，往生西方極樂世界。

我們一定要知道，中國的淨土宗，雖然強調佛力的接引，也往生西方，但也是建立在自力的基礎之上。不離自力，不是純他力的。近代有一位著名的佛教大居士楊文惠，就曾經以這個問題，與日本的淨土真宗有過激烈的辯論。

日本的淨土真宗提倡純他力，在某種層次上來講，不是很準確，但是打個比方，再壞的人也能夠往生西方。中國的淨土宗卻不贊同這樣的論點，首先要行善、積德，並持名念佛，才可以往生西方。當然也有帶業往生的說法，帶業往生，首先要放下屠刀；如果連屠刀都不願意放下，如何帶業往生？所以中國的淨土是以自力為基礎，不是他力。它與日本的淨土真宗憑靠純他力是不一樣的。

宋以後的佛教氛圍是禪淨雙修，禪不離淨，淨不離禪。說到禪宗，太虛大師曾經說，中國佛教的特質在禪。禪宗最根本的貢獻在什麼地方呢？我認為禪宗最大的貢獻在：一、回歸佛陀的本懷。二、發揚大乘入世、出世不二的精神。三、以實踐為主。四、能夠與中國的本土文化契合。

什麼是回歸佛陀的本懷呢？就是強調佛法是自力的，佛就在你心中。佛代表的是一種覺悟，所以自己造業，自己受報，也要靠自己解脫。這是回歸佛陀的本懷，佛陀在世時反覆強調，每一個人都要靠自己，

要自做舟。我們的人生就像苦海一樣，我們一生都在尋找一個小島，這個小島在哪裡？就是自己，叫做自做舟。

禪宗也強調回歸自我，我們讀《六祖壇經》都很清楚，回歸自我，就是要把被神化的東西還原它本來的面目。所以禪宗強調，一切的佛、菩薩皆為表法。佛、菩薩，都是來表達一種佛的精神，佛的法；也就是不把它當成一種偶像來崇拜，而是通過禮拜而認識佛及佛法的精神，進而依照這種精神指導自己的行為動作。

在《六祖壇經》裡面有四句話說明這個問題，即所謂「慈悲即是觀音，喜捨名為勢至，能淨即釋迦，平直即彌陀」。這裡面舉了中國人最熟悉的兩尊佛、兩尊菩薩。釋迦牟尼佛、阿彌陀佛；觀音菩薩、勢至菩薩。這四位都代表佛法的什麼精神呢？慈悲喜捨。我們去禮拜觀音、禮拜勢至，就是要去把握佛法的慈悲喜捨四無量心。

「能淨是釋迦」，釋迦牟尼佛，表達的是什麼法？能淨。能夠乾乾淨淨，我們馬上就會想到這樣的佛法精神。從原始佛教到後來，都流傳一個戒，天臺大師——智顗，將它稱之為七佛通戒。實踐上就是要給佛教下個定義；什麼是佛教？這是我們最熟悉的話——「諸惡莫作，眾善奉行，自淨其意，是諸佛教」。

你不淨意，能夠諸惡莫作嗎？能夠眾善奉行嗎？不可能的。所以，《六祖壇經》裡面說，一切的皈依，三皈依，都是自皈依。皈依自性佛，皈依自性法，皈依自性僧。壇經裡面還講，什麼叫做自皈依？「除不善心與不善行，是名皈依。」這就叫做皈依。

　　講到這裡，我不能不打斷自己的話，證嚴上人不就是那麼教導我們的嗎？釋迦牟尼就是「能淨」，能夠自淨其意，能夠掃除自己心中不善的念頭及不善的行為，所以我們要去禮拜佛，我們按照〈普賢行願品〉（《華嚴經》的其中一品）裡面講的，一切的禮敬，對於佛的禮敬，對於法的禮敬，都是向眾生的禮敬，最終都是要回向眾生。因此，禮敬佛，也就是禮敬自性佛──自己心中的佛。要回歸眾生，回向眾生，所以，能淨是釋迦。

　　「平直是彌陀」，佛教強調平直的精神、品格。平直，平平常常的平，正直的直。平直，就是與邪曲相對，曲裡拐彎的，邪念很多。所以，《維摩詰經》裡面講「直心是道場」。彌陀佛就是一種直心的表徵。禪宗在這一點上回歸到原始佛教、佛陀的本懷，把成佛落實在自己身上。這是禪宗體現根本精神的第一點。第二點，禪宗強調實證、實修。我們從「達摩面壁」開始，當然光面壁也不行，所以才有馬祖的故事（注：南嶽馬祖道一禪師「磨磚作鏡」）。

　　馬祖在南嶽，背對著山面壁。南嶽懷讓天天過來

看到馬祖坐在那裡面壁，於是，就坐在他旁邊，拿一塊磚在那裡磨著。磨磚的聲音真是難聽，馬祖心裡不高興，「你幹嘛坐在我旁邊磨磚？」

「我要把這塊磚磨成鏡子。」

「磚還能磨成鏡子嗎？」

南嶽懷讓馬上就回答：「坐禪能成佛嗎？」

正因為坐禪不拘泥於形式，所以要把握禪的根本精神，落實在生活中的各個方面。所以，禪宗才有──處處有禪，時時有禪，事事有禪；也不離日常生活中，穿衣、吃飯有禪，走路、睡覺有禪，甚至於拉屎、撒尿也有禪，不是到外面去找，就在我們的生活中，在我們的每一個行動中。

趙州和尚說，禪是什麼？本分事，禪是我們的本分事。我們在做什麼，把它做好，這就是禪；我們應當做什麼，我們就把它做好，這就是禪。我們現在有很多茶館，一看，上面寫著──「茶禪一如」、「禪茶一如」。這個故事的來源，就是趙州和尚「喫茶去」的公案。

當年有一些僧人去向趙州和尚參禪，剛到的人，請教他怎麼參禪，趙州和尚就說：「喫茶去。」在那裡住了一段時間的人問他怎麼參禪，他也說：「喫茶去。」於是，就留下這麼一個「喫茶去」的公案。趙州和尚為什麼要人人去喫茶呢？這道理很簡單，因為當時在廟裡，「喫茶」就是一件最最日常生活中做的事

情。休息的時候，大家喝茶；上堂說法時，也要喝茶；哪怕是打坐時，也要喝茶。所以是生活中普遍的事，也就是本分事。

禪落實到生活中，它的發展變得很複雜，其間也有變成耍機鋒、狂禪的例子。

我常常講，很多人看了少林寺的電影以後，口頭上就掛著一句話——酒肉穿腸過，佛祖心中留。我說：「你可千萬不能隨便說這句話，這是狂禪才說的。」或者說，是一個真正參透的人才可以這樣說；也就是在日常生活中的所有相，對他來說都已經不存在。

禪宗回歸到世間，而這個世間，是破除禪坐的外在相。所以才有永嘉禪師的〈永嘉證道歌〉：「行亦禪，坐亦禪，語默動靜體安然。」

殊不知坐、靜、默、行、動、語也可以有禪，它已然破除了固定的禪相。禪宗最大的貢獻，就是破除對於外在相的種種執著，不僅禪相、語言相要破，甚至於心念相也要破。言語道斷，心行若絕，佛相也得破，如果不能認識參佛就是明心，不明白參佛就是來體會佛法的精神的話，那麼這個佛，不如拿來燒火取暖，呵佛罵祖，劈佛燒火。所以禪是要破除種種對於外相的執著，根本地把握領會佛法的精神。什麼精神呢？簡單說，就是唐代的宗密（注：宗密是唐代著名的華嚴宗學僧，被華嚴宗奉為繼杜順、智儼、法藏、澄觀之後的五祖。），對於禪宗所做非常概要的三句

話。

　　第一句話 —— 自性本來清淨，原無煩惱。第二句話 —— 無漏智性，本自具足。無漏智性，就是般若智慧；本自具足，每一個人都具足的。第三句話 —— 此心即佛，畢竟無異，心佛無異。宗密對於慧能的禪宗，概括成這三句話，我認為是最經典的。

　　每個人的自性是圓滿自足的，自性本來清淨，原無煩惱，無漏自性，本自具足。自性本來清淨，能夠認同清淨自性的般若智慧，也是本來就具有的，這不就是「此心即佛」嗎？所以每個人都是圓滿、具有佛性的，問題是，我們悟不到這一點。所以，悟了，就是佛；迷了，就是眾生。

　　禪宗在這一點上，回復到實踐，沒有很繁瑣的理論，就是要自我尋求解脫，要從繁雜的文字、語言中解脫出來，把握佛法的根本精神。禪宗這樣的觀點，有人講是中國化的佛教，它似乎是受到儒家思想、道家思想的影響，好像是道家的觀念、儒家的觀念，所以它是中國化的佛教。我並不那麼看，我認為，禪宗是道道地地的印度佛教。

　　為什麼這麼講？禪宗是以無念為宗，無相為體，無住為本，這三個觀念從哪裡來的？《金剛經》。全部都是《金剛經》裡面來的，這是它根本的東西。因此只能說它是找到了與中國文化相契合的點，意即中國的文化強調人都是要自我來完美，自我來完善的。

佛法與儒道精神的融合

中國的儒家也好，道家也罷，都是強調人格的自我完善，不是靠外在的神。在中國的四書五經，五經的《尚書》裡，有那麼一句話——皇天無親，惟德是輔。皇天上帝，不管你是我的親人，或不是我的親人，惟德是輔，你有德，我就幫助你；你沒有德，我是不會幫助你的。（注：尚書「皇天無親，惟德是輔；惟天無親，克敬惟親」）所以才形成中國儒家文化，強調人格的自我完善，人的道德的自我提升。

為人要「德侔天地」（注：表彰孔子偉大的德行），天地才會來保佑你，所以著重在你自己。如果你的人格不要求自我完美，不自我提升，外力是不會來幫助你的，甚至於可能還會拋棄你，轉而去幫助其他有德性的人。

中國人講外在的力量，主要是指天時、地利、人和，但你自己的德性不好，天時、地利、人和就會失去。你自己的德性好，首先是人和，有了人和，就有天時，也會有地利。禪宗恰恰是看到這樣的文化環境中，人的自我的完善，才是最根本的。所以，它通過無念、無相、無住，強調自性自度。

自性彌陀，彌陀不在西方，彌陀就在你自己心中，也就是認識自我心中的這個彌陀，覺悟了，那你就是佛，你不用到別的地方去尋找。這種思想與中國的文化相合，中國的儒、釋、道三教，都是強調人格

的，人的道德品質的自我完善，儒家強調自我完善，成聖成賢，追求聖人的境界；聖人的境界，便是自我道德的完善。

道家追求什麼？道家追求仙人、真人，也是自我的身心修養，達到一定的目標。因此，佛家追求什麼？追求成佛。怎麼才能成佛呢？認識自己，覺悟自己清淨的本性。所以中國的文化裡，都是強調內在的自我超越，而不是去求一個外在的超越。

禪宗把這一點凸顯出來，就與中國的文化完全相符合了。尤其是前面講過的，它把神化的東西消除後，理念更是契合了。因為在中國的文化中，所有的崇拜物件都只具有象徵性，不具有絕對性，所以用表法，可以說是對大乘佛教的還原。

佛法在人間

我覺得禪宗的思想，在中國的佛教發展過程中具有很大的影響力。近代的太虛大師曾經提出一個目標——「仰止唯佛陀」，高山仰止的意思，也就是我們所敬仰的，我們所追求的最高典範，就是佛陀。所以，「仰止唯佛陀」。

接著，底下一句話——「完成在人格」。要成佛，是啊！我們都希望，人人都想成佛，但是要落實在什麼地方？落實在人格的完成，所以叫做「完成在人格」。「人圓佛即成，是名真現實」，人做圓滿了，也

就是佛了。「人圓佛即成，是名真現實」，這才是真正的現實，可以看得見、摸得著。（注：《正法妙音》第一冊「仰止唯佛陀，完成在人格，人成即佛成，是名真現實。」）

你自己也可以體會到，別人也看得到，所以它不是虛無的、是實在的。禪宗裡面講到的，就如上人所講的──「做就對了」，是千真萬確的事情。為什麼這樣講呢？馬祖道一有幾位著名的弟子，比較為人熟悉的就是百丈懷海，因為他制定了「百丈清規」。

其實，我們還知道馬祖道一最得意的弟子是大珠慧海。有一次，大珠慧海的弟子問他：「佛經裡面講『人人皆有佛性』，這句話要如何理解？」大珠慧海就回答說：「做佛用是佛性，做賊用是賊性，做眾生用是眾生性。」

這個「性」，不是空談的，而是體現在你的行動上，體現在你的實踐上。你做什麼？你怎麼做？就說明你是一位佛，或是一個普通的人，還是一個賊。在看到了慈濟志工菩薩們的行動後，我一直在想，這真的是用實際行動來應證歷代祖師的說法。

這就是證嚴上人的智慧，把寶貴的佛法遺產，化用到現實的生活中。抓住了時代最迫切的、最關心的生態問題、環保問題，把這些歷代祖師的教導，落實到我們的行動中去。佛法不是用說的，是要用做的，只有做了，才是真正的佛法。

佛法講現量及比量，比量是推論的，理論推論，該這麼做、那麼做。現量是要看得見，摸得著的，實際的，實實在在地做，有效果擺在眼前的。現在的佛教都是人間佛教，不離世間的人間佛教，就是要把實踐放在第一位，不是空談那些理論。

大悲心與慈善

　　在佛教裡面，修行要獲得什麼樣的心？最初講的「四無量心」──慈、悲、喜、捨──大慈、大悲、大喜、大捨，在四無量心裡面，慈悲是一個發願和行為的啟示，從佛經中可以看到，悲心似乎更是佛教所看重的，我們常講慈是予人快樂，悲是救眾離苦難，我們談慈悲，就是去苦予樂，苦不去是不會有樂的。

　　所以，去苦成為佛教界，也可以說是佛陀最關懷的一件事。從很多佛經裡面可以看到這樣一種說法，《涅槃經》就講到：「三世諸世尊，大悲為根本，若無大悲者，是則不名佛。」把大悲契合到那樣的高度，三世諸世尊都是以大悲為根本，如果沒有大悲，就不能成為佛。在《佛說大集會正法經》裡面，更明確講「佛為大悲者，最上世間尊」。在《思益梵天所問經》裡面，也講「是故如來名，為行大悲者」，稱為「如來」，就是因為他行大悲。

　　佛經裡面強調「大悲心為父，菩提心為母」，就佛來說，他具有大悲心，大乘佛教叫做「悲智雙運」，大

悲心就是悲，菩提心就是智。悲智雙運，這兩者是相輔相成的結合和推動，就像現在有些高僧、大法師們在推動生活禪，提出的口號就叫做「覺悟人生」、「奉獻人生」。很顯然地，這個是根據佛教的根本精神——悲、智，用現在的語言闡發出來的，「覺悟人生」就是智，就是菩提心，「奉獻人生」就是悲，就是大悲心。

用生活禪號召人們，在覺悟中來奉獻，在奉獻中來覺悟。講到「大悲心為父，菩提心為母」，這是佛教的根本精神。什麼叫大悲心？大悲心就是要滅一切眾生苦，饒益眾生，給眾生帶來各種利益、福報，要救護眾生。通過饒益眾生、救護眾生，要達到什麼目的呢？就是「教化成就」。

「教化成就」是《華嚴經》裡面所講：「我莊嚴佛土，以大悲心救護眾生，教化成就。」所以饒益眾生、救護眾生的最終目標是要教化成就，使眾生都能夠理解佛法，透過佛法知道自己的生命和生活，所以我想佛教的慈善，就是在這樣的基礎上來開展的。

在佛經裡面有沒有「慈善」這個名詞？如果有的話，又該怎樣來解釋呢？我覺得有幾條對我們是很有啟發的，其中一條：「二世果報種」，果報在經裡面，如《中論》所說的：「人能降伏心，利益於眾生，是名為慈善。」意思是能夠降伏自己的心，又能利益眾生，就是慈善。在《大般涅槃經》關於慈善也有個解釋，叫做：「若於一眾生，不生瞋恚心，而願以彼樂，

是名為慈善。」

對一切眾生，不生起瞋恚心，而且「願以彼樂」，願意給他快樂、跟他一起快樂，這種慈悲喜捨的精神，就叫做慈善。《中論》裡面還有一段話：「行布施、持戒、忍辱等不惱眾生，是名利益他，亦名慈善福德。」這個慈善，也就是能夠行六度，實踐布施、忍辱等。後面講到的不惱眾生，也就是不生瞋恚心，這就是利益眾生，是名「慈悲福德」。所以，慈善是大悲心的實踐，有這樣的大悲心，然後利益眾生，對眾生行布施、實踐忍辱，又不生瞋恚心，一切是利益眾生的，這就叫做慈善。

慈善是無相布施

大悲心與慈善有密切關聯，要怎樣來持大悲心呢？大悲心對自己來講就是「一切內外，悉皆能捨」，自己的一切都能捨得、捨掉，乃至於生命一無所吝，一切都可以施與眾生，在《悲華經》裡面特別強調這一點——「生大悲心，悉以施與」，生起大悲心，把自己的一切都能施與眾生，「雖作是施」，雖然我做這樣的施捨，但是「不求天上、人中果報」，是不求任何回報的。

大悲心這種佛家根本的精神——施與，而不求回報。這種大悲心或者是慈善，實際上是與布施直接相關的。我們都知道大乘佛教怎麼來修度，修是用六度

和四攝，而六度和四攝第一個都是布施。我們講六度波羅蜜，布施、持戒、忍辱、精進、禪定、智慧，第一個是布施。四攝第一個也是布施。「布施」，是大乘佛教修行的根本；就是以大悲心引導、發大悲心的基礎上來布施。我們常常講布施，是為了破除人的慳吝、吝嗇，人為什麼會吝嗇呢？因為有我執，所以布施是破我執，從根本上來講是破我執、破我慢。布施裡面有財布施、法布施、無畏布施，其中以法布施為最根本、最重要。

財布施可能解決人們一時生活的困苦；而法布施，人們如果能夠真正地接受它，便可以解決一生的煩惱和痛苦。這一切，在佛教的基本經典《金剛經》裡面都可以看到，整部《金剛經》都在講這個道理。

其中，《金剛經》特別強調在布施裡，我們要破「有相布施」，要立「無相布施」。布施要破我執，如果是「有相布施」的話，不僅不能破我執，反而會增加我執、增強我執。什麼叫「有相布施」？就是對於施者、受施者和施物——布施的物，這三個方面都有所執著。

一般人覺得，我在布施、積功德，我在行善，我是拿那麼多的物也好，法也好，財也好，拿來布施給眾生，又有那麼多的眾生受到我布施的恩惠，一定會有回報，這就是「有相布施」，執著於這個相，最後還要回報到自己身上。所以《金剛經》裡面講，我們要

「無相布施」，什麼叫「無相布施」？就是忘掉誰在布施，忘掉有多少人受我的布施，更不要去執著我布施了多少的財和法。

《金剛經》裡講，佛要度盡一切眾生，而無一眾生可度，這是一個無相，不要老想著是我救了那麼多人，這就是「有相布施」。布施就是廣種福田，但福田或者是福報要怎麼來理解？這個福田或福報是為了自己來種的嗎？為了自己來受的嗎？這個福報應該是為眾生種的，福田是眾生的福田、眾生的福報，我們成就了眾生，教化了眾生，使眾生都能得到福報，這是我們廣種福田的根本意義，也是我們行布施的根本目的，布施並不是為了自己廣種福田，我來收這個福報，而是我們看到眾生都能夠離苦得樂，眾生都能夠覺悟人生、奉獻人生，這就是福田、福報。

在〈普賢行願品〉的十大行願，第九條是要「隨順眾生」，也就是一切的實踐願望都是為了要滿足或者讓眾生能夠離苦，所以叫做「隨順眾生」。而第十條是「回向眾生」，我們做的一切，最終都要回向到眾生、落實在眾生身上。普賢菩薩的行願，最後落實到回報眾生的身上，而不是回報到普賢菩薩自己身上。所以，對於布施這種善舉的認識，是很需要去思考、多提問的。希望善男信女都能夠以大悲心做慈善事業布施，布施財，布施法，布施身、口、意。

很多的布施，並不是有錢人才能做，沒錢、沒財

的人，甚至於沒有文化的也可以做，一句話就是一個布施，一個好的行動就是布施。所以，布施的概念非常廣泛，時時、處處、適時，只要以一個感恩心，為眾生奉獻自己，這就是一種布施。

慈善是布施者自覺、自願的行為，通過慈善事業生起菩提心，能夠成就菩薩正覺，所以它是一個自覺自願的行為。而且它是一種「無相布施」的理念，想要通過自己這樣的行為來生起菩提心。但從受者的角度來講，應該要從感恩來啟動自立自強的精神。然而，現在的慈善事業有時候是失敗的，為什麼呢？因為進行慈善以後，讓受施者變成依賴者，這就是失敗的。

譬如可以看到很多這樣的現象：當扶植貧困者，一直扶植到最後，他應該幫助自己發展，但他不願意脫掉貧困這個帽子，想要依賴很多資助上學等等。結果，當支助者自己出了問題，如得重病、企業破產……支持不了這個受支持者時，受支持者因為受不了（苦）日子，還要回過頭來去埋怨、指責，所以在做慈善的時候要自覺自願，同時還要灌輸一種理念——任何的支助，都是用來幫助受助者能夠自立自強，這是財布施。

法布施，我們通過法布施，是要啟發他的自覺、自力，前面是立起來的立，這個力是力量的力。佛教講自力解脫，我不能代你來解脫，我不能代你來

救我。所以通過法布施是要啟發他的自覺自力，力量的力；通過財布施是要鼓勵他自立自強，自立更生的立，立起來的立，不能變成一種依賴。

我覺得在慈善這個問題上面，不管是施者，還是受施者，觀念上都要有一個正確的認識，什麼叫慈善？為什麼要行慈善？慈善應該達到一個什麼樣的效果？應該達到一個什麼樣的結果？我覺得這些問題，特別是慈濟在世界各地做的慈善志業裡面，有很多、很多這種的經驗，值得相互交流，大家來共同學習。

菩薩精神與慈濟宗門

二〇一六年是慈濟五十周年，五十年是一個階段，今後怎麼樣繼續地發展和促進慈濟宗門慈悲濟世的視野，是一個非常有意義的題目。因為慈濟功德會一直在倡導菩薩精神，在踐行菩薩精神，我們就需要來探討一下什麼是菩薩精神。從佛教的發展歷史上來看，發展到菩薩精神是經歷過一個相當長的過程，佛教是一種以人為本——人本的宗教，它是一個以人的自我覺悟、用自己的智慧來覺悟人生的宗教。

佛陀在菩提樹下悟到了四個聖諦——苦集滅道，看到生命輪迴的過程，充滿生、老、病、死這樣的痛苦，於是去探究，什麼原因造成這樣一個生命苦難的過程，佛陀終於看到了這樣痛苦的生命過程，就是因為人的「身、口、意」三業所造成的，正因為人的

「身、口、意」三業無限地擴張，造了種種的業，種下了種種的因，然後才有這樣痛苦的生命過程。

於是再進一步探討，如何來看清這個生命，認識這個萬物宇宙，它是怎麼樣生成的，於是有了佛陀的「緣起」，讓我們看到萬物都是因緣聚會的產物，這種因緣聚會的現象世界，它是無常的，是永恆的，是沒有獨立的主體的，是無我的，而人們由於看不透這個無常、無我的現象世界，所以產生了分別之見、分別執著，然後就帶來種種的煩惱和痛苦。

用緣起的理論來認識宇宙萬物現象的空性，就是無常，所以佛教可以說，就是讓我們通過「因果業報」和「緣起性空」這兩個道理，來認識世界，認識生命，然後認識自己，超越輪迴，了脫生死。

這個方法，早期就是用八正道、三十七道品等等的方法來覺悟人生，超越輪迴，了斷生死。所以早期的佛教更注重修阿羅漢，修辟支佛，也就是聲聞和緣覺，在佛教發展過程中，從這樣為自身的、個人的解脫，逐步地再來學習佛陀的精神；佛陀為了眾生，可以捨棄自己的生命，在佛教的經典中，很多這樣的傳說，譬如捨身飼虎等等的傳說。佛陀的精神，不僅僅是為了個人的解脫，還進一步為了解脫眾生的生死煩惱，奉獻自己。

從這個地方再進一步發展，佛教要先解脫眾生，再來求自身的解脫；捨己利他，先讓眾生解脫，然後

才有自身的解脫。這個發展過程形成了後來的「菩薩道」、「菩薩行」。

　　一個覺悟的有情，也就是菩薩，根本信念就是要讓眾生都能夠了脫生死，超越輪迴，所以「菩薩精神」形成的過程，應該是非常地漫長的，逐步、逐步深入的，逐步、逐步提升的。

　　菩薩精神可以從三個方面來體會，首先，菩薩都是發菩提心的，菩提心是成菩薩的因。所謂菩提心、覺悟的心，覺悟什麼？就是為眾生，所以菩提心是落實到大願，菩薩初發心都是大願心，都是要救眾生出離苦海。

　　佛教的經典上面，各個菩薩都有他自己的願，總體來講就是慈悲心，也就是去苦予樂，「不為自己求安樂，但願眾生得離苦」，這是菩薩的根本精神，菩薩是「眾生無邊誓願度」的精神。

　　發菩提心也就是發大願心，就像地藏菩薩那樣的一種願心，「地獄不空，誓不成佛；眾生度盡，方證菩提」，先人後己，先來度眾生，再來度自己。所以，要成菩薩，首先要發大願，發菩提心；因此，菩薩是以菩提心為因。

　　這種菩提心、大願心，落實到什麼地方去呢？落實到慈悲；慈悲是菩薩的根本精神，是一切佛法的根本精神。菩薩以這樣的慈悲心來救度眾生，但是他的法門可以很多樣；我覺得菩薩的精神，還有第三個方

面，就是「以方便為究竟」，「方便即究竟」。

方便就是可以用各種各樣的方法；佛教有八萬四千法門，很多種種的法門，為什麼要提出種種的法門？因為世間眾生的根器是不一樣的，所處的時間不一樣，所處的環境不一樣，所以要度眾生，不能用一個法門，而要根據不同的根器，不同的時機與地域，也就是要契機；契機就要用各種不同的方法，這就是方便。

但是，從根本上來講，要契合佛教的根本理念，還要講契理，佛法要永遠的契機、契理，或者反過來講，契理、契機，用方便的法門來傳播佛法的根本精神。所以，菩薩的精神就是體現在他的發菩提心，體現在他的慈悲心，體現在他可以用各種方便的法門來度化所有眾生。

證嚴上人開創的慈濟功德會，這五十年來所做的工作，就是用菩薩的精神來度化世間的眾生。他的方便法門是中國佛教精神的一種體現；佛教在傳入中國以後，與中國的本土文化相適應、相結合，他把佛陀最初的、創立的佛教精神，可以說是重新發揚起來。

證嚴上人就是把佛教的慈悲精神與中國傳統文化，特別是禮的概念，禮的這種文化，很好地結合起來。我第一次來參加慈濟論壇的時候，也參訪慈濟的許多事業，其中我最感興趣的就是教育，因為我本身就是在做教育工作。

教育首先教人怎麼做人，慈濟的教育理念，這一條是非常突出的。記得當時我參觀慈濟，看到教育方面，有兩句話印象很深，我回去（中國大陸）以後，一直在傳播這兩句話，我就再加了兩句話，變成了四句話，所以現在大陸很多人認為我提出了這個教育理念，其實我是從慈濟的教育理念得到啟發的。

哪兩句話呢？就是「教之以愛，育之以禮」，針對教育，教要「教之以愛」，育要「育之以禮」，這兩句話對我很觸動，教育教什麼？愛和禮，所以回去後我到處都講，我說教育，首先要開發他的「情商」，不是首先去開發他的「智商」，有了「情商」以後，他才有一種大愛的精神，才會去愛眾生，才會去為了眾生，只要是眾生需要的事情，我就會去做，不管怎麼樣艱難，甚至要付出自己的生命，由於對於眾生大愛的精神，那我也會去做。

一個沒有愛的精神的人，具有再多的知識，他只能為自己，只是為自己，所以我說教育的「教」，第一就是要教愛，要情商的開發，然後「育」，育要育之以禮，我完全贊同，這是教育之根本。

我回去後面加了兩句，是哪兩句？一句是「啟之以智」，開啟人們的各種智慧，也就是各種的愛好。是啊！我們要有多方面的興趣，多方面的愛好，而且可以說，這些種種也都是度化眾生的方便法門，包括慈濟許許多多的資源回收站裡面，很多的老人，很多智

能障礙的人都在那兒做，我們不要看僅僅是一個經濟上的問題，這是對參加這項工作的老人的一種心靈滋潤，無法用經濟來計算，所以要開啟人們的智慧。

最後，我加了一句「導之以行」，讓他們落實到行動中間。至於我把慈濟的這兩句話——「教之以愛，育之以禮」，加上了「啟之以智，導之以行」，作為我對於教育的理念，我也在大陸的很多地方來講述這個教育的理念，從幼兒園到小學，到中學，甚至於到大學，我認為都要有這樣的一種教育理念，落實到教育是培養人，使人懂得如何做人，而不是僅僅給他一些知識。

我覺得慈濟的證嚴上人這些理念，是把佛教的精神、菩薩的精神，與中國儒家的精神緊密結合，體現出中國佛教的一種傳統，從禪宗一直到近代的一些大師，首先培養人，成為一個完善的人、完美的人。

就像太虛大師所講的，「仰止唯佛陀，完成在人格，人圓佛即成，是名真現實。」這是真的，現實的，我們所景仰的是佛陀，但是怎麼樣完成你的景仰呢？就要落實到你人格的養成，人格的圓滿；人格圓滿了，也就成佛了。

我這一段時間一直在大陸的各種宗教場合、佛教的場合，我就講，我們中國的佛教，與印度後期佛教有某一種差異，這差異體現在什麼地方？就是我們不要像在印度後期佛教那樣，只是去拜佛、拜菩薩，求

佛、求菩薩，而要去學佛、做佛，學菩薩、做菩薩，我想，在這一方面，慈濟給我們樹立了一個很好的榜樣，有那麼多的慈濟菩薩都是在為社會服務，為眾生服務，為全世界的人類服務。

我覺得今天在紀念慈濟成立五十周年，將來怎麼樣發展，應該是很明確的——繼續發揚慈濟這種行菩薩道的精神，做一個真正的慈濟人！

※全文內容整理自樓宇烈教授2010年12月20日花蓮靜思精舍演講、2012年11月27日第二屆慈濟論壇專題演講、2016年10月1日第四屆慈濟論壇專題演講。

慈濟，組織管理與領導的典範

The Importance of Tzu Chi as a Model for Organizational Management and Leadership

赫曼・李奧納　哈佛大學商業管理學院暨甘迺迪政府學院、商業管理學院社會企業計畫聯合主席
Herman B."Dutch" Leonard
Eliot I. Snider and Family Professor of Business
Administration
and Faculty Co-Chair of the Social Enterprise Initiative
Harvard Business School,
Harvard University

摘要

就各方面而言，慈濟是當今在人道救援與發展中最有影響力與效率的組織之一。是什麼讓慈濟有這般非凡的能力，能於災後迅速地動員？它如何能在困境、情況不明，甚至是在從未碰過的情況下找到合適的解決方式？它如何能成功地取得資源並組織人員，將他們送至被需要的地方，並以高效率和有效的方式安排其所提供的服務？它如何能在重大災難後造成的不確定性、混亂和壓力中，仍能有效地妥善處理？我將會以三個相互關聯的答案進行回答。

第一，慈濟並非以目的為導向，相反地，它是被一組先進的核心價值所驅使著。第二，藉由證嚴上人的身教，以及整個組織的運作討論模式，慈濟能以非凡的行動隊伍實現它的核心價值。最後，慈濟的驅力並非來自事先定好的計畫，而是基於對核心價值的承諾，它對核心價值的態度始終如一，讓所做的每一件事都合乎其承諾與價值。而這個組織的三個特點可以被合併成第四點，也就是在於如何做出決定。無論是小的行動決策或是大型策略事項，決策者皆會一致性地參照這幾個核心價值：「哪一個選擇是

與慈濟的核心價值一致？」然而，將這些全部放在一起，這四項定義了慈濟的第五個關鍵特質；事實上，它獨特的中心策略是以能適應當時狀況而做設計與實行。

有組織性排列的核心價值帶來很深切的結果。為志工帶來很高的動力，使他們為這個組織的重要專案奉獻他們的時間與資源。以核心價值作為組織每日大大小小事情判斷解決的引導，提供一個組織內部的信任基準，也讓外部的人看到這個原則而相信慈濟。慈濟代表著一個很關鍵，也愈來愈重要的組織型態：它是一個以價值觀為導向的組織，在面對複雜且充滿驚奇的快速發展世界，它的組織策略是能被環境所適應，且能適應當下。這個典型已超越了人道救援與發展的範疇，即使這是一個很重要的領域。在許多不同領域的組織裡，在面對類似的快速發展情境時，他們可以從慈濟學到許多，學得慈濟如何在變化多端的事件與情況中，依然能有高效能的組織動員。

　　證嚴上人、諸位法師、慈濟志工與同仁，以及前來參與慈濟五十周年「第四屆慈濟論壇」的各位貴賓們，今天很榮幸能與各位共聚一堂。

　　我平時居住於美國波士頓，任教於哈佛商學院，一般在上半（秋季）學年，我的課程皆安排在週五與週一。之前，慈濟曾多次盛情邀約我參與這個論壇，但時間介於週五與週一之間，因此沒有充裕的時間讓我前來，並且能及時趕回去上課。今年，幸運地，週五的課程有所調整，所以我非常高興能夠有這麼好的機會，前來參加這適逢慈濟五十周年的第四屆慈濟論壇。

雖然從波士頓來此的路途相當遙遠，而且我僅能停留短短的幾個小時，但是我仍非常期待能出席並與各位在論壇上碰面。

　　首先，我想向證嚴上人及慈濟表達感恩之意，讓我們能以慈濟的運作方式為主題，撰寫成哈佛大學的教學個案。[1]我實在無法簡單地表達出，這個教案對於學生們有興趣了解，人道援助領域、「社會使命為導向」，或是被廣泛稱為「以價值為導向」的組織而言，是多麼有價值的一件事。

　　慈濟展現出一種很重要、且值得研究的有效運作模式，它可以成為教學課程，並大幅提升許多其他組織的績效，因此我萬分感恩能有此殊榮，能研究慈濟所做的事及其組織架構和體系，讓我能將這些課程內容，教給我的學生和其他人。我時常且定期地在課堂中，講授慈濟的案例，我才在兩個星期前的一個班級中，剛剛講授這堂課，下週，我又會在另一個班級裡上這堂慈濟的課程。

　　你們對慈濟的了解皆更勝於我，因為這些都是你們親身經歷的過程。而我很榮幸能夠詢問到，關於慈濟是如何運作的內容 —— 怎麼做到的、如何決定該做什麼、以及如何組織動員。所有我能夠在這裡提供的 —— 就是對慈濟的詮釋。藉由我們從類似慈濟這種以使命為導向的組織，所開發出來的分析技術與模式，對照著數以百計我們曾經有幸研究過的其他組織

的背景來檢視慈濟。我完全是以慈濟局外人的觀點來詮釋，但我仍希望，我的觀點對你們有所幫助，並且藉著這場演講，表達我對於你們已經達到的成就，致上最高的敬意。

「慈濟模式」挑戰以「策略規劃」作為成功之道

慈濟的模式從根本上挑戰了許多管理教學的基本原則，許多企業管理的課程——包括哈佛商學院在某種程度上也是——都教導學生，一個組織的成功來自於謹慎、詳細的營運計畫。他們普遍被教導，打造成功商業的基礎就是必須要有「策略規畫」的技巧、研擬詳細的「商業計畫」——就是詳細列出未來一季、一年或三年會發生的特殊狀況及優化營運流程的方法。

慈濟，在一些的行動中，也運用了這些技巧，但至少就我目前所認知，這些並非是慈濟運作的核心。

當我和學生們討論慈濟案例的時候，我通常會問他們，什麼是他們認為的慈濟策略規畫程序。學生們通常會一臉茫然，他們會再次翻讀這個案例，以檢視自己是否忽略了任何關於慈濟策略計畫程序的內容。

但重點在於，慈濟案例裡，根本沒有提到任何策略計畫程序，因為這並不是慈濟在進行人道救援工作時的主要運作架構。重點是，慈濟對於即將進行的人道援助行動，並非按照常理而規劃下一年或是五年的救援計畫。

因此我會接著問學生：「如果慈濟並不事先規劃，那麼他們是以什麼方式來替代呢？」通常學生會需要一點時間思考，但他們最後都能理解：慈濟是基於「自發的願力」以及「對眾生的承諾」，而非計畫——慈濟承諾一旦有事情發生，慈濟就會有所行動。

　　這是一個美好且深刻的理念。

　　但這也從根本上挑戰了管理學學生所被教導的，如何在企業中獲致成功的做法。也許未來獲致成功之道，並非僅靠撰寫鉅細靡遺的計畫，或是非常精確、有效率的執行；也許這個關鍵在於別處，可能慈濟的運作方式，正是指出那個點……

　　這是為什麼讓學生研究慈濟運作模式是如此重要；也是為什麼我非常感恩有這個機會去學習有關慈濟的組織運作，並撰寫出這個案例，及持續地在更廣闊的世界裡，一再教授這個案例。

　　為何慈濟這個模式如此重要、如此獨特，又這麼有趣呢？最容易的切入點，就是聚焦在慈濟最即時與直接的全球人道援助的成就上。

　　慈濟被認定是在現今世界人道援助工作上，最有成效、效率及發展的組織之一。為什麼在面對災難時，慈濟能有卓越的能力快速動員？慈濟為什麼可以在困境、混亂、甚至是前所未見的處境下，找出創新的解決方式？

　　慈濟為何能夠如此成功地採購資源和組織人力，

並將之安排到需要的地方，然後協調出有效且具效率的發放行動？慈濟又為何能如此有效地去應對，伴隨著大型災難中所發生的高度不確定性、無秩序、混亂和壓力的局面呢？

在我嘗試回答這些問題前，先簡要地說明我是用什麼方法去了解、分析和詮釋，像慈濟這樣以使命為導向組織的效能。

「社會使命為導向組織」的策略：
「變革理論」、「商業模式」、「願力、能力、助力的調適」

在檢視以「社會使命為導向組織」時，我們專注於下列三個關鍵點之間的關係。

第一，組織的使命是什麼？這個使命有價值嗎？如果有，是誰認為它有價值？這個使命是如何被選定的？它的定義是否清楚，能被有效執行？或者它的定義其實不明確且含糊？使命，是一個組織的基礎或核心要素，組織其他的策略皆是環繞著使命而建立。

第二，組織的「變革理論」及相應的「執行模式」是什麼？每個組織應該要認知它的工作原理——推動使命前進的行動。若是無法清楚定義，組織便會無所適從。而我們將這一系列組織運作的理論，稱為「變革理論」，通常它的形式是由眾多的假設鏈接而成，是為了促進使命而進行的一連串的行動。

「變革理論」必須和「執行模式」緊密結合，「執

行模式」是解釋該組織進行何種活動以完成使命，例如：這些行動將在哪裡進行？需要哪些裝備？由誰來進行？這些人員需要哪些知識、技術？如何培養這些知識、技術？

第三：組織必須要對長久持續運作有很清楚的想法，必須要有一個「商業模式」，統整必要資源以完成特定的行動。這商業模式說明了資源是如何取得，而組織將銷售的是物品或是服務？價格為何？是否尋求或接受捐款或是捐贈？會不會和政府或其他組織簽約，以提供特定服務？還是鼓勵志工奉獻勞力或金錢，以支援組織的運作？

我們將上述三個關鍵點聚焦為「願力（使命）」、「能力」以及「助力」；「能力」是指組織在運作上的能力（此為變革理論的延伸），而「助力」是指以商業模式匯聚、組織所需要的各種資源。

在一個功能健全的組織裡，組織的「願力（使命）」、「能力」以及「助力」，彼此會高度整合或相當程度地交疊。那些對組織的使命相當重要的計畫，必須與組織的能力鑲嵌，並且要具備吸引資源或維持產生資源的助力。

當這樣的計畫是精準、強而有力時，使命就會被這些精心設計的行動有效地推動，同時，人們或其他組織，也會因為該行動可以實現他們所認同的使命，而提供行動所需要的資源。

許多原因會造成組織的成效低落；第一，錯誤的使命，這些將要做或正在做的事，其實並不一定具備真正的價值。第二，在策劃或執行行動時，並沒有為使命帶來助益，這也許是因為變革理論上的設定錯誤，或是行動沒有被完善地執行。最後一點，組織的助力並未依照使命來進行，所以那些可用的資源無法成為變革理論推動成功的要件。

　　最特別的綜合挑戰是，活動的助力與使命完全不相關，因為變革理論本身的錯誤，或是因為缺乏適當的變革理論，足以顯示出這些活動將對使命帶來預期的效益。

　　某些組織所進行的活動，雖然與使命無關，但因為受到了支持，所以組織會持續推動這類的活動。這或許是因為使命的擁護者，錯誤認知該活動是有益的，又或者，擁護者並沒有致力於使命的推動，而是因其他因素而支持那些活動。以上的情況，會造成組織成效呈現長期的平庸。

慈濟人道援助與發展模式：
價值導向的組織如何創造與維持高度的調適力

　　藉由願力（使命）、能力與助力三者的架構，分析慈濟為什麼能有如此成效？我認為是因為慈濟的領導、組織、運作的整合度非常高；慈濟的願力（使命）、能力以及助力三者之間的配合非常緊密。

也許透過慈濟的人道使命：「減少任何可能存在的苦難」是最容易觀察的。這是非常有力且激勵人心的使命，能夠吸引並動員許多願意幫忙的人……同時，許多人道救援組織的宗旨也是如此。這個使命清楚、定義明確，雖然難度很高，但是要找出明確該做的事，通常並不困難，也可以確知需要的能力、該做哪些事才能幫得上忙。所以這個使命對於組織能力的需求，提供很好的引導，這對制定變革理論和了解所需的行動是有幫助的。

　　接下來，我們來討論慈濟的執行模式——在這執行模式當中，很大一部分是立基於志工培訓及其運作的方式，這顯示慈濟的「能力」以及「助力」是高度自動契合。志工在慈濟的能力中佔很大一部分，因為志工們同時也奉獻勞力，所以他們也是助力中非常重要的一環。如此，因為慈濟組織本身配置的方式，使得它的願力（使命）、能力以及助力之間都能高度契合。

　　但這仍然不足以完整解釋慈濟模式的影響力，因此還必須思考，慈濟的使命是從何而來？以及它的使命為何如此激勵人心？及它是如何進行的？

　　慈濟的使命直接傳承自證嚴上人以及他的教導，慈濟模式的一個關鍵要素是，使命不是為特定目標所定義，而是為了弘揚其核心價值。

　　上人的一個基本教導：服務他人能讓助人者本身

受益；能夠幫助有需要的人，是一件光榮的事。從幾個面向來看，這是個非常有力量的理念。

第一，這是一個自我強化的觀念，只要相信這個信念，然後確實依著這個信念所指引的方向付出，就能夠真正地感受到這個信念的價值；那些去付出的人，會覺得有機會付出是一件很榮幸的事。這個價值能讓信者有真實的感受。

由這點產生了另外一項特色，讓這個觀點特別具有影響力，它的核心價值會因為追隨者在服務的付出中，得到更多的助力——因為他們在提供服務的過程當中，感受到正向回饋，而有意願付出更多。這意味著，慈濟的核心價值不僅明確定義其使命，並且驅動助力、產生能力，進而推動使命。換句話說，慈濟從根本上是一個價值導向的組織，其核心價值是由證嚴上人的教導中所定義。

因此，慈濟的核心價值是以願力（使命）與助力為基礎，並界定願力（使命）所需要的行動應有的能力與助力。組織是由它的價值所驅使和存活，這個價值會成為一個動力，有條不紊地排列其願力（使命）——由價值中產生；助力——由價值中產生；和能力——由願力與助力所推動。

因此我提供三個相互關聯的答案，來回答為什麼慈濟在提供人道救援上，會這麼特殊、有效且具備效率。

首先，慈濟不是為了謀求實現目標，相反地，慈濟所做是為了推動它的核心價值。

第二，透過慈濟的運作模式、上人的教導以及貫穿整個組織的討論，慈濟體現了行動與核心價值非凡的契合度。

最後一點，慈濟的驅力並非來自事先定好的計畫，而是基於對核心價值的承諾，它對核心價值的態度始終如一，讓所做的每一件事都合乎其承諾與價值。

所以這三個特色結合了之後，就可以推導出第四個特色，那就是慈濟如何進行決策模式。

無論是小型的決策運作或是大型策略，決策人始終如一地會不斷回歸到核心價值，他們會問自己，「我要做什麼樣的選擇，才會最符合慈濟的核心價值？」

以上再和上述的四個慈濟特色加在一起，就形成了慈濟的第五個特色，慈濟是非常靈活，是非常有適應性的組織。事實上，我認為慈濟策略的核心特徵是，它被設計成可以隨機應變運作。

上述對組織核心價值的維持與適應力，讓組織能有出色的成果。它高度激勵慈濟志工為重要的項目貢獻時間和資源，在慈濟每天數以千計的大小事中，志工可以透過核心價值得到指引，從中找出解決問題的方法。它也為組織內部與外部的人提供了信任的基礎，讓人們相信慈濟會依照其核心價值來行事。

價值、信任和在地化為基礎的執行能力

慈濟是一個價值導向組織，在各方面體現了高度的契合，並且在組織內具有信任基礎，而這項事實還具有一個特別重要的附加意義，那就是它允許組織在高度分權的管理下運作。因為忠誠於核心價值，提供他人幫助和減輕痛苦被視為是高度的榮譽，因此在災難現場做決策的人，被信任會盡其最大的努力做出最好的決策，而這也是組織希望他們做的。

這一點對於慈濟的人道援助行動非常有利，我們把這種特性，稱為人道救援的「執行環境」。在一個需要人道救援的災區，當地必然遭遇了天翻地覆的變化，所需的通訊以及資源供給系統也必定受損，把訊息傳回中央，再將指示傳回現場執行，時間必然會拖長。因此慈濟對前線的志工領袖充分信任，授權前線所創造出來的「執行環境」，對志工完成使命非常有幫助。能夠獲得授權至前線，必須是組織非常信任，可代表慈濟前去的前線人員，並讓他們能自己做主。

因此，中心指導管理方式 —— 將信息返回到中央指揮中心，然後再將指令送回到前線的方式並不理想，這會延緩救災工作的進行。因此，在地化的處理創造出極大的優勢。

執行分權管理需要信任並授權給代表人，也就是分權賦予在災難現場救濟的志工自由裁量權，組織完全相信他們。但是，組織究竟信任的是什麼呢？

首先，必須信任其遠在前線工作的代表人，該代表能夠勝任並理解需要做什麼，並且有能力執行他們決定要做的事情。然而，他們的決定也必須依據核心價值觀——這對於慈濟以價值導向的運作，有一個很大的優勢。

因為慈濟的一個關鍵特點是，在一開始時，就以教導和忠誠於核心價值為依歸，所以它能夠信任志工和同仁在現場執行組織希望他們做的事。

「核心價值」是高度模糊與不確定環境下的明燈

核心價值是另一項重要因素。通常在一個高度複雜、不確定性高、進展快速，以及不熟悉且新的環境——這是人道援助任務裡的常見挑戰，是無法讓前線領導人員透過分析來決定何者為最好的解決方式，因為當中有太多的混亂和選擇。當沒有人知道或了解下一步該怎麼進行時，要如何去應對呢？或許，在這情況下，最佳解答是應該開始參考自己組織的核心價值在哪裡。有時這會幫助理解，哪一種是最佳的方式。雖然無法完全解決困惑和不確定性，但是核心價值的遵守仍有優點，那就是人們會記得並遵循他們最重要的原則，並會一致地遵循此原則。

對於慈濟，此想法早已司空見慣，因為他們長久以核心價值為基礎運作，但這是許多組織仍在奮鬥的方向。政府為了確保災難現場的官員不利用個人官權

產生弊案，而執行所謂的官僚政策，也因為這些規定而減弱了效率，更糟的是，他們仍舊等候極慢、無效果及非常無效率的中央命令。

「慈濟模式」已超越一般的人道救援方式

到目前為止，我使用標準的分析工具檢視以使命為導向型組織的表現，來論證為什麼慈濟在人道援助任務中，有如此的效率與效益。

但我認為，慈濟模式的重要性已遠超過原本的人道救援的範圍，這就是為什麼我在這麼多的課程中教授慈濟案例的原因。

重新思考人道援助的「執行環境」，這些任務是不可預測的、不穩定的，並且不斷地變化著。它們都相當地不同──如果深入探討一個災區，它並不是一個單一的故事，而是有著許多不同故事，從災區裡的一個地方到另一個地方，都是不一樣的。每個小區域都要因其所需，而有不同的應對，情況通常都是會變動的，因此即使在同一區域，會因時間流轉而改變作法。我的幾位研究領導力的同事們，就這擷取的幾個特點，並發展了一個新的縮寫：VUCCA。這個詞包含了以下單字：「不穩定的」、「不可預測的」、「複雜的」、「紊亂的」，以及「模糊的」。

人道救援是擁有上述特點的執行環境的最好範例，但迄今它並非唯一，許多其他組織也面臨著類似

的挑戰——隨著人們高度互動、網絡化和日益緊密結合的發展趨勢，公司與其他組織面臨這些狀況的情形是愈來愈普遍。在競爭環境中的各種創新，例如：新的實體產品、新的軟體開發，甚至是嘗試開發新方式的社會組織——運作時皆面臨這些狀況。處於快速變化的情況下，任何組織的重大內部改變都是在這些情況下運作。事實上，多數組織已持續感覺到面臨這些狀況——隨著變化速度加快，組織內的壓力也不斷增加。

在這樣的環境中，什麼樣的組織結構和方式是可行的？在慈濟裡可以找到答案。

慈濟展現如何建立和運作一個能夠承擔、互信和分權的自然運作組織。在這樣一個分權管理運作的組織中，必須具備高度的訓練，以確保獨立運作的能力；必須要有制度並致力於人員對組織價值觀的理解和忠誠度，以確保分權管理的決策與整體組織使命相符。而這也可以在慈濟的運作中看到。

從一開始就需要有一個明確的組織價值，然後藉由自身的體驗行動中感受到組織價值的意義，持續吸引有共同理念的支持者加入。這正是所謂的以價值為導向的組織型態——慈濟，是在日常生活中落實願力與行動。

在某些執行環境中，它的工作內容重複性高，每天的工作大致相同，僅有些許變化。在這樣的情況

中，組織藉由如何將同樣的事情做得更好，而發展出高效率的例行工作。他們的策略是將流程專業化與細緻化，尋找能夠讓運作流程更順暢的方式、排除任何浪費或瓶頸、增加價值和減少成本花費。在可預測且熟悉的執行環境下，這才是正確的策略方式。

相較之下，人道援助、協助與發展的執行環境，經常會讓組織內的領導人遇到一些新挑戰。每一場災難狀況皆不相同，不是每一個發展計畫都能夠適用於不同的環境、文化規範及條件。

慈濟身處的執行環境不同於可預測且穩定環境中的組織，即使是像救災物品運至災區的流程管理等重複性的工作項目，慈濟必須維持它的效率，同時也要因應災後當地狀況進行快速地調整。

從某種意義上說，靈活和適應性不是慈濟策略的一部分，而是策略本身。它的組織結構在於創造快速、有效，且「具智慧與適應力的分權管理」[2]。

慈濟的結構、運作過程和訓練，使得領導者們能在遠端準確評估重災區的需求，運用平日的訓練與能力，觀察當地情況，並以分權管理為基礎下策劃援助行動——藉著在地決策，做出適應當地的明智應變。在擁有價值忠誠度及有效訓練的分權管理下，慈濟信任前線的領導者忠於核心價值，並且有能力應用它們。

上述的特點需要透過策略重新被設計和規劃以融

入組織，以便適應快速變化的環境，為了未來發展放手一搏，而不能僅侷限於已知能力。

　　如同我們先前討論過的，這需要紮實地訓練那些具備運用當地力量的領導人，因此讓他們能夠承擔任務、做決定，並執行所規劃的因應策略。這些當地的領導者需要機動性高且中央調控的支持系統，才能夠取得他所需要的物資；這些物資的數量和項目不只無法事先預知，組織還必須及時地取得及輸送，所以他需要一個靈活的機制，這個機制必須具備以下條件：（1）取得物資的能力，也就是說，鼓勵人們和各組織在需要時提供更多的資源；（2）有能力快速地整理並藉由它的供應管道，運送這些物資到需要的地點；（3）需要有能力判斷什麼是當地需要的，並能夠執行。在面對災難現場的各種突發情況，前線領導人需要依其做出反應，這需要創造性的行動，亦即為「新能力」，而此項「新能力」必須得到組織的支持和協助。

「適應力」是組織的關鍵特質

　　到目前為止，慈濟組織所採取的關鍵特徵與方法，就是適應力。首先，正如我之前所說，慈濟做出的願行超過了它制定的計畫。面對尚未確定的災難，計畫並不是非常有用，它所需要的是能夠進行快速規劃。

　　透過願行，慈濟致力於做出必要的付出，姑且不

論所遇到的狀況為何，只要它在合理的範圍內。雖然無法事先知道我們的援助行動會是什麼，但是我們可以知道我們的願行是什麼，而我們的願行將引導我們未來的行動。這些願行如何兌現？具備與慈濟有相同願力的個人或組織，在慈濟需要的時候，也願意提供最好的援助。

值得注意的是，對於一個私人組織做出無限期的前瞻性承諾是極度不尋常的能力。商業性質組織像是保險公司，是無法做出無限期的前瞻性承諾，他們謹慎地承諾可以負擔保險費的約定。一般來說，根據現代企業法規定，私營的企業投資者只能負擔其投資額；如果公司無法償還其債務，則索賠人無法從投資者獲得額外資金的追索權。非營利組織並無所謂「所有權的擁有人」，因此，對他們提出的索賠，只能從其資產中兌現。政府是唯一被認為，能做出無限期、前瞻性承諾的實體，其中索賠金額將在事件發生後確定，而且它們能夠做出這種認捐是因為徵稅及稅務權力。換句話說，政府可以在沒有任何資源下，對未來付款做出承諾，因為他們可以創造稅收，來蒐集必要的資金。

因此，慈濟做這樣承諾是非常不尋常的。慈濟的基礎，是建立在災難之後激勵志工和捐款者的道德義務來提供幫助。私人商業組織卻不會有任何義務的想法，私人保險組織有義務對其負責的保險單索賠，但只能負擔其現有的資金來源，如果不能符合其索賠要

求，將沒有義務籌備額外資金，也沒有任何基礎這樣做。但是主權政府可以做出前瞻性的承諾，因為政府具備增加未來稅收的權力。在這方面，慈濟的行為方式也是類似一個主權組織，激發道德義務，以讓追隨者提供協助。

這再次說明了信任志工的偉大智慧和價值。啟發志工自願奉獻的不是計畫，而是願行。慈濟已經組織了所需的大部分資源，和下次災難發生時所需的額外力量，因為志工既是組織的資源也是力量。

而且，如果你探索這種組織的能力特質，及其所產生的智慧與分權的適應力，你將發現這種以「核心價值」為策略的「適應型組織」，是能夠在有需要時，帶入額外的資源，而不是以預先的詳細計畫來獲取。你將發現所有元素證明了慈濟就是以價值為導向的組織，整個組織的人都竭盡全力實現其核心價值。

換句話說，慈濟是「以價值為導向」的組織，不是按照事先的規劃執行，而是能夠採取靈活性的適應力，以實現它的願行，這就是它的策略。這個策略包含一個「人力運作模式」——就是開發一個植基於志工的願力，並且能快速地動員；以及一個「資源協作模式」——能夠以志願者和其他支持者所能提供的各種支援形式，迅速提供救災的需要。這兩種模式是高度一致並有效的。

在難以預測激增的需求，和持續產生的各種供給上的新困境下，慈濟的「設計」非常適合人道救援的執行環境。然而，其他組織在面臨動盪、難以預測的情況下，定義使命、尋求支援和運營模式，可能各有不同，但慈濟的模式和特質，是他們可以學習的對象。

因此，首先必須要認知，通往未來的道路是必須具備快速、適應力強，而不是執行預先的計畫。

第二，必須在尋求資源、提供資源，以及資源如何分配等任務中，做出高度的整合力。

第三，採取「價值導向」與「推動願行」為基礎，以建立一個緊密合作、採取適應性策略的組織。

「慈濟模式」成為其他組織的典範

慈濟以「適應性策略」為基礎的運作模式，是其他組織需要採取的策略方針。

許多的組織，有的是在草創階段，研發新產品或服務；有的是在成熟的階段，隨著大環境而重塑轉型；有的組織是受政治環境影響；有的組織是在其產業中因科技的快速發展、難以預測而必須改變。許多組織正面臨著大環境所帶來的「驚喜」。

許多的組織是運用過往歷史的成功經驗而擴大、成長，包括經由詳細的執行計畫，或是在重複性的工作中建立精準和有效的規則，以界定他們的績效和目標，並藉此給予獎勵。簡而言之，就是以有效、規律

的執行，以保持組織的優勢。

　　其實這種運作模式不能說是有問題，事實上，這個模式之所以美好，是只有當他所面對的任務環境是高度可預測和穩定時才能成立。但隨著這些組織所面臨的世界愈來愈不穩定，那些組織也逐漸發覺執行既定計畫的困難性，因為他們的策略不是以適應力為基礎，因此快速的適應力並沒有植入在他們的營運模式中，也沒有運用在他們的培訓、理念、程序、方法、文化、招募或是獎勵的結構當中。

　　在這個日益變化的世界裡，許多組織現在需要加入的是「適應性策略」。他們需要將此要素增加到策略中，而不是取代當前的策略，因為他們不能、也不應該放棄，當前經由有效執行而獲致成功的平臺。在他們現有的高效執行核心策略中，加入快速適應的新能力是至關重要，但卻也極難達成。

　　我們已知有效運用的文化——包括非常有效地、謹慎地執行、遵守既定的規則、組織文化或流程等，這些過去被認為是創造執行高效能的榮耀，往往會變得跋扈和無情，它驅趕了（至少無法共存）能支撐快速且成功適應的能力，這些能力包括：創造力、容納異議的能力和創新發明的文化。

　　慈濟代表著一個日益重要的關鍵組織類型：它是以價值為導向組織的模範，在面對一個充滿了驚喜、複雜和快速發展的世界，其策略是組織本身要具備適

應力，並適應當下環境的變化，藉由願行作為指引，而非使用事先規劃的詳細運作計畫。

這種模式遠超出人道救援和發展範圍，即使對該領域本身也是極為重要。許多組織在各領域面臨著相似的快速變化環境，他們可以向慈濟學習，如何在快速變化下仍有卓越的表現。

我想再次表達，我非常榮幸地能在適逢慈濟五十周年，被邀請參加「第四屆慈濟論壇」。過往五十年來，慈濟所做的一切是傳奇的！你們幫助無數的人，包括慈濟的志工和職員都體會了向別人付出時的喜悅和榮耀，你們創建了一個非常成功，嚴密契合的組織、文化和一套有制度的系統流程，這使你們能成就卓越的工作，也建立了以服務、慈悲和願行為核心價值的基礎來幫助他人。

我期盼世界有更多像慈濟這樣的組織，希望將來會有更多組織能依循你們的方式。

我想再次誠摯感謝證嚴上人和所有參與協助的人，我也謝謝所有協助我理解這個模式的人，我也盡我所能理解這個模式對這充滿挑戰的世界所作的貢獻。

我祝在座的每一位，在未來也能持續成功，讓過去的五十年成為一個開始。現在，讓我們繼續邁向下一個有更大成就的五十年。

最後，我想依慈濟的方式說，「今天感恩您們，讓我有這個榮幸，能為您們服務。」

[1] 我特別感恩何日生先生，他為我安排的訪談與我們之間合作的過程，都十分的優質與用心。何先生協助我們發展慈濟教案所需的採訪及必要的拜訪；這些都幫助、指導我們，為我們解釋了慈濟從事這些志業的緣由。如果沒有他的努力，我不可能完成這個教案的撰寫。

[2] 這是由管理學者研究「突現概念」領域所開發的術語──這個概念是源自於分權媒介體之間依循簡單規則；彼此互動下所產生的複雜結果。「智慧與適應力的分權管理」仰賴於高度智慧與能幹的分權領導人之適應能力；其出現的模式是高度的整體適應性和靈活性──遠遠超越了集中管理所能產生的管理方式。以任務為導向的環境中，注重敏捷、具適應性的行為，因此「智慧與適應力的分權管理」是非常有用的工具。

慈濟在佛教歷史中的定位：個人與利他主義

Tzu Chi's Place in the History of Buddhism: Individualism and Altruism

理查・龔布齊　牛津大學榮譽教授暨佛學研究中心主席

Richard Gombrich
Emeritus Professor of Sanskrit at Oxford University,
Director of the Oxford Centre for Buddhist Studies

摘要

慈濟是建立在佛教最根本的特點「悲憫眾生」上，特別是對那些極需要幫助的人。這在本質上關乎實踐，意味著慈濟著重實際行動多於理論。慈濟精確地履行了佛陀的法——重視實踐並持續地運用。然而，在佛教歷史中，這個教法卻經常被對其他事項的關注所遮蔽。

在本文中，我論述佛陀教導的利他主義和個人主義是相關聯的，並在接下來的文中探討慈濟有別於漢傳佛教的一些特質。

今天我想與各位分享，自己對於「我們應該如何生活」的一些基本問題的關注。如果我的說法違反傳統，希望不致冒犯各位。請相信我，我的目的主要是誠實並清晰地去釐清一些想法，但絕無惡意。我相信雖然我們生活在一個不完美的世界，到處充斥著不幸、痛苦、殘酷，以及惡行惡狀，但是人類仍在求進

步，即使進步的方向既不明確，也不均衡。如今，健康水平與營養學都在進步中，甚至道德觀也是如此，儘管世界仍存有無法用言語形容的惡行，但還是有進步，例如普遍廢除死刑，以及日益盛行的國際人道救援工作，也被目前在慶祝周年慶的慈濟所落實。

我認為「個人主義」是非常重要的。所謂「個人主義」，我認為要分成兩個面向來談。首先在事實的層面上，每一個人都是個別獨立的個體，擁有自己的需求、權利與能力，以及值得受人尊重的價值。其次，在價值的層面上，每一個人之所以有價值，並不是因為他或她屬於某個團體或階級的成員，而僅僅是因為個體自身。在此，我特別推崇佛陀是促進認識個體價值的最有力者；而慈濟在彰顯每個個體的獨特重要性及獨特價值方面，應該是當今佛教界裡，最能夠遵循佛陀所開示教法的組織。因此，就算可能會引起爭議，我也還是要說，正因為慈濟對於個人主義的努力，即使有別於漢傳佛教主流仍能昂首闊步。

佛陀對於「羯磨（karma）」的認知：個人的承載

如果一個人不能體會佛陀所說的「羯磨」，那麼這個人就不能領受佛法。「羯磨」就是「業力」，這個名詞在世界各地，特別是亞洲，已經使用了好幾個世紀。然而，遺憾的是，「業力」這個名詞衍變出許多意涵，導致與它的原意混淆，這是因為有些人誤解它

了。所以我今天首要，也是最基本的事，就是提醒各位，佛陀如何使用這個詞。「羯磨」這個名詞是一個印度字，意為造作、行為或所做。雖然說任何一個動作都可以被視為業，但對佛陀而言，任何一個動作要帶有意圖，才是重要或深具意義的。確實，業力主要是指道德上的善惡行為。例如，僅僅說話本身不算造業，但如果我說了仁慈、助人的話，那麼我算造了善業；如果我說出來的話是謊話、傷人的話，那麼就造了惡業。

造善業讓我變成一個更好的人，能提升精神，甚至往生善道；造惡業則結果完全相反。業果在此生或來世，終究會回報到造業者的身上。視業報為一種獎勵或懲罰，這樣說不完全錯，但卻會產生一些誤解，因為沒有一個人可以決定或制定獎賞或懲罰。根據佛陀的說法，業報的產生，其實是一種我們可以和物理定律比照的自然法則。獎懲可能經由眾生——某個人或神的行為而出現，但它終究是由非人為的自然法則所產生，如同物理定律。說來有些複雜，但它主要的教義是：個人的業力，完全是自身的責任。

佛陀的教法也涉及「無我」。長久以來，這個說法也曾導致無數人，甚至是自認佛教徒者，都產生嚴重的誤解。誤解正是起源於「靈魂」這個字眼，因為不同的語言對於「靈魂」的定義有所不同。佛陀所要否定的是「梵我（atman）」這個概念。

佛世時，當時最具影響力，也最具有組織化的宗教就是婆羅門教。婆羅門教是靠世襲種姓制的祭司與聖人，也就是婆羅門階級所傳承。他們最神聖的教義是主張每個生命的核心，都是恆常不變的原則——梵我。「梵我」同時也是每個生命和整個宇宙的本質，也被認為是在無限多重表相背後的真理。根據婆羅門教的說法，覺悟和超脫輪迴，無非就要先體證到每個人，包括自己，都具有永恆核心的梵我本質。雖然我們自己會覺得與眾不同，但「梵我」只有一個，歸根究柢，眾生都是一樣的：我們都沒有個體性。

　　若您是第一次聽到這種說法，對您可能是個衝擊，或許您會覺得怪異到難以理解。不妨這樣試試吧！請試想「存在」是一種「東西」，然後理解到這個「存在」，有可能處於世上任何事物之中，是無所不在。在某意義上，它的本質都恆持不變，也就是說，存在這個字，雖然只有一個含義，但它還是可以運用在無限多元的環境背景中，並和無數的事物相關聯。

　　如果您不願意那樣思考，讓我告訴您，佛陀是會同意您的。對佛陀而言，這世上根本沒有一種「東西」是所謂的「存在」，把存在（being）想像成一個「東西」，只會徒生困擾；唯有放下對佛法晦澀難懂的偏見，我們才能對自身及這個世界看得更清楚。我們每個人都有自己的人生經驗，而我們的經驗之所以會不一樣，是因為我們的所作所為都各自不同。每個人的

作為跟經驗都不相同，所以我們可以這樣詮釋：是這些所作所為造就了我們是誰。我們每一個人都有心智和具備知覺器官的軀體，但我們都以不同的方式運用它們，因此有了各自的人生。

婆羅門教認為「梵我」存在於每一個生物裡面，但佛陀眼裡，並沒有這些不變的本質，而是不斷生成、恆常變化的過程。佛陀並沒有否認我是一個附帶名字的個體，被稱為「龔布齊」，當自我介紹說我是「龔布齊」的時候，大家都知道我是在講誰。但是，「龔布齊」也是由行為和經驗所構成的，是一個不斷流變的過程，即便在我睡覺時，我會帶著「龔布齊」這個稱呼直到死去為止；但就算我死去了，造就我這一生「傳記」的過程並不會因此而停歇，而是會延續到另一個生命體上。所以我們可以說，我是在另一個生命體上重生，就如同我以「龔布齊」的身分來到這人間之前，我曾經是另一個生命體，而且可以追溯到無限久遠的過去，也可以推展到無限久遠的未來，直到我證悟脫離輪迴業報為止。

這就要回到這個話題的開始，因為最重要的行為是我發願行善。善行會讓我變成一個更好的人，直到我在此生或來生完成證悟為止。佛陀本身也是經歷過數次的輪迴之後才成為釋迦牟尼佛，許多佛教徒也因此閱讀佛陀前世故事編纂而成的「佛本生故事」。每個生命體都同樣有一個道德上的「傳記（業）」。上至

天堂下至地獄，以及我們人類居住的這個世界，也都有著各種的鬼神與動物，但所有的眾生都是依循同樣的道德法則在輪迴，並且都有可能最終獲得證悟。這意思也就是說，或許我們今生的某時某刻，我們的生活樣態可能不一樣，但我們是可以去改變，而且這個樣態也終究會改變的。單以人類為例，不論男女、強弱、貧富，都擁有相同的道德潛能，具足行善或行惡的能力。國王、祭司和清道夫（賤民階級），這些不過是人類社會規範的角色，但不管是社會上什麼樣的角色，殘忍和暴力就是錯的。佛陀曾說：「不是出身就成為婆羅門或賤民，而是由個人的作為所決定。」[1]

佛陀對於業力的教義，是基於所有個體其真實的道德意志，而在這個教義之下，每個人都有自由的意志，也因此業力正好不同於決定論與宿命論：我們對自己的人生都有不可迴避的責任。換句話說，業力與個人意志的善果與惡果是相互連結的，而世間福祉的有無並非偶然，正如我已經解釋過的，這必然和某種宇宙間的正義法則息息相關。

每一個人的人生是由其自身意識造作的結果，所以無庸置疑地，佛陀才會明確地指出，我們所受的果，全然是我們自己的業力所招致的：只有我們、我們獨自的個體，我們裡面的每一個人，才能決定自己的未來。無論您來自什麼家庭、什麼團體或組織、什麼族群國家，這都跟宇宙的運行法則毫不相干。漢傳佛教

相信所謂「共業」，但是在佛陀教法裡並找不到這種說法。

如果我們開始相信人類之所以受到獎懲，並非個人自由意志的選擇，而是共業所造成的，那麼，佛陀根本教法的道德因果關係，亦即決定因緣果報與生死輪迴之間的業力法則也就被推翻了。就此立基點而言，如果真的可以推翻一項宇宙定則，那為什麼不能推翻更多呢？若宇宙定則真的可以被推翻，那我們又如何能確信這宇宙是公平的？最終我們接受到的，只是我們自己所做的果報？

在中國，個人的身分取決於其在父系家族中的輩分地位。由於這個社會結構，中國人必須在佛教教義中作出這種根本性的改變。

根據中國刑法權威高名宣教授指出，「自古中國法律就相當側重於連坐的概念。早在西元前兩千年左右，犯罪者的家族就須受同罪株連的待遇。其後約莫一千年期間，這種連坐的懲罰也在司法系統裡出現更緊密的結合。司馬遷大約在西元前一百年所著的《史記》中記載商鞅變法（西元前三五〇年）：「令民為什伍而相牧司連坐。不告奸者腰斬，告奸者與斬敵首者同賞，匿奸者與降敵者同罰。」如一戶人家中有人犯罪，則連同伍家戶、十家戶也同樣連坐有罪。到了秦朝（西元前二一一至二〇六年），連坐法還從社區裡沿用到軍隊與政府組織。微罪可株連三至五族，重罪可

株連九至十族。雖然在過去皇朝時代裡也曾出現對連坐法的爭議，但一直到明、清時代（西元一三六八至一九一一年）連坐法依然是中國律例中的主流。[2]

　　早期中國的佛教徒面臨的最大困境是受到儒家抨擊佛教缺乏孝道。陳觀勝（Kenneth Chen）在其所著《佛教的中國轉型》[3]一書中，其中很長的一篇〈倫理生活〉，大部分的內容關注在佛教徒掙扎於如何去證明他們對孝道的重視並不亞於儒家。然而，香港大學的廣興博士在其〈早期佛儒孝道觀的比較研究〉[4]一文中點出令人關注的對比。儒家是「特殊性倫理」（particularistic ethics）法則，認為道德法則應從家庭中實踐，而且會因客觀環境與行為人而有所差異。「如果父子互相向官府告密檢舉彼此的紕漏，那麼孝道也就會崩潰，家庭道德也就失去其根基了。家庭是社會的基底，家庭不祥和，社會就不安定。因此，子曰：『吾黨之直者異於是。父為子隱，子為父隱，直在其中矣。』[5]」有時候為父報仇而殺人是可以被原諒的，甚至會受到讚美。[6]

　　至今我還沒遇過華人佛教徒不相信被廣為流傳的「共業」觀念。共業的概念是一個人因為過去世造作了一個惡業，雖然這個惡業並不是單由某個人所造作，或是並非是當事人有意造作而成的；但此當事人或是某一群人是促成該惡業的催化者，而共同成就此惡業而受報。當我說「我還沒遇過」這些人，我想我必須要再說清楚一點。有一次我在佛光山對大約兩百位聽

眾演講，其中大部分為出家人，我跟他們說共業與佛陀的教義是背道而馳的，所有聽眾瞠目結舌。我在佛光大學對另一群小眾演講時提到同樣的觀點，他們也是給予相同的反應。在此之前，我還沒有對慈濟人提過這一點。

這是反映佛陀的教義與華人傳統主流大相徑庭之處的案例，但我認為這一點非常重要，因為它削弱了佛陀所強調的事實：每個人都是自主性的個體。在相同的領域上，另外還有一個很不一樣的倫理的觀點，如果我也提出來的話，恐怕就會如我在一開始所說過的，會牴觸傳統中華文化的觀點，但我相信各位就是希望聽我說實話，就算忠言逆耳也沒關係。

我剛提到的廣興博士在文章裡說到，儒家主張子女應對父母盡孝，但是，至於父母對子女的責任卻著墨不多。廣興博士稱這種現象為「單向孝親」[7]，我不但非常同意廣興博士，也認同他在道德方面做出的重大貢獻。

很顯然地，世界上的父母之所以想要有小孩，多半都是因為有著養兒防老的想法。當然也有其它的原因，但養兒防老還是最主要的。我自己也是在變老、變弱，對這點非常能感同身受。在基督教國家裡，教會承擔了照顧老人和病人的慈善工作。當然，教會的能力只及於有此需求者的一小部分，甚至只見於少數國家。

現代化社會裡最讓人警醒的現象是濟弱扶傾的責任，在某種程度上已經由政府在承擔，其主因就是人類在過去兩個世紀變得非常富有。還有一項現代產物叫做退休金，也就是來自政府或前雇主所提撥的金錢。照這樣來看，擁有財富還真是個福報。不過，我們也都知道，這些金錢其實都不敷使用。尤其是現代醫學發達，能確保愈來愈多人都活得遠比還能工作的時間更長，所以子女的角色仍是很重要的。最重要的是，人老了之後就比較沒有吸引力，所以每當老朋友一個個凋零之後，老年人大概多半就只能靠子女來排解寂寞。

　　沒有人能否認父母有養育子女的責任，而不是子女有養育父母的責任。我發現大部分的社會對於這項顯而易見的事實感到很不舒服，因為他們把實際狀況解釋成因為父母賜給子女珍貴的生命，所以為了報答這分恩情，子女就必須盡其所能帶著感激的心，為父母做出任何的犧牲也都不為過。我實在不懂，為什麼會有人覺得這是合理的，而且我認為會接受這個理念的人，其唯一理由就是能以此教條調教自己的兒女。當然，一旦子女自己也具備父母身分之後，接受這個主張，他們也會覺得子女報恩是理所當然的事。

　　我要很清楚地表示，我並不是在主張我們不該盡最大能力去照顧父母。我要說的是——即使很不中聽——父母就是應該照顧子女，因為子女來到這世間

時是很無助的，因此照顧的責任在一開始理當就落到父母的頭上，而不是任由子女自生自滅。（巧合的是，我們注意到動物界也遵循同樣的原則。）至少在子女長大成人之前，父母不單單只有撫養和庇護子女的責任，而且也要教養子女，盡量讓子女具備該有的能力去經營自己未來的生活。至於一邊養育子女，一邊對他們不斷地洗腦，說他們生命的首要目的在於對父母言聽計從，這種做法在我看來是既不合理，也不道德。它甚至可能導致他們成長的功能失調。用愛跟鼓勵去帶大的小孩，將來長大了也比較會用同樣的方式回報父母；但是，一味地用恐嚇與懲罰，不斷地打擊子女的本性，這樣帶大的小孩也難有獨立自主的能力。

孝道這種意識形態有另一種延伸觀念，認為長尊幼卑。這一點我今天就不討論了，這是個複雜的議題。不過，祭拜祖先的議題就不那麼複雜。在我看來，祭拜祖先只是孝道的延伸，但同時也造成相當程度的傷害。研究歷史、對先民和祖宗的過往與成就表示敬意，這些當然都沒有問題，但是在祖先崇拜的社會裡，祭拜祖先很花時間，很耗心力，也很傷財，那麼祭拜祖先顯然要付出很沉重的機會成本。

我想聽眾朋友們也知道，祭拜祖先這件事是驅動偉大的中國宗教改革家太虛大師（一八九〇至一九四七）推動改革的核心議題。他所倡議的改革就是現今在臺灣，包括慈濟在內的宗教運動的起源。雖然我反

對祭拜祖先，但我卻不反對太虛大師，太虛大師是當代佛教要感恩他甚多的一位祖師。太虛大師的「人生佛教」廣傳於世，儘管被越南籍的一行禪師於一九六七年冠上「入世佛教」的名稱。這個名稱引起我想公開詢問大家：「那麼什麼才叫做『出世佛教』呢？」我主張「入世佛教」的主要宗旨，在於試圖讓佛教回歸到比較接近佛陀的本懷。

受到基督教傳教士積極在中國辦學校、興建醫院等社會行動主義啟發後，太虛大師猛然醒悟到他身邊的佛教徒、僧侶和信徒，都浪費太多時間與精力在喪葬儀式，把本來可以用來幫助活人的資源卻用在祭拜死人。與其專注於往生親友的亡魂，倒不如好好運用您的腦袋去增進人類的福祉，唯有關懷活人，才能增進我們所處的整體社會福祉。

佛教孝道並不鼓勵祭拜祖先。我父親和伯父往生時，佛教告訴我們，他們會隨個人的業力往生，只是我們不知道會去什麼地方。因為往生者不可能同時成為兩個個體，所以不可能往生他處，又同時以魂魄的形式來接受我的祭祀與供養，更別說會一直待在我家客廳的神龕裡。這道理很簡單，我父親和祖父往生後，雖然軀體已化為灰燼，但又說他能和我心靈感應；同時又說，他們已往生其他業道，帶著不同的心靈，存在於另一個不同的軀體之中，這顯然與佛陀教導的業力和輪迴教義是相互矛盾的。

祖靈續活的概念在歷史上是很古老的，這個概念更早於佛陀出現於印度。最早的《吠陀經》曾說過，男人往生之後就會去加入一個無差別的群體，稱為「皮塔拉斯」（pitaras），也就是「祖先（fathers）」。是的，他們都是男性。至於女性則被認為往生後比活著的時候還更沒價值。佛陀和「皮塔拉斯」（pitaras）的看法很不一樣。[8]根據古籍記載，男人，當然也包括女人，往生後是有一個群體可以重生，這是因為他們曾經是個很壞的人。對那些惡鬼道的亡靈來說，他們的處境的確是很痛苦，因為他們要永無止境地受餓、受渴、亦身裸體地被折磨。所以他們在陽間的後人就要想盡辦法提供他們食物和水，同時為他們做功德，希望能超度這些鬼魂往生善處。在我看來，除了超度之外還有很多例子，佛陀其實也曾反對與他同時代的婆羅門宗教，因為這種宗教並沒有提出一套嚴謹的形而上的教義，而且不把人視為真實的個體，反而只要把人視為家族血脈或是父系宗族中的一個成員的信仰。

　　中國社會對於宗脈的重視也延續到漢傳佛教的實踐中。例如一個年輕男子想要出家為僧，那麼幫這名男子剃度為僧的僧人，其輩分與此男子俗家的父親相當，而且受同一位剃度師剃度的僧伽們，彼此將永遠親勝兄弟。佛陀在某種程度確實建立了一套類似家庭模式的僧伽生活制度，介於一般俗家生活和離群苦修的出世生活之間，後者徹底拋離了世俗社會，包括任

何類似家庭的生活。南傳佛教保留了這個傳統，視寺廟住持為其父，其他同儕僧侶為其兄弟，藉以作為個人的情感支柱；但是這種（佛教）家庭模式幾乎沒有在中國貫徹，就如我們難以想像，一位高僧在死後會被視為餓鬼。南傳佛教國家，也不會用家族宗脈的概念來看待佛教歷史。

現在讓我總結一下，誠如我標題所開宗明義有關慈濟的：個人主義與利他主義。首先我要釐清一件事，個人主義並不意味著自私或以自我為中心。在某些早期大乘佛教經典中，非大乘的佛教徒被批判為，只想努力為自己求取救贖以達到涅槃。我在自己的著作中有提過，這種批評其實是非常不公平的。[9]佛陀曾經教示，要證得涅槃，就要開展無限的愛心、慈悲心、同理心、平等觀；佛陀稱此（慈、悲、喜、捨）為「四無量心」。佛陀覺悟之後，雖然他可用餘生享受解脫之樂，但是他還是選擇留在人間弘法利生，期望其他人也能跟隨他學習。每個人都要為其自身靈性的提升負責，包括向他人傳揚真理。在此前提下，佛陀創造僧團，僧團也被告知要負起弘法的使命，如同佛陀奉獻生命，弘揚佛法。因此，只關心自己是在浪費生命，並且錯過行善和獲得證悟——或者至少是邁向證悟的機會。

慈濟立足在佛陀核心的教導上，勸誡世人不要浪費生命。慈濟已經摒棄了某些主要的傳統，雖然對如

何看待我們死後的世界並沒有設立特定的觀點，但慈濟捨棄祭祀祖先的膜拜儀式。我們或許無法知道往生之後會遇到什麼，但我們確實知道我們眼前的苦難，所以積極投入救災和醫療濟世。慈濟深信我們要對年輕人負責、要珍惜年輕人，因此投注資源於兒童教育。慈濟世界裡，有上人慈悲的大愛，還有以平等心彼此讚歎和尊重的運作方式，讓每一個人都能為他們自己的貢獻而感到榮耀。這就如同佛陀拒絕以性別、財富、種姓或社會階級去看待他人。慈濟跨越國界的藩籬，甚至也不在乎他們是否為佛教徒。就像佛陀一樣，跟大部分的宗教不同之處在於，佛陀既不會拒絕任何人提出意見，心中也沒有所謂異教邪說之類的觀念，而把重點擺在你這個人是如何作為的，也就是你個人的業力。慈濟的勸募也特別強調個人的責任：避免透過機構間接代理，而是直接收受個人捐款，以利於徵信；同樣地，亦需親手布施給確認的對象，收受之間明確清楚。這種作法的絕妙之處在於施者與受者互相感恩，施受關係也就因此成為彼此的良善因緣。

[1] Vasala Sutta, Sutta Nip   ta 136.

[2] Xinran: China Witness, London: Chatto & Windus, 2008, pp.1-2.

[3] Princeton: Princeton University Press, 1973.

[4] Journal of the Oxford Centre for Buddhist Studies, vol.4,

[5] Lunyu (=Analects) 13.18, cited p.

[6] Guang Xing sec.2.

[7] Guang Xing sec.3.

[8] 巴利文他們稱為 peta，在梵文是 preta。這和 pitaras 是不一樣的用詞，但術語的混亂可能是佛陀有意創造的。在我的著作《戒律及實踐：在錫蘭高地農村的傳統佛教》（牛津：克拉倫登出版社，1971 年）第 163-5 頁（這本書後來在《佛教徒的戒律與實踐》的標題下重新出版）也討論了關於 petas 的儀式（pp.233-6）。我不是在那裡寫下我現在相信的：「佛陀諷刺婆羅門教。」佛陀對這種諷刺的喜愛見於我的書《佛陀思想》（倫敦和謝菲爾德：Equinox，2009 年。第 12 章）

[9] 參見《什麼是佛教思想》第六章

實踐，而非教條——慈濟與傳統佛教
Practice, Not Dogma
Tzu-chi and the Buddhist Tradition

趙文詞 美國加州大學聖地牙哥校區榮譽教授、「復旦大學—加州大學當代中國研究中心」主任
Richard Madsen
Emeritus Professor of UC San Diego,
Director of Fudan-UC Center on Contemporary China

摘要

佛法經常被討論為教義制度，但佛教的根本精神是實踐。證嚴法師和慈濟帶來了實踐的先例：「做就對了！」佛教的修行，涉及身、口、意，不僅僅是如此而更要精進地修行。慈濟的關鍵實踐就是慈悲。這是積極的努力，以減輕所有眾生的痛苦，尤其是人類。這是直接與真實的人類互動、付出愛心，而並非間接簡要式及非個人式的關心。慈悲的一個重要特點是它的無限制性：其擴大界限的動力，包含廣闊的人群，不只是那些與你相處舒服或共享特定身分的人群。慈悲的實踐是一開始時未能預測的法，但是這法可以無限制地繼續下去。慈悲的實踐不僅（或主要）幫助受援助者，同時也幫助修行者增益其美德，成為更好的人並克服貪婪、妄想、憤怒、仇恨和明智地理解萬物相互依存的道理。

為了培養這樣的美德，這大多數須具備羅伯特‧貝拉所謂的「安逸地」的狀況，這是當人們無須為了生計而消耗的社會狀況。在過去的兩千年中，這意味著普通百姓，在農作勞動的無情壓制需求下，無法找到培養慈悲美德的社會空間，除非「出家」，並加入一個寺院。普通人帶著功利態度實踐佛教，是為了得到功德，

讓他們轉世於淨土。出家人理應更充分地發揮自己修行至完美階段。但在現代中產階級社會，例如臺灣，人們沒有面對這麼多的生存壓力，他們可以自由地、更充分地發展慈悲美德。慈濟體現了這種新形勢。

雖然慈悲的實踐並沒有固定的限制，但卻有可能被人為因素限制。這些限制和很多世紀以來，不同時期的寺院僧團中遇到的情況相同。某類限制可能來自當時苛刻的統治者和混亂的社會，在歷史中某些時期打亂了佛教徒的心靈修行之路。另一類限制來自統治者選擇了對自己政治目的有利的僧團。此外，還有國際因素。寺院團體可能因為共同生活而覺得很安逸，續而放棄向外發展履行佛教無限慈悲的需求。尤其嚴重的是想鞏固佛教實踐的意義變成僵化教條的想法。如果這在歷史上不同的時間曾發生在僧團裡，它可能也會發生在像慈濟這樣的修行團體。佛教徒應該從過去的事件引以為戒，更應不斷地盡快去解決在慈悲修行道上的任何障礙與誘惑。

佛教教義是蘊藏大量教法的寶藏庫，其經文文字量超過《聖經》與教父學的文字。許多學者深愛著文字，我也是其一；我們的本能傾向於專注文字並有系統地將它們整理成理論，但這個做法卻也可能對宗教產生誤解。任何的理論都來自於一些行動的故事，宗教的教法主要是在解釋如此的行為。佛陀目睹了無法脫離苦難的人們，他離開他的王國，走進森林並加入苦行的群體，接著尋求中道，於菩提樹下證道；他的行為與宇宙間的意義最終透過經文被闡述。在許多佛教宗門中辯論著專研教義，抑或是落實於行為較為重要，因為行動包含了更多無法以文字完全闡述的意

義。由這點來看，身為一位比較宗教學的學者，我認為實踐最為重要，學者及宗教信眾應該要超越教條，細思以實踐鞏固修行生活。

　　一般佛教的修行特點是具有開放性，藉由新的情勢而善巧地不斷修訂，顯著的稱喻為「行經」。修行者從一開始走上行經之路，儘管困難卻仍努力與堅持，但是修行者在一開始卻無法全然預料這條路會帶領他們往什麼方向。當然，在北傳佛教傳統裡，主要的行經之路，也就是菩薩道，著重於實踐無限的慈悲。如此的慈悲修行並不只是為了達到某種目的，慈悲修行的目標在於使眾生得離苦，但修行者實踐慈悲的同時也忠於修行本身，即使修行者嘗試後，未能使眾生得離苦，但慈悲的實踐本身仍是很好的，這也體現了人人本具佛性。慈悲的實踐是一種儀式，它所展現的和所內含的益處是同等的，慈悲的實踐也沒有界限，菩薩從不會限制自己的慈悲，他們總會依據世界的變化進而尋求新的方式來實踐慈悲。菩薩道的其中一部分引導了慈濟。證嚴法師最顯著的說法是：「做就對了！」不要做純理性的探討。行動，在慈濟總部的圖書館裡有一個大空間，裡面充滿活頁夾的文檔記錄所有慈濟人進行的慈悲工程。為我介紹這個空間的人說：「這些，就是我們的大藏經。」

　　慈濟遵循了佛教傳統實踐慈悲，然而是透過現代化的方式來實踐。這現代化的方式是符合二十世紀太

虛大師和印順導師的改革與證嚴法師的創意加以擴展
和融合；現代化的方式體現了淨化和專業慈悲心的實
踐。中國從晚清時期，佛教的實踐已經與日常生活中
的功利性經濟、社會和政治實踐混為一談。佛教儀式
往往只是為了籌集資金，慈悲地幫助別人，也往往只
是為了獲得社會地位的手段。在佛教實踐裡，即使具
備很少或不具慈悲心，也常常被視為是功德自來。這
種思想在社會和政治改革者的觀點裡，佛教徒往往被
視為是無明的，或是招致不道德的名聲。

像太虛大師這樣的改革者，為了淨化佛教，努力
把貪婪、妄想和世俗的仇恨動機分開。這意味著注重
佛教在實踐上的特性，就是將佛教與正常的經濟和政
治活動加以區分，但要實現（至少部分地實現）這種
區分，應該重新進入世界，努力癒合貪、瞋、癡所造
成的傷口，並通過引發每個人的佛性，讓這個世界變
成一個充滿關懷、愛心的淨土。證嚴法師與其他在臺
灣推廣「人間化」的佛教大師們，以最先進的科技方
法與最高專業標準的醫療保健、救災和教育，來確保
慈濟慈悲的慈善工作願景，得到進一步的發展。

慈濟在這方面是非常現代化的，同時它也秉承了
一些菩薩道的傳統特點。佛教慈悲實踐的傳統導向並
非將人加以區別分類，而是針對個別的人；它並沒有
尋求改變社會結構，而是專注在幫助一個人。慈悲心
會牽動整個個人、身體與情感，以及思想。菩薩道的

修行者會因為持續不斷地實踐慈悲而有所改變，由此生發了菩薩般的德行，也就是身體、思想和心靈的新習慣，這樣就能更充分地以愛心接受一切眾生，和明智地理解萬物相互聯繫的關係。這些德行將改變一個人的整體人格，使人們不會只有片面的慈悲行為，例如在一個慈善機構工作，但在家裡卻以不慈悲的方式做事。

因此，當秉持著高專業水準的同時，慈濟的慈善工作與現代世俗組織在於強調「直接」，即施者與受者一對一的互動方式。當發放食物和衣物給災害的受害者，慈濟志工是個別的、面對面的發放，如果情況允許，會和受者直接眼神交流，並鞠躬彎腰。在慈濟的醫療和教育志業，也可以看到類似的直接參與形式。其結果就是這種給予的方式在效率或成本效益方面，與許多非政府組織相比之下並不突出，但菩薩的慈悲並非以成本計算，這是以與他人互動，從而引導施者與受者雙方擴大自己的思想與內心，不斷開發更完整的慈悲心。

自始至終，慈濟強調的是實踐，而不只是理論學習。我見過大多數的慈濟人做了很多知識上的探討，但這不是為了調和佛教哲學與現代哲學（雖然這確實對學者是具有吸引力的探索）。雖然對佛教教義有興趣，但他們大多是從「人間化」的佛教大師如證嚴法師、星雲法師和聖嚴法師的著作中學習；其中大部分

的學習都是以簡短的精闢句子形式、佛法講座的佛典故事或實際叮嚀。據我所知，目前沒有現成的著作系統地論述現代佛教哲學和倫理學，由現代僧團成員完成的知識探討成果，主要是關於如何灌輸現代科學技術，並以現代化專業的方式實踐佛教精神，也就是透過自身實踐學習，藉以適應現代世界的挑戰。

其中之一的挑戰是多元化的問題：很多不同的宗教和種族需要共存，這往往導致了嚴重的衝突。這個潛在的問題，對於慈濟來說是好處，同時也是負擔；雖然慈濟不僅僅只在臺灣受到歡迎，而是風靡整個亞洲，但在當地的慈濟人還是少數，慈濟不能使用權力或是想要強制任何國家或集團。在大多數的傳統佛教時期，新僧團呈現的做法是邀約而不是禁止；這並沒有一套明確的規則，不像寺院的戒律一樣，規定人們不可以做什麼，規勸往往都是正面的鼓勵多於負面的警告。透過各種巧思，他們非常精進地修行並深化基本的現實相互關係——透過大慈悲心與大智慧來回應新情況與修行。主要的倫理還是道德倫理，而不是複雜的道德規則，具有廣大德行的修行可以適當地被激發和明智地被引導，為無處不在的苦難眾生帶來療癒與啟發。

在給予別人幫助時，無論是在救災、醫療、教育服務，或環境保護，慈濟絕對拒絕種族、宗教和政治意識形態的歧視，也不是為了對受惠者傳教，如果人

們被他們的榜樣啟發而投身其中，慈濟人當然會很高興，他們盡可能地去適應受助人的信仰。當我與一隊慈濟志工一起去探望一位愛滋病貧困婦女，例如他們注意到她是位天主教徒，想讓我幫他們唱一些天主教聖歌給她，而不是佛教歌曲。無論是在給他們的受惠者或培訓他們自己的志工，慈濟和其他臺灣佛教團體整體的做法是鼓勵他們朝向更好，而不是批評他們。

所有這一切都基於比實用主義更多的考慮，這是菩薩倫理的基本原則。一位修行者將會超越自我的舒適圈，人們不應該只幫助家庭成員，而要幫助鄰居；不僅是鄰居，還有距離遙遠的人，包括那些可能被視為敵人的人。這一原則推動著慈濟的全球化，甚至在中國和朝鮮，還有伊斯蘭教、基督教，還是那些需要離苦的世俗國家。在日益擴大的圈子擴大慈悲心的做法不僅是一種務實的努力，更是一種精神鍛鍊。它使佛教徒的心靈和思想更為廣闊，能視整個世界為一個大家庭。

慈濟是依循著古典佛教修行的現代形式；即無須透過成為正式的佛教徒，也能執行。並非所有的慈濟人都來自於佛門弟子，在慈濟志工之中，有著來自於基督教及穆斯林的朋友們；這些來自其他宗教的朋友們，無須受限於佛教的教義，也能實踐慈悲。慈濟會員們歡迎著大家，凡是投入慈濟者，皆視為佛教徒；更正確地說，皆被尊稱為菩薩。菩薩們踏著今生命富

足且豐滿的道路；這條菩薩道，路上隨處可見的皆是佛教的傳統。

在過去數十載的臺灣，是什麼樣的因緣，促使傳統佛教能在現代社會裡發展起來？另外，在不久的未來，為了不受限於現代社會的情形，以及延續菩薩慈悲的慧命，又有什麼樣的挑戰須被克服？

在當代，人們為了生計而忙著工作，消費是為了取得食物及安全以求基本的生存條件；相對來說，修行、淨化等類型的創意發展之宗教行為，僅能在羅伯特‧貝拉所謂的「安逸地」才有機會發生。在過去兩千多年的許多時候，一般人因為永不止息的需求而忙著農作，在當時的社會，並沒有所謂的社群空間來培養美德，僅能透過離開家庭並加入僧院來達成。一般人對於佛教的實踐，有著一種急功近利的心態，想著奉行佛教實踐，以求得好處，並在下次轉世的時候，能達淨土。

出家人本就應該透過發展自我，以趨完美，並將這樣的美善奉獻給一般人。然而，在臺灣的中產階級，人們並不需要汲於生存，而能更自由且完整地發展慈悲喜捨的美德。慈濟，就是在這樣的新價值下，孕育而生。

慈濟透過承諾菩薩般的慈悲，與證嚴法師所帶領的精舍師父們緊密連結的引導之下，成為了第一且重要的世俗組織。證嚴法師創造了慈濟世界這艘大法

船，創造了能培養身心，進而產生大慈悲心的環境。慈濟世界，起源於一群來自花蓮的中年家庭主婦，雖不富裕，但有著滿滿的愛心，奉獻出空閒的時間，投入了慈悲喜捨的修行之中。當臺灣的社會愈來愈富裕，有愈來愈多的人想藉著投入慈濟當志工，或是投入其他佛教寺院團體當志工來修養身心。然而，當時戒嚴時期對於集會結社規定仍保留著，因此，人們仍會有所顧慮。到了一九八七年解嚴之後，愈來愈多的人感受到了改革開放的自由氣息，開始尋求佛教的培育訓練。在那個年代，慈濟的會員以及一些世俗組織開始蓬勃發展。

人們不需成為比丘或是比丘尼也能奉行菩薩道，也有機會能享有進入「安逸地」；這樣的自由提供了靈性上的需求，也讓菩薩道變得更引人入勝。臺灣人不再需要擔心食物及庇護等基本生存需求的問題。然而，全球性的廣告與開放性消費社會的所有機構，在持續散播並提供永不止息的消費管道，來滿足受到現代資本主義經濟刺激所產生的人為欲望。在缺乏規範這些欲望及制訂合宜的優先順序的情況下，許多人開始感到持續性的焦慮，也對未來感到毫無意義。慈濟的培育正好是一個機會，讓人們能追求有意義的人生目的，並且能治療焦慮。慈濟志工在活動裡是那樣地具備風範且讓人感到明顯的沉著冷靜，他們所承擔的慈濟活動，都充滿著用心且和諧有序。這樣的氛圍，

就如同在一般的寺廟裡，卻不受到繁文縟節的限制。

佛教中道並不否定一個發達社會帶來的善與美的好處，並且把它們納入觀點。慈濟靜思堂用美麗的鮮花和文物來裝飾，慈濟委員的制服簡單而優雅，在慈濟的場地裡，優質茶葉是用瓷杯所沖泡；當重建因自然災害摧毀的房屋時，慈濟確保了房子是通風且舒適的；當發放援助災民時，慈濟志工不僅給予食物和水，還以親切的方式給予吸引人的衣物和其他物資。慈濟的慈善救援肯定了現代化的好處，同時也減少了逃難時所帶來的痛苦。

慈濟除了從經濟自由中受益之外，也因為臺灣政治自由而獲益，並提供了心靈的庇護所。臺灣的民主提供了臺灣成長的機會，但是民主往往導致憤怒的聲音，有時似乎偏向混亂。慈濟與黨派政治保持距離，其活動的和諧性經常能療癒因爭議性政治帶出來的貪婪、妄想和憤怒。與此同時，慈濟的慈悲修行有助於提升公民採取負責任民主生活的智慧。

慈濟和其他人間化的佛教組織給凡夫一個空間脫離現代社會所帶來的煩惱，但卻不能完全脫離。他們讓非出家的修行者重返世俗，使世界更好。慈濟人可以與朋友和鄰居直接互動，但出家人卻不能，他們還可以創意地結合自身的專業知識與佛教的精神。例如慈濟醫學院創新的解剖學課程，結合了對大體捐贈者表達敬意和感恩，並利用先進的外科技術教學；另一

個例子是慈濟醫院開拓建立的安寧療護；其他的例子包括慈濟人非常有創意地投入多媒體教育。最後，還有努力鼓勵環保回收，製造了非常有用的塑料環保毯子。這些都是出家人本身無法創造出來的現代創意例子。

因此慈濟的發展正在開創新的僧團，一種結合了出家生活和在家修行的方式，來推廣菩薩道；半開放的僧團提供了發展佛教美德的環境，對世俗世界的開放則給世人一個實踐佛學美德的平臺。這是一個傳統佛教重新迎合了現代世界。

過去的五十年，證嚴法師在臺灣特殊條件下，以明智且創意的領導方式下展開人間佛教。然而，我們知道世界不斷地在變化，實踐慈悲的風氣也會跟著改變，我們要時時刻刻面對這些改變帶來的挑戰。

頂測未來的方法之一是回顧過去，雖然佛教慈悲的實踐已經超越所有極限，它仍然在歷史上受到人們和機構的不完善所限制；其中一種限制可能來自當時苛刻的統治者和混亂的社會，在歷史中的某些時期打亂了佛教徒的心靈修行之路。例如在晚清末年時，中國僧人的普遍形象是昏昧和腐敗，這確實是中國衰弱且妨礙了它現代化的原因之一；這就像太虛大師這樣的改革者，所肩負的任務在於僧伽制度的重整，使其能夠為中國的復興和現代化建設作出了積極貢獻的任務。

錯誤的決策造成另一個侷限，其原因是太多統

治者為了自身的政治利益而募集信徒。二十世紀的日本就是一個悲慘的實例，一九三七年多數佛教門派因「國民精神總動員」被派往中國打仗。

除了因政治因素遭受迫害，也因不同的時間、地點影響了內在的憐憫心。當僧者歷經長期的政權嚴厲統治，久而久之產生特殊心理，使得他們輕視世界並拒絕積極付出；他們依著常規生活，卻不盡力融入其中，也不具備有廣大無邊的菩薩精神。

最後的問題是自古以來將佛教實踐的意義變成了僵化的教條，以及僧團重視闡述教條，更勝於實踐佛教理念。

如果這在歷史上不同的時間曾發生在僧團裡，它可能也會發生在像慈濟這樣的修行團體，但現今我們仍然必須顧慮面臨特殊情況所帶來的挑戰，就像以前，存在了因政治秩序的崩潰和專制統治者崛起所帶來的動盪危機；現今全世界面臨頻繁的武器攻擊，造成災難性的破壞，特別危險的是不同宗教團體間的宗教狂熱思想製造了各種矛盾。

現有的全球即時通訊，不僅以互惠互利的方式將全世界聯繫在一起，但也往往因為誤導性信息的矛盾淹沒了我們。然而，這隱藏著經濟增長的貪婪欲望，若不受管制，將可能導致破壞性的趨勢。

我們現在所經歷的巨大痛苦，在許多方面比起佛陀出生以來的任何階段，都來得更廣、更深，因此

愈來愈多人信仰佛教，尋求生命寄託，像慈濟這樣的組織團體開始擴展，但是因世界紛亂，人們只想在動亂的世界裡找尋心靈寄託而非落實慈悲來幫助困苦的人。例如在美國某一些地區，慈濟仍在朝著向全世界超越慈悲界限的方向努力，雖然有一些來自臺灣的移民，習慣見面時彼此陪伴、分享共同語言與文化背景。

如此情況發展下，慈濟若要擴展地非常成功，將受到侷限。慈濟自一九八〇年代起迅速發展，現在全世界有好幾百萬名會員，但是要在只有一、兩千名法師的佛寺裡修行心靈仍具挑戰性。另外，眾多的會眾要如何去平衡自己的日常生活呢？即使新加入慈濟的人數量可以超越過往，但卻無法學習到資深慈濟人的智慧。

此外，通常像這麼龐大的組織，很容易形成自有的文化，而忽略了外界的建議與批評，漸而偏向較於自信。在一個大型規模的組織團體中難免無法照顧周全，無可避免要從錯誤中學習。慈濟近幾年在媒體上的爭議，不只是因為誤會所造成，真正的誤會是慈悲理念的實踐還未被社區理解。

以上發表內文並不是帶著悲觀的情緒，還是有著希望。只要我所提及的問題都能被辨識，我們就能期待克服這些問題，因此慈悲的修行將能持續並超越所有藩籬。就另一方面而言，現今世界存在著許多的苦，這些苦難正向著像慈濟這樣的大型組織呼喚，期

望助他們脫離苦難。

　　慈濟真正成功之處，並不在於數據的成長，而在創造了現代慈悲觀的修行方式，更因其具有以普世價值參與當代危機的重要意義。這些危機是當代日新月異的科技並未引領全球團結一致，而是造成可怕的衝突；這些衝突的原因在於資本主義的貪婪、科技的妄想、軍事化的憤怒、種族間的仇恨，加上全球氣候變遷的反撲也正蓄勢待發。

　　這個世代的社會價值觀瀕臨崩潰，就如二千五百年前的社會狀況，各宗教和思想家應運而生，如佛教、儒家、猶太教、希臘唯理論，都是幫助人們尋求心靈的皈依。在初期蓬勃發展之後，各宗教或理論通常是由古代帝國的財富與權力作為主導，這種分歧的現象，唯有透過再次心靈上的統一，才能加以克服。

　　德國著名哲學家和精神病學家卡爾‧雅斯貝爾斯卻有不同的見解，他說：「世界秩序之所以能普遍化（而不是大一統帝國），唯有多元信仰能夠在歷史的交流中維持自由化，而不受限於統一的教義內容。」

　　所有信仰與世界秩序只有在一種情況下才能有共同的認知，也就是每個人都渴望祥和的社會（地球村），在這個地球村，人人都能有心靈的伸展空間——其實這是「不可能的」，而且是很愚昧的嘗試——試圖在各個淵源已久的宗教之間，調和不同的信仰，那是不可能的。但是如果我們讓人們在不同信仰的傳統

中，透過身體力行，那麼就可以彼此融合。

　　世界精神團結的真正發展終將透過實踐、面對互相依存的問題而到來，如果我們在它到來之前還沒有摧毀我們的地球的話。

　　佛教的慈悲和基督教的愛及穆斯林的兄弟會是不同的，雖然它們的共通點遠比不同點多；因此這些共通點正是一個完美的共同空間，讓我們一起發展一個祥和的世界秩序——轉此世界為淨土。

慈濟宗與中國現代佛教的新宗派特徵

The Characteristics of Tzu Chi Dharma Path and Contemporary Han Buddhism

何建明　中國人民大學哲學院及佛教與宗教學理論研究所教授

Jianming He

Professor of Institute for the Study of Buddhism and Religious Theory, Renmin University of China

引 論

近百年的中國現代佛教，是一種與晚清及以前的中國傳統佛教相區別的佛教形態[1]。它是佛教適應現代憲政社會的歷史產物，不可能出現在中華民國成立以前的中國歷史社會當中。而在二十世紀末至二十一世紀之初，臺灣地區的佛光山、慈濟功德會和法鼓山等著名道場相繼提出了開宗立派的問題，引起了教內外及學術界的廣泛關注。由於人們主要局限於傳統的宗派佛教觀念，因此在網路上所反映的大多是批評的聲音。本文旨在透過現代佛教的歷史特點以及所呈現出來的宗派新觀念和宗派特點，來分析慈濟功德會所體現出來的現代佛教新宗派的獨特意義。

一、中國現代佛教的基本特徵

中國的現代佛教，是相對於明清及明清以前的中國古代佛教，或中國傳統佛教而言的一種新型佛教歷史形態。與古代佛教相比，這種新型的佛教歷史形態，從時間上講，它是現代的，即以一九一二年中華民國之成立為標誌而開始的現代憲政時代；從空間上

講，它是全球化之中國的，即不再像明清及以前中國社會那樣獨立於世界之外的或陷入華夏中心主義之中的；從文化上講，它是直接繼承和發揚中國古代佛教歷史之優良傳統而又有適應現代社會發展需要之創新的；從形式上講，它既是契合佛陀原始根本教理，而又適應現代社會人生之需要的。正如現代佛教的開創者太虛大師所說：「在中國現在的環境中，向來代表佛教的中國佛教僧寺，自然也有革除以前在帝制環境中所養成流傳下來的染習；而建設『原本釋迦佛遺教，且適合現時中國環境的新生命』之必要！此於二十年來迄今以至將來猶繼續不已之運動也。」[2]

契理契機是佛法的基本原則。現代佛教就是佛法適應現代社會、人生的需要而形成的佛教新形式，在近代新舊之爭過程中，時常被稱為「新佛教」。其實，這個所謂的「新」，並不是佛法本身的更新，而是佛法適應現代社會人生需要的新形式、新闡發。正如一九二〇年《新佛教》刊物的編者所說：「佛教就是佛教，為什麼我們要說『新佛教』呢？」「我們所說的這個『新』字，不是與佛所說法無定相、隨機應化的意義相反的，是痛悟現在的自我，受了那惡濁世界的惡濁，固執不悟，不能夠照佛所說的發大悲智，具勇猛精進心，去做這法無定相、隨機應化的大事情，所以我們不得不邀集同志，組織這個新佛教社，建設新佛教。」「拋棄舊迷執而生新信仰，拋棄舊惡念而生新善念，拋

棄舊的惡濁世界而創造新的極樂國土。」[3]太虛大師也說：「依佛法契理契機的契機原則，以佛法適應這現代的思想潮流及將來的趨勢上。」「適應其現在的將來的生活，則有一種新的意義。」「根據佛法的常住真理，去適應時代性的思想文化，洗除不合時代性的色彩，隨時代以發揚佛法之教化功用。」「即是以佛教為中心而適應現代思想文化所成的新的佛教。」[4]

中國現代佛教的主要特徵，正如太虛大師在〈佛學源流及其新運動──十七年十月在法京巴黎東方博物院講稿〉中所說的，是人生的、科學的、實證的和世界性的[5]。也就是說，它主要面向現實社會中的人生問題，自覺調適現代社會人生之需要，努力開展解行合一的佛學修證和積極推動佛教的世界化和化世界。[6]

二、太虛大師的現代佛教宗派觀念

民國初期的中國佛教界基本上還是明清以來的宗派佛教傳統[7]。太虛大師自清末協助八指頭陀釋寄禪在浙江寧波和杭州等地開展革新佛教的僧教育運動過程中，在晚清革命僧人華山、鐵岩等人的影響之下，就積極地接受康有為、梁啟超、嚴復、孫中山和章太炎等人先進思想之影響，並於民國成立後，大力宣導教理、教制和教產革命，大力推動中國傳統佛教適應現代社會變遷的革新運動，先後提出了人生佛教和人間佛教的理念，強調「欲弘揚佛法，應以人類世間為依據而弘揚大乘佛法。又惟

人生最需要大乘佛法，所以應建立人間大乘佛教。」[8]
積極引導和推動中國佛教實現向現代佛教形態的過
渡。正如他在民初普陀山閉關時所說：「處今中華民
國佛教四眾信人，則當請政府廢寺廟管理條例，參
酌佛教總會教章，重建立佛教會。內以真實研究佛法
道德，整肅僧眾，清淨律儀；外以勤勇施行慈善事
業，輯和國民，淳正風化，廣興國民教育，陶鑄國民
人格，一洗撝偷瑣陋委靡頹唐之習，令世人之耳目一
新。則佛法可綸貫僧俗，布攝歐亞，同發本真大乘信
心，咸歸自性平等覺海。」[9]他一直將「行在瑜伽菩薩
戒本，志在整理僧伽制度」作為奮鬥目標，強調「現
代的人，當然要以現代所依的時勢，國家法制，隨著
時代的變化而變化，實不必泥用古代的僧制的。原來
制度這樣東西，是有時代性的。」而且這種適應時代
的改變，只能是中國的佛教。

在建立適應時代要求的新的僧制中，太虛大師明
確指出：「以我觀察整個佛教所得的結果，佛教自從印
度傳至中國，從中國復傳至日本等處，在佛教史上雖
分宗別派，有各種宗派的區別，但這是因佛法流傳到
各時代、各處所隨機緣之所宜而發生的，決不是佛法本
身原來有什麼差別。所以，各宗派的稱呼，在佛法的本
身上，是毫無意義。因為、各宗派是後世的佛法的支
流，是一種方便，溯本還源，皆歸於佛的大圓覺海。生
今之世，科學發達，知識進步，交通便利，人類對於

無論什麼學術，都可從交換意見中截破隔膜，融會貫通；而佛法中人若對於佛法還存各宗派的觀念，那是疏失現代佛教的真義了。」[10]他總結中國傳統佛教中的宗派、法派和剃派的特色及其在弘法利生過程中所展現出來的歷史經驗和教訓，明確主張打破傳統的宗派成見和局限，實行「八宗平等、八宗並弘」的宗派理念。他強調指出，「今後中國佛教的新建設，主張採取日本、緬甸、錫蘭、西藏之所長，以改良中國舊有叢林的流弊，其意誠美矣，然無以改造中國佛教之本身，則終末由兼採移植而去腐換新。」而「回顧中國（自明清以來）則各宗派有名無實，毫無系統，且今後趨勢亦更無嚴別宗派組織之可能。」[11]他自己更是多次坦言：「本人在佛法中之意趣，以為由佛之無上遍正覺所證明之法界性相，為度眾生應機設教，則法有多門，故法本一味而方便門則無量無邊。佛法本旨既是如此，所以一切菩薩古德所開承之宗派，無非在方便妙用上顯其區別，究竟均是趣向於無上大覺海中者。由此，本人於佛法中不為專承一宗而弘傳之人。佛之現身人間，應機說法，而聽法承傳之人，當即不免各有偏勝。」「佛法之五乘共法，三乘共法，及大乘不共法，原為一貫，在教理解釋上，教法弘揚上，隨宜施設，不專承一宗以自拘礙。」[12]因此，在佛學院的僧教育中，他堅決主張「對於普通的一般教理，不必分宗分派，作一種融會貫通的講習」，只有到了專深

階段，再選擇適合自己性情的一門深入，同時在修行上，可以是禪、也可以是淨，或密等。[13]

不過，太虛大師後來提出了建立「慈宗」的理想，似乎與他要打破各宗派的局限的主張有矛盾之處，事實上，他所謂的慈宗，是指從佛陀到慈氏彌勒以來的佛法傳承。他認為，中國的大乘佛教是直承彌勒慈氏的，而彌勒氏是直承佛陀的，因此，慈宗並非唐代的慈恩宗，而是從印度傳承至中國的全部的佛陀正法。他說：「凡是本師釋迦牟尼佛所稱大小性相顯密禪淨等法門，皆為當來下生彌勒佛所承前啟後的慈氏宗之所宗；現在一切五乘、三乘、大乘性相顯密的佛法，都是彌勒菩薩所擔當宣揚的佛法，由是融攝各宗派以慈氏為大歸依處。」[14]

三、印順導師的現代佛教宗派觀念

繼太虛大師之後，印順導師對現代佛教的宗派問題有著深刻的歷史自覺[15]。他非常強調佛教的契理契機，認為只有適應時代和地域社會需要的佛教，才是真正符合釋迦牟尼佛教本願和宗旨的佛教。他特別推崇太虛大師，認為「大師的佛學，是承受了知識與經驗相結合的，重經驗的佛學。」正如太虛大師在一九二九年發表的〈佛學源流及其新運動〉一文中所說的那樣：「直溯釋迦如來大覺心海的源頭。」他說，太虛大師「對古傳的一切大乘經論，大乘宗派，一律尊

重。在復興中國佛教的努力中，發為初期的『大乘八宗平等』的主張；以《大乘宗地圖釋》而圓滿地結束其主張。當時大師的思想，一則擴展為（中國本位的）世界佛學；二則有感於大乘八宗，實際上不可能一齊舉揚；三則大師是厭惡宗派主義的；四則循流返源，深知中國佛學不及印度佛學。」又說，太虛大師佛學的鮮明特色，就是「從知識與經驗相結合，更重於經驗的佛學中，向兩方面展開其教化：一、融古；二、闡新。」[16]

印順導師正是在太虛大師提倡人生佛教和人間佛教的基礎上，更進一步主張建立「此時、此地、此人」的人間佛教。他通過多年來對印度佛教和中國佛教的歷史研究，深切地認識到：「佛法流行在世間，因為時、地、根機、方法的不同，演化成各部各派的佛法。現在來研究佛法，對各部各派的教理，可以比較、評論，但切不可專憑主觀，凡是不合於自宗的，就以為都是不對的、錯誤的。這種宗派的獨斷態度，是萬萬要不得的。」[17]他認為，佛陀的教法在歷史上因為適應不同時間和地區社會人生的現實需要，而表現為各種各樣的派別或形式。如果我們通過歷史的研究和考證，就會明瞭佛法在不同時代、不同地域積極適應社會人生需要的真實性，我們對於歷史上不同時段和不同地域中的佛法的社會適應性，不能簡單地用

世俗的學術方法來加以探究。因為我們所看到的佛法的適應是多樣性的，而不是統一性的。因此，研究佛學，並不是為了滿足知識欲，也不是為了宣揚本國固有的佛教傳統，或是作宗派的傳人。佛法就是佛法，無論是佛學，還是學佛，最後都要歸宗於佛陀。他說：「求得佛法的真實意趣，應為佛教徒研究佛學的應有精神。在佛法真實及適應原則的闡明中，不僅確切地把握佛法的核心，明瞭種種法門，種種宗派的適應性，而各種法門，在佛法的真實意趣中，也得到了統貫與應有的衡量。在這種研究中，探求佛法的本質，以及新適應的正確方針，對現代佛學來說，這才不致為了適應，傾向於趨世附俗，引起佛學隳落的危機！」[18]這也就是說，無論佛法如何適應不同時代和不同地域的不同社會人生的需要而產生不同形式或不同宗派的佛教，都不能因此而將佛陀的教法簡單地理解為被世俗所改變，改變的只是佛教弘傳和適應的形式，而不是佛法的本質。這正是佛法契理、契機和常新的具體體現。

因此，印順導師非常強調佛法本質的超時空的普世性，認為佛法適應不同時代和不同地域的社會人生之需要所表現出來的多樣性，並不能改變其自身的超時空的本質特性。他說：「佛法的真義，當然是超越時空的，但自釋迦佛證覺說法以來，起初是流布於印度，後來又傳入中國。佛法既活動於現實的時空中，

義理、教典、宗派、制度等，便為時空所局限。中國所承受於印度的佛教，自然也有時代與區域的關係。」他也正是在此基礎之上提出要破除許久以來在中國社會中所存在著的相互排斥的宗派意識，認為「宗派意識不除，經論之真義難明。」[19]他特別讚賞太虛大師所主張的「八宗平等、八宗並弘」的超宗派觀念，認為自太虛大師以來所宣揚的人生佛教或人間佛教，就是要「學發菩薩心，學修菩薩行，應以佛的正見為本，不是封鎖在宗派的圈子裡，將後代的法性宗與法相宗，作勉強的合一。在中道正見的根本上，與經論不相違背的，契理而契機的，融攝而冶化一番，抉擇出人間佛教的正義。所以，這是超越宗派的，歸宗於佛本的。」[20]

事實上，辛亥革命以後太虛大師領導的佛教革新運動雖然使「人生佛教」或「人間佛教」成為二十世紀中國佛教的主流趨勢，但是這並不意味著傳統的宗派佛教已經完全退出歷史舞臺，相反，它們以各種新的形式得到繼承和發揚，當代臺灣四大道場中的中台禪寺、佛光山和法鼓山都以傳承禪宗法脈來維繫教團，大陸淨慧長老領導的柏林禪寺系統也是如此，淨土宗、華嚴宗、天臺宗、密宗、法相宗、三論宗等，都有道場和教界人士以不同的形式予以繼承和弘揚。這也就是說，現代佛教的新宗派並不是排斥傳統佛教宗派，而是與傳統宗派融合與互動過程中共存與發展。

因此，印順導師說：「本來，佛教是有傳統性的。無論那一國家，那一宗派，珍惜傳統佛教的固有光榮，是佛教延續安定的一大力量。而且，對我們也有情感，如民族感情一樣。但現代佛學者，應有更廣大的心胸，樹立超地區、超宗派的崇高信仰 ——『惟佛法的真實是求，惟現代的適應（不違佛法而適應時代，不是隨俗浮沈）是尚』。」但是，承認傳統宗派佛教在當今社會中存在的合理性，並不意味著傳統宗派佛教本身不用適應時代要求而發生改變，而仍然固守舊時代的形式。傳統宗派佛教在現代社會存在的合理性，主要是它們包含佛法的真理，而不是那些可以移時代而更易的弘傳形式。「對固有的佛法，應作善意的探討，而不應以指責呵罵為目的。但真實還是真實，絕不能因固有的宗派習見，而故意附會，曲為解說。真正的佛學研究者，要有深徹的反省的勇氣！探求佛法的真實，而求所以適應，使佛法有利於人類，永為眾生作依怙！」[21]因此，傳統宗派佛教的存在，同樣要適應時代發展的需要，這其中最重要的就是要淡化甚至剔除傳統的宗派主義傾向。所以印順導師說：「現代佛教的研究，不是宗派主義的。需要從佛教前後的發展中，彼此同異中，掘發出釋迦的真諦。吐棄不適時代的附著物，淨化佛教，接受各部派的積極成果，讓他適應新的時代而復興，實現釋迦化世的本懷！」[22]

四、現代臺灣佛教新宗派的興起

一九四九年以後的大陸，由於歷次政治運動的影響，佛教的流傳遭遇到前所未有的困境和挑戰，雖然在一九五〇年代廣東的雲門寺、江西的雲居寺、上海的圓明講堂等對於民國以來的佛教有所承續，但很快就被迫中止，直到改革開放之後，中國佛教才有所恢復，並出現了以淨慧長老為代表的少數現代佛門高僧。但是，與此同時，中國佛教在臺灣，由於直接承繼了民國以來的現代佛教傳統，並伴隨著臺灣政治、經濟和社會、文化的飛速發展而獲得了歷史性的發展。尤其是以佛光山、慈濟功德會、中台禪寺和法鼓山為代表的四大道場，更是在現代佛教的文化、教育、慈善和修行、弘法五大領域，進行了有效的探索，在教制和教義等方面都極大地推進了現代佛教運動。[23]

或許可以這麼說，太虛大師提出現代佛教（佛學）必須是：人生的、科學的、實證的和世界的，而當今臺灣佛教的發展，在這四個方面都取得了典型示範：著眼於現世人間關懷，盡心盡力拯救人生苦難、生態災難，要數證嚴上人及其所領導的慈濟功德會。著眼於適應現代科學發展需要，建立中國現代佛教學術和教育，要數聖嚴法師及其領導的法鼓山教團。著眼於中國佛教的現時代之弘傳，適應世界化和全球化發展，要數星雲大師及其領導的佛光山教團。著眼於中國佛教的禪修傳統的繼承和發揚，以適應當代社會

人生的實證，要數惟覺長老及其所領導的中台山教團。

　　臺灣的現代佛教四大道場中佛光山、中台禪寺和法鼓山，雖然都以禪修作為主要修行方式，並以禪宗的法脈作為代代相傳的法統[24]，但是，他們所理解的禪，並非只是傳統狹義意義上的禪宗門派，而是如太虛大師曾經講過的那樣「中國佛教的特質在於禪」，也可以說整個佛陀教化的特質在於禪[25]。

　　中台禪寺有〈中台行願偈〉：「外現聲聞身，內密無上印，身行菩薩道，廣度諸有情。」這與太虛大師強調的現代佛教的菩薩行觀念是完全一致的。他們主張的「三環一體——圓滿的修行理念：佛經云：「欲成道者，必修三事：教理、福德、禪定」，上惟下覺大和尚依循佛陀遺教，欲令僧眾確立知見，落實修行，以福德、教理、禪定，做為僧眾教育的方向。教理以定知見，福德以為資糧、禪定以明心性，僧眾們於三環一體的教育中，迴護用功，解行並重，以成就內證無上解脫之道，外行弘法利生之大業。」他們還規定了「佛法五化」作為新時代弘法的方向。因為現代社會的多元化，就要求佛法在新時代的脈動中，也必須以更多元的方式才能應機施教。因此，惟覺大和尚提出以學術化、教育化、藝術化、科學化和生活化等「五化」作為弘揚佛法的方向，呈現出佛法在現代社會適應中的豐富性和多樣性，更能「將佛法藉由學術、科學、教育、藝術、生活表現，使大眾從不同角度，認識佛法，契入

真理，開啟人人自性中的慈悲與智慧。」[26]可見，他們強調的佛陀教法是整體的，而不只是局限於中國禪門宗派的。

法鼓山的聖嚴法師很鮮明地承繼了太虛大師的佛法觀念，提倡「融合諸宗精華的禪宗」，他說：「中國漢傳佛教的特色，就是完成于中唐，迄今依舊遍及全國的禪宗。中國佛教一講到禪宗，大概就是包含了一切宗派。在禪宗的寺院裡，有的研究華嚴、天臺，有的研究唯識、三論，也有人研究律，而且禪寺裡大多數人也是念佛的，以致有參『念佛是誰』的公案話頭。禪宗的寺院也容納了真言密咒」。「因此可說，禪宗乃是成熟而實用化了中國大乘諸宗的精華，也涵蓋了中國大乘諸宗的長處、用處。」很顯然，聖嚴法師所理解的現代禪宗，已經不是傳統意義的宗派禪宗，而是包含了傳統佛教「一切宗派」、直接繼承和發揚釋迦牟佛之本懷的現代佛教之新禪宗。他非常讚賞印順導師與太虛大師那樣不局限一宗一派的門戶，而尋求佛陀所創立的整體的佛法，並試圖在太虛大師和印順導師的基礎上，建立適應現代社會需要的佛法僧團。而要建立一種能夠長久維繫的僧團，就需要以禪宗的法脈作為道統。所以他說：「印順長老是依據經論思想而分析，不是以一宗一派作為歸類，他是回到印度佛教的源頭予以釐清，哪些屬於『真常唯心』，哪些屬於『虛妄唯識』，哪些屬於『性空唯名』。他把『性空唯

名』作為大乘佛教的最根本，這跟印度《阿含經》的佛教思想是相通的；但是，印順長老並沒有就把《阿含經》當成最高的佛教，他以『性空唯名』的中觀大乘佛法為佛的本懷，這跟太虛大師的想法以『法界圓覺（如來藏）』的空有圓融為本懷是不同的。唯此兩位大師都是思想家，卻皆未能及身組成持續而普及的教團。我則參考了太虛大師及印順長老的偉大思想，站在現代人所見漢傳禪佛教的立足點上，希望把印度佛教的源頭以及南北傳諸宗的佛法作一些溝通，因為我所見、所知漢傳禪佛教的特色，就是釋迦牟尼佛化世的本懷。」[27]正是在這樣的理念指導之下，法鼓山不僅成為一個國際性的跨越傳統宗派局限的教團組織，而且還成立了諸如法鼓山世界青年會、法鼓山國際禪坐會等等這樣的弘法、護法、修行等各種式的分支團體。[28]

佛光山無疑是當代佛教僧團和教團建設中規模上都最大的[29]。從一九六七年星雲大師領導開闢高雄大樹鄉麻竹園，逐漸發展成如今國際上最大的佛教教團組織，佛光山無疑開創了二十世紀以來中國佛教的現代化的全新格局，使現代佛教的主流——人間佛教——展現出豐富多彩的人間性、科學性、實證性和世界性。

星雲大師在他的〈中國佛教階段性的發展芻議〉一文中明確地將二十世紀以來的中國佛教稱作人間佛

教時期，以區別於秦漢魏晉的東傳譯經時期、隋陳李唐的八宗成立時期、五代趙宋的禪淨爭主時期、元明皇朝的宮廷密教時期和滿清民國的經懺香火時期。他強調以人為本的人間佛教，「由於佛教徒的覺醒，佛教回歸到傳統的根本教理，而作現代化的適應。」並積極闡揚和實踐人間佛教的「人間性、利他性、喜樂性、生活性、普濟性和淨化性」，大力提倡「以菩提心為主，以菩薩道為行，向上、向前、向真、向善、向究竟圓滿的佛道邁進」。但是，這並不意味著佛光山拋棄了中國佛教的傳統，恰恰相反，佛光山以傳統的禪宗法脈作為僧團的法統，繼承和發展從印度到中國佛陀教化適應時代發展需要的所有優秀傳統。正如星雲大師所說：「五乘共法是人間佛教，五戒十善是人間佛教，四無量心是人間佛教，四攝六度、四弘誓願、八正聖道、禪淨共修、因果報應、業力緣起，乃至四種聖諦、十二因緣、無常無我、世出世法等大小乘的教理，都是人間佛教，甚至可以說，整個契理契機的佛教都是人間佛教，人間佛教也即是佛教的全部。甚至『人成即佛成』，佛陀都是以人為對象說教，並未以畜生、鬼道為所緣物件，所以人間佛教就是提示我們，不能走錯了方向。」[30]

可以這麼說，以佛光山、法鼓山、中台山和慈濟功德會為代表的現代臺灣佛教教團，已經完全超越了中國歷史上宗派佛教的傳統特點，而具有了積極適應

現代兩岸中國社會和和世界全球化時代發展要求的鮮明特徵。它們不再以教義的判教（如三論宗、法相唯識宗、華嚴宗和天臺宗等）或堅守某種獨特的修行方式（如天臺宗的止觀、禪宗的坐禪、淨土宗的念佛和密宗的密法等）為教團的宗派特徵，而是在太虛大師以來的契理契機的現代佛教所主張的八宗平等、八宗並弘的理念基礎之上，追求正知、正見、正信、正行和正覺為目標，以文化、教育和慈善為中心，自覺適應現代社會人生的需要和積極調適現代社會文化思潮而建立起來的各種不同的新型僧團制度、弘法理念及其實踐方式。

五、慈濟功德會在現代佛教宗派中的重要地位

在當代臺灣佛教的四大新興教團中，慈濟功德會以其專注于「四大志業、八大腳印」且不像佛光山、法鼓山和中台山以傳統宗派（禪宗）法脈傳承來維繫教團延續性的特點而別具一格。[31]

慈濟功德會初創於一九六六年，由於證嚴上人幾十年如一日堅持以濟貧教富、教富濟貧的「行經」實踐所樹立起來的卡理斯瑪（Charisma）形象的巨大影響力，並伴隨著一九八〇年代以來隨著臺灣經濟的起飛而獲得迅猛發展。在人文、教育、慈善和醫療等四大志業，再加上骨髓捐贈、環境保護、社區志工、國際賑災等八大腳印，都取得了重大成就，在國際上產

生了重要影響[32]。證嚴法師領導的慈濟功德會，傳承著印順導師超越各宗派的現代人間佛教理念，正如證嚴上人所說：「對於我的師父——印順導師的話，我是得一善而拳拳服膺，全心一志奉持，以師父為我內心深處的明燈。你們若能真正了解我出家到現在的這段心路歷程，你們就能明白，我所承傳的師教只不過兩句——『為佛教，為眾生』，我將這兩句話尊為我的人生宗旨。今天的慈濟，就是始於這句『為佛教，為眾生』的啟蒙深因。這不就是『合抱之木，發於毫芒』嗎？我拳拳奉事，時刻不敢違離師父的教示，這就是我的宗法——敬師如佛，認為師父開示『為佛教，為眾生』的話，就是我終生奉行的佛法。」

對於佛教的宗派問題，證嚴上人似乎並不在意各宗之間的區別，而是將各宗看作是不同的佛弟子契理契機的學佛法門。他說：「過去的大德，將佛教分宗門派別，主要目的就是希望弟子能深入契機的法門，專心學道；否則佛法八萬四千法門，今天走這條，明天走那條，走得心亂、心迷，如何能夠深入？求道最重要的就是心安理得，我們既然擇師，則必從於師，如此心就能安。若選擇此處修行，而心卻無法安住於此，『道』如何能專呢？」[33]

因此，證嚴上人更強調的是救濟眾生苦難的佛法菩薩道。他指出：「人間佛法不假遠求。慈濟從事濟貧教富志業，淨心與利他並行，福慧雙修；不用等到

來生，或往生他方世界，此時此地就能解脫自在。人心得救，人生亮麗。」對於念佛、坐禪、持咒等種種修行法門，證嚴法師認為，這些都不過是學佛人培植覺悟之心、大慈悲之心。譬如念佛，「要將佛心念入心——佛心就是覺悟之心，也是大慈悲心。」[34]

湯用彤先生在談到隋唐佛教宗派的特點時指出，佛教宗派都有自己的廟（道場）、自己的禁律、自己對佛學理論的看法以及自己傳承的歷史[35]。在這幾個方面，慈濟功德會都表現出其獨特的現代佛教新宗派特點。

首先，慈濟功德會的佛堂只有一個靜思精舍，這既是證嚴上人及其所有出家眾弟子聚居自養和修行之處，也是慈濟功德會的精神中心，而法鼓山、中台山在世界各地都有近百個大小不等的道場，佛光山更是具有超過二百多個分院、別院和禪淨中心及佛學院等分支機構的國際道場，但是，慈濟人最值得稱道的是將所有慈濟功德基金會所開辦的固定場所和為救濟各種天災人禍、濟貧教富及開展環保事業所開設的地方，都作為展示人間菩薩精神的道場。正如證嚴上人所說：「真正的修行道場不在佛堂，而是人間。」

其次，慈濟功德會在證嚴上人的領導下制定了「慈濟十戒」，在原有佛陀教化制訂的「五戒」基礎之上又加進了適應當今社會所需要的新「五戒」[36]。這是其他道場所沒有的。

第三，證嚴上人認為佛教就是「佛領導僧團，用種種形態以身作則，引我們生活，引導我們具有超越的思想」而對「人間的教育」，我們「必須抱著出世的精神來積極做入世的事業，如此才真正合乎佛陀示現人間教育我們的精神」[37]。這也就是「付出不求回報」，不僅如此，「還要感恩」。慈濟功德會以《法華經》作為「慈濟的法源」和慈濟人共修禮拜的經典，直承佛陀教化的菩薩道精神，並將「《無量義經》中包含『六度萬行』、『四無量心』」作為「靜思法脈」。它「是精神世界與現實人間的融合。」因此，證嚴上人提倡慈濟人不僅僅是要讀經，更重要的是要「行經」。如何「行經」？就是要「走入人群，見苦知福、惜福再造福，拯救苦難的同時，也成就自己的慧命。這就是我們的法脈。」這也就是「內修誠正信實，外行慈悲喜捨」。[38] 這是證嚴上人領導慈濟功德會對佛法理論所做的適應時代的獨特理解。

　　第四，證嚴上人和慈濟功德會並不以歷史上的某個傳統宗派作為自己的歷史傳承，而是遠承「法華經」和「無量義經」的菩薩道精神，近承太虛大師和印順導師的現代人間佛教傳統。印順導師當年教導他的「為佛教，為眾生」六個字，是他一生奉行的圭臬。他曾說：「慈濟辦慈善、建醫院、興學校，固然是因應社會需要，其實也是廣開佛教大門，希望人人由善門入佛門，藉世間事，走入智慧法海。慈濟宗門，就是要『為佛

教』，致力將佛法生活化，以出世的精神，『為眾生』行入世之事，才不枉來人間一趟的殊勝因緣。」[39]

結語

中國現代佛教是中國佛教史上的一個嶄新的歷史形態，它將在現代憲政社會的發展過程中不斷呈現出多樣化的形態特徵。由太虛大師所開創、印順導師所傳承和推進的「八宗平等，八宗並弘」的新宗派理念，深刻地反映了佛教適應現代社會發展變化的新需要，並極大地影響了現代佛教新宗派特徵的形成。慈濟功德會在諸多現代佛教新宗派中，遠承《法華經》和《無量義經》的菩薩道精神，作為慈濟的法脈，以靜思精舍作為唯一佛堂和精神中心，近承「以出世精神做入世事業」的現代人間佛教傳統，將人間作道場，內修誠正信實，外行慈悲喜捨，以四大志業、八大腳印來濟貧教富和教富濟貧，努力創造一個付出無所求、還要感恩的人間淨土，從而為現代佛教的教團建設樹立了典範。

※本文獲得2016年中國國家哲學社會科學重大專案「多卷本《中國現代佛教史》（1912年至今）」（編號：16ZD170）的資助。

[1] 國際學術界關於「現代佛教」的討論，可以參考：(日)末木文美士《現代佛教──普遍性與地域性》，載方立天、末木文美士主編《東亞佛教研究V──佛教與現代性》，宗教文化出版社2014年版，第3-9頁。

[2] 太虛〈對於中國佛教革命僧的訓詞〉，《海潮音》第九年第四期(1928年4月)，第1-6頁。

[3] 竹林〈新佛教的思想〉，《新佛教》第1號(1920年3月5日。寧波白衣寺)，第14頁。

[4] 太虛〈新與融貫〉，《海潮音》第十八卷第九期(1937年9月)，第10-17頁。

[5] 這裡所謂「科學的」現代佛教，並非指太虛大師認為佛教必須與科學相適應，而是指佛法的弘揚必須適應科學化時代的基本要求，不能在闡釋和實踐佛法的過程中明顯地違背現代科學常識。太虛大師自覺地繼承和發揚了晚清章太炎等人所闡發的「佛法是無神論」的觀念，反對將佛法與科學對立起來，而是強調佛教與科學的相互適應與相互補充。可參見 Holmes Welch，The Buddhist Revival in China，Harvard University Press，1968，pp.65-66.拙著《佛法觀念的近代調適》，廣東人民出版社1998年版，第159-233頁。拙著《近代中國宗教文化史研究》(上)，北京師範大學出版社2015年版，第378-398頁。

[6] 可參見：Don A. Pittman, Toward a Modern Chinese Buddhism—Taixu's Reforms, University of Havai'i Press, 2001.

[7] 參見：Holmes Welch，The Buddhist Revival in China，pp.194-196.

[8] 太虛〈優婆塞戒經講錄上〉，《太虛大師全書》，第16冊，臺北善導寺佛經流通處1980年版，第24頁。

[9] 太虛〈佛法導言〉，《太虛大師全書》，第1冊，第107頁。

[10] 太虛〈清信士女之學佛以完成正信為要素〉，《太虛大師全書》，第18冊，第249頁。

[11] 太虛〈建設現代中國佛教談〉，《太虛大師全書》，第17冊，第276頁。

[12] 太虛〈優婆塞戒經講錄上〉，《太虛大師全書》，第16冊，第22頁。

[13] 太虛〈現代需要的僧教育〉，《太虛大師全書》，第17冊，第499頁。

[14] 太虛〈慈宗的名義〉，《太虛大師全書》，第9冊，第1367頁。

[15] 有關研究可以參看：郭朋《印順佛學思想研究》，中國社會科學出版社 1991年版。邱敏捷《印順導師的佛教思想》，法界出版社 2000年版。侯坤宏《真實與方便——印順思想研究》，法界出版社 2009年版。

[16] 印順〈談入世與佛學〉，《妙雲集》下編之七《無諍之辯》，正聞出版社 1992版，第 218頁。

[17] 印順《妙雲集》上編之七《大乘起信論講記》，正聞出版社 1992版，第 9頁。

[18] 印順〈談入世與佛學〉，《妙雲集》下編之七《無諍之辯》，正聞出版社 1992版，第 246頁。

[19] 印順〈以佛法研究佛法〉，《妙雲集》下編之三《以佛法研究佛法》，正聞出版社 1992版，第 366頁。

[20] 印順〈人間佛教要略〉，《妙雲集》下編之一《佛在人間》，正聞出版社 1992版，第 109頁。

[21] 印順〈談入世與佛學〉，《妙雲集》下編之七《無諍之辯》，正聞出版社 1992版，第 249頁。

[22] 印順〈與巴利文系學者論大乘〉，《妙雲集》下編之七《無諍之辯》，正聞出版社 1992版，第 169頁。

[23] 關於臺灣現代佛教、特別是佛光山、慈濟功德會、法鼓山和中台禪寺四大教團的研究，相關的研究成果很多，如：Jordan Davida and Overmyer D. , The Flying Phoenix: Aspects of Chinese Sectarism in Taiwan, Taiwan: Caves, 1986. 江燦騰《臺灣佛教與現代社會》，東大出版社 1992 年版。江燦騰《臺灣佛教文化的新動向》，東大出版社 1993年版。江燦騰《臺灣佛教百年史之研究(1895-1995)》，南天書局 1996年版。Charles B. Jones, Buddhism in Taiwan: Religion and the State, 1660-1990, University of Havai'i Press, 1999. 江燦騰《臺灣當代佛教》，南天書局 2000年版。江燦騰《臺灣近代佛教的變革與反思》，東大圖書公司 2003年版。藍吉富《聽雨僧廬佛學雜集》，現代禪出版社 2003年版。闞正宗《重讀臺灣佛教》(正編、續編)，大千出版社 2004年版。江燦騰《新視野下的臺灣近現代佛教史》，中國社會科學出版社 2006年版。江燦騰《臺灣佛教史》，五南圖書出版股份有限公司 2009年版。林瑋婷《關於臺灣人間佛

教現象的社會學研究回顧與討論——以三大人間佛教教團(慈濟、佛光山、法鼓山)為中心》,《佛教圖書館館刊》,第54期(2012年6月),第88-115頁。以上研究雖然程度不同地分析了臺灣佛教適應時代的變化,但還是以傳統宗派或教團的形式來看待各道場。

[24] 中國傳統的禪宗法脈傳承,可以參見:Holmes Welch,Dharma Scrolls and The Succession of Abbots in Chinese Monasteries, T'oung Pao, Second Series, Vol. 50, Livr. 1/3(1963), pp.93-149. Holmes Welch,The Practice of Chinese Buddhism, Harvard University Press, 1967, pp.156-158.

[25] 關於禪宗與現代人間佛教的關係,可參見《2006年佛學研究論文集:禪宗與人間佛教》,財團法人佛光山文教基金會2006年版。這是一部國際會議論文集,主要是探討禪宗與現代人間佛教思想與實踐之間的關係,可惜的是,作者們都還局限于傳統宗派佛教的禪宗理念。

[26]《中台世界弘法理念》,http://www.ctworld.org.tw/chungtai/prinicple/index.htm。

[27] 聖嚴法師《中華禪法鼓宗》,http://www.ddm.org.tw:81/gate/gb/old.shengyen.org/content/about/about_04_01.aspx。

[28] 可參見「法鼓山全球資訊網」之《全球事業體》:https://www.ddm.org.tw/page_view.aspx?siteid=&ver=&usid=&mnuid=1132&modid=40&mode=。有關聖嚴法師及法鼓山的研究成果也較多,相關的研究可參看:辜琮瑜《聖嚴法師的禪學思想》,法鼓文化事業股份有限公司2002年版。聖嚴教育基金會學術研究部《第三屆2010聖嚴思想國際學術研討會 法鼓山信眾論壇:聖嚴法師的教導與時代意義》,法鼓山2010年。聖嚴教育基金會學術研究部、法鼓山僧團《第四屆2012聖嚴思想國際學術研討會 法鼓山信眾論壇:聖嚴法師與當代漢傳佛教的回顧與前瞻》,法鼓山2012年。《第六屆聖嚴思想國際學術研討會》,法鼓山2016年。

[29] 有關佛光山的研究成果較多,但主要可以參看:Stuart Chandler, Establishing A Pure Land on Earth: The Foguang Buddhist Perspective on Modernization and Globalization, University of Havai'i Press, 2004. 滿義法師《星雲模式的人間佛教》,天下遠見出版股份有限公司2005年版。

[30] 釋星雲〈中國佛教階段性的發展芻議〉,《普門學報》第一期,2001年

1月,第278-286頁。

[31] 有關慈濟功德會及證嚴上人的研究成果不少,如:丁仁傑《社會脈絡中的助人行為——臺灣慈濟功德會個案研究》,聯經出版事業公司1999年 版。C. Julia Huang, Charisma and Compassion: Cheng Yen and the Buddhist Tzu Chi Movement, University of Havai'i Press, 2004. Richard Madsen, Democracy Dharma, University of California Press, 2007. 盧蕙馨《人情化大愛——多面向的慈濟共同體》,南天書局2011年版。Richard Gombirch and Yu-Shuang, Yao, A Radical Buddhism and Modern Confucian, Tzu Chi in Socio-Historical Perspectives, Buddhist Study Review, BSRV30.2, 2013. Rey-Sheng Her(何日生), The Silent Mentor of Tzu Chi, Journal of Oxford Center for Buddhist Studies, Vol.,4, 2014.何日生《證嚴上人利他思想精神研究》,北京大學博士學位論文,2016年。

[32] 可參看:Mark O' Neill, Tzu Chi: Serving with Compassion, John Wiley & Sons (Asia) Pte. Ltd, 2010.

[33] 證嚴法師〈道在尋常日用中〉,《慈濟月刊》,第334期(1994年9月),第8頁。

[34] 證嚴法師〈「說」到就要「做」到〉,《慈濟月刊》,第472期(2006年3月),第91頁。

[35] 湯用彤〈隋唐佛學之特點——在西南聯大的講演〉,《湯用彤全集》第二卷,河北人民出版社1999年版,第329-330頁。

[36] 即第六,不抽煙,不吸毒,不嚼檳榔;第七,不賭博,不投機取巧(不玩股票和六合彩及電動玩具);第八,孝順父母,調和聲色(不嗔恚,溫言軟語);第九,遵守交通規則(不違規,儀容整齊端莊,不奇裝異服,戴安全帽,繫安全帶);第十,不參與政治活動、示威遊行(不參與示威、抗議、遊行)。

[37] 釋證嚴《人間菩薩》,不二出版有限公司1993年版,第112-113頁。

[38] 證嚴法師《真實之路——慈濟年輕與宗門》,天下遠見出版股份有限公司2008年版,第56、132頁。

[39] 同上書,第138頁。

慈濟：一個創新型華人教派的興起

Tzu Chi: The Emergence of an Innovative Chinese Buddhist Sect

魏德東 哥倫比亞大學孔子學院
中國人民大學佛教與宗教學理論研究所副
教授
Dedong Wei
Confucius Institute at Columbia University; Associate
professor of Institute of Buddhism
and Religious Studies, Renmin University of China

摘要

半個世紀以來，慈濟宗門的創生與發展是當代世界宗教版圖演變
的重要篇章。慈濟宗門以佛教思想為根本，對世界其他宗教與文
化秉持開放、寬容與接納的態度，超越了教派與意識形態的藩
籬，建構了主導鮮明且豐富多彩的思想體系；慈濟宗門創建了以
在家的、青年的、女性的及知識的人群為主要信仰者的佛教團
體，是人間佛教思想的實踐者與發展者，慈濟宗門將慈善、救
災、環保、醫療、教育等事業納入宗教修學體系，實現了現代意
義上世間法與出世間法的合一，是中國佛教搬柴運水皆是妙道的
現代呈現；慈濟宗門在維繫僧團精神指導地位的同時，廣泛採用
了現代非政府組織的制度模式，綜合發揮了傳統宗教團體與現代
社會團體兩個組織體系的優勢。在社會學上，慈濟宗門的成功，
表明佛教等中國傳統宗教與文化具有實現現代轉化的潛能，能夠
為社會現代化提供充足的精神資源；在宗教學上，慈濟宗門的活
躍說明創新型宗教團體完全可以成為積極與正面組織的象徵。慈
濟宗門以其五十年的努力，刷新了東方傳統文化在世界的高度，
成為這個時代優質的創新型宗教。

一九六六年，臺灣東海岸花蓮地區的一位青年比丘尼，帶領三十多位女性，以每天節約五毛錢的方式，創立了「佛教克難慈濟功德會」。半個世紀歲月流逝，慈濟功德會發展成組織遍布全球五十六個國家和地區，援助過九十四個國家和地區的世界級佛教慈善團體。從宗教學的視角看，慈濟的意義何在？

　　本文認為，慈濟宗門是以佛教思想為基礎，整合全球優秀文化，以慈善事業為主要實踐形式的創新型教派。本文將從理論框架、研究方法、宗教思想、實踐形式、組織特點及意義等方面，全面概況對慈濟宗門的理解。在社會學上，慈濟宗門的成功表明佛教等中國傳統宗教與文化具有實現現代轉化的潛能，能夠為社會現代化提供充足的精神資源；在宗教學上，慈濟宗門的活躍說明創新型宗教團體完全可以成為積極與正面組織的象徵。慈濟宗門以其五十年的努力，刷新了中國傳統文化在世界的高度，成為這個時代優質的創新型宗教。

一、理論框架與研究方法

　　本文將慈濟界定為「創新型教派」（innovative religion），是對傳統宗教學組織理論的擴展。自馬克斯·韋伯開始，教會與教派（church-sect）模式成為宗教學描述宗教組織發展的經典理論，而其中的一個核心環節，是認為教派（sect）與教會、社會都充滿張力，在

宗教思想上背離傳統的教會，在組織上另立門戶，在實踐上則往往還有一些極端行為。有關教派的分析，還發展出膜拜團體（cult）類型，成為偏激與負面的代名詞。與此相關，新興宗教（new religion）一詞，也被看作是描述負面組織的概念。

很顯然，用傳統的新興宗教理論，或者教派、膜拜團體等概念，都不足以概括慈濟宗門的狀況。慈濟宗門是一個僅有五十年歷史的佛教團體，當然是新的。但不同於傳統理論所描述的新興宗教，慈濟宗門在思想上沒有背離佛教精神，在制度與實踐上，慈濟有許多創新，但得到了傳統佛教團體與信仰者的認可，沒有形成明顯的衝突，而在社會功能上，慈濟前所未有地介入到現實社會，得到了全世界的認可與讚賞，是一個充滿正能量與正面價值的團體。

基於對慈濟宗門的理解，本文提出創新型教派這一概念，用以表達以慈濟為代表的，在現代化與全球化語境下正面的宗教創新。

在研究方法上，本文以實證材料為基礎，同時對全球範圍內的慈濟研究進行了文獻梳理。

慈濟宗門作為當代佛教的重要呈現，很早就進入筆者的研究視野。一九九二年，筆者在中國山西五臺山召開的學術會議上第一次聽到慈濟功德會，第一次了解到證嚴上人的佛教創新。一九九九年，筆者在美國休士頓第一次接觸到慈濟功德會的會眾，對於慈濟

的全球實踐有初步的感受。二〇〇一年十月，筆者隨恩師方立天教授赴花蓮調研，全面地了解了慈濟的創辦與發展，與證嚴上人進行了嚴肅的訪談，也參加也了慈濟早會，並特別拜見了印順導師，加深了對慈濟佛教思想的理解。二〇〇九年四月，筆者在慈濟板橋園區參加了第二屆世界佛教論壇的佛教的慈善關懷分論壇；同年七月，在參加慈濟大學召開的青年佛學研究論壇期間，詳細地實地調研了慈濟醫院，對慈濟的醫療文化，特別是人體解剖有了較為深入的了解。 二〇一〇年十二月，我與北京大學樓宇烈教授參加慈濟大學召開的環境與宗教學術論壇，調研了四家慈濟環保站，還在臺北親歷了慈濟的一次救火行動；會後再次到花蓮與證嚴上人深入訪談，與法師們座談。二〇一一年八月，我有幸參加了每年例行的「隨師行腳」，追隨證嚴上人一週，近距離地觀摩到證嚴上人的日常起居，同時對慈濟醫院、精舍、演繹、信眾等，都有了進一步的切身體會。二〇一二年，調研慈濟蘇州園區，二〇一四年參加慈濟的河北省的元旦發放，二〇一五年調研北京靜思書軒。二〇一六年起，筆者對於紐約區的慈濟活動，又做了多方面的調研。 凡此種種，使筆者積累了較為豐富的有關慈濟功德會的田野資料。

自二〇〇九年起，筆者開始將對慈濟的觀察與思考撰文發表，主要刊登在《中國民族報》「宗教週刊·

魏德東專欄」上。先後發表的文章包括：〈慈濟是最典型的人間佛教〉、〈臺灣佛教的創新與特色〉、〈慈濟的「無語良師」〉、〈親歷臺北慈濟救火〉、〈慈濟環保站，多元化的道場〉、〈靜思書軒落地京華〉、〈隨證嚴上人行腳〉、〈隨慈濟冬令發放〉、〈積愛成福——讀《一念間》〉、〈談談佛教團契〉、〈對慈濟的學術研究〉等（魏德東，2015）。這些文章是對田野資料的記錄與初步概況，為深入理解慈濟宗門奠定了較為紮實的基礎。

近年來，慈濟研究得到國內外學術界的關注，出現了許多研究成果。漢語方面，許木柱、盧蕙馨教授（2012）、何日生博士（2008）發表了有價值的成果；英語方面，牛津大學的龔布齊（Richard Gombrich, 2014）教授從宗教學視角，哈佛大學的李奧納（Herman Dutch Leonard, 2010）教授從管理學視角，加州大學聖地牙哥校區的趙文詞（Richard Madsen, 207）教授從社會學視角，波士頓大學的魏樂博（Robert Weller, 1998）教授、臺灣清華大學的黃倩玉（Chien-yu Julia Huang，1998,2009）從人類學視角，都對慈濟有很深入的研究，提出了很多洞見，豐富了對慈濟的認識。

二、慈濟宗門的宗教思想

半個世紀以來，慈濟宗門的創生與發展是當代世界宗教版圖演變的重要篇章。慈濟宗門以佛教思想為

根本，對世界其他宗教與文化秉持開放、寬容與接納的態度，超越了教派與意識形態的藩籬，建構了主導鮮明且豐富多彩的思想體系。

作為有逾十萬名核心會員，上千萬參與者，組織遍及五十六個國家地區，活動覆蓋九十四個國家地區的全球性組織，慈濟的核心價值觀又是什麼？這就是佛教的菩薩精神。在豐富的佛教思想中，慈濟宗門最為重視的，是佛教的菩薩思想，也就是通過慈悲實踐，實現普度眾生的理想。慈濟一詞的含義，就是「慈悲濟世」，很好地體現了慈濟的佛教精神。北京大學樓宇烈教授認為，慈濟宗門以慈悲濟世為宗旨，是大乘佛教菩薩精神的踐行者；菩薩精神以菩提心為因，以慈悲為根本，以方便為究竟。何日生博士則提出慈濟的核心理念就是「利他」，最重視的價值觀就是利益群生、無相布施。

慈濟宗門的思想源於《法華經》，而以《無量義經》為根本，體現為「靜思法脈，慈濟宗門」。用證嚴上人的話說，意思就是「菩薩先救他人，再救自己。眾生不脫度，自己不成佛。」

有關慈濟的菩薩道思想，慈濟創始人證嚴上人有許多論述。證嚴上人認為，「人間佛法不假遠求。慈濟從事濟貧教富志業，淨心與利他並行，福慧雙修；不用等到來生，或往生他方世界，此時此地就能解脫自在。人心得救，人生亮麗。」《無量義經》說：「船身

堅固能度人。」證嚴上人說：「船到了彼岸，乘客上了岸，船夫也上岸了。」

西方學者在研究中發現，慈濟宗門具有很深的儒家情懷，體現了中國傳統文化的影響，龔布齊教授以此將慈濟的精神概括為「原始佛教、當代儒家」。在實踐中，慈濟的確有大家庭的觀念，使人感受到儒家的倫理精神。證嚴上人常說，「拉長情、擴大愛」；「慈濟宗門一家人，志同道合是法親，法髓相傳長慧命，如同身受感恩心。」信眾來到花蓮的慈濟靜思精舍，看到的口號就是「歡迎回家！」花蓮在全球慈濟人的心中，就是心靈的家。

慈濟宗門是一個全球性的團體，對於世界各種宗教與文明，都秉承著開放的態度，並不以信仰佛教作為加入慈濟的先決條件。在慈濟宗門的志工中，有很多其他宗教信仰的人士，如基督教、天主教、伊斯蘭教等，也有無神論者，慈濟尊重他們的信仰。慈濟宗門由此吸納了全球不同宗教信仰的人士，而其自身也成為融合全球文明的組織。證嚴上人認為只要人們秉持著慈悲的善心，就可以成為慈濟的一員。

曾經有一位醫學專家應聘慈濟醫院的院長，但他是一名基督徒，他對自己是否能夠被慈濟接納感到擔憂。證嚴上人的回答是：「不怕你信仰基督教，就怕你信仰得不夠虔誠。」慈濟人的思想邏輯是，所有宗教都是教人向善的，虔誠的信仰必定有助於做好本職工

作，而這正符合了慈濟的精神。南非志工認為，「通過慈濟，讓我們更親近上帝。」

慈濟的慈善實踐在穆斯林世界也得到了很好的開展。土耳其的慈濟負責人是一位穆斯林，他將伊斯蘭教信仰與慈濟的理念有機結合起來。慈濟在印尼的慈善活動，被認為是「打破了印尼人對華人的刻板印象」，推動了種族平等法的制訂。

慈濟宗門相容並蓄，尊重不同的宗教與的文化。慈濟救助伊朗的貧困兒童，為他們建立希望小學，建築風格將慈濟人文與伊斯蘭文化融合在一起。慈濟人在救助印尼穆斯林時，為他們建立清真寺。在臺灣小林村，當地居民信奉基督教和天主教，慈濟就在新小林村建立了一座基督教堂和一座天主教堂，使村民能夠從事宗教活動。

慈濟以佛教信仰為基礎，吸納了儒家等中國固有文化元素，共用基督教、伊斯蘭教等多元文化智慧，發展成具有中國文化特質、超越宗教與族群藩籬、普惠全世界的慈善組織。慈濟的成功表明中國傳統文化包含全球倫理因數，具有整合全球文化的能力。慈濟的全球化實踐提升了中國文化的境界與高度。

三、慈濟是人間佛教實踐的典範

一個世紀以前，宗教改革家太虛大師提出人間佛教的理念，開闢了佛教走進現代社會的通道，逐步成

為二十世紀以來中國佛教發展的主流。

人間佛教的根本精神，或許可以概況為社會實踐，也就是用佛教的精神指導人間，使人間佛教化。西方社會由此發展出「入世佛教」（Engaged Buddhism），強調的也是以診所、禪修等方式，使佛教服務社會、進入社會。慈濟宗門以其豐富的創新型佛教社會實踐，開闊了佛教的現代境界。

人間佛教的理解與呈現方式多種多樣，佛教理論家印順導師曾經有一個期待，說人間佛教應該是在家的、青年的、女性的、知識的。以這個標準衡量，慈濟宗門堪稱人間佛教的典範。

慈濟宗門是在家的，慈濟社會活動的參與者以百萬計，包括核心層的組織者與管理者，都以在家人為主體。證嚴上人及其僧團不過百餘人，更多起到的是精神領袖的作用。慈濟宗門是青年的，慈濟在救災、慈善等領域有突出的成就，這些活動的參加者都是中青年。慈濟當然也有老年人，但已從根本上擺脫了佛教是老年人宗教的形象。慈濟宗門是女性的，慈濟的創始人與領袖證嚴上人是女性，他率領的僧團也是比丘尼僧團。這不僅在佛教史上罕見，也具有很強的象徵意義，體現了佛教團體中女權主義的進步，適應了人類女性解放運動的潮流。慈濟宗門還是知識的。隨著整個社會教育水準的提高，沒有文化者在慈濟中已經很少見。與此同時，很多受過高等教育的社會精英

加入慈濟，成為慈濟的中流砥柱，為慈濟宗門的專業化社會服務提供了保障。

慈濟宗門的社會實踐概況為四大志業、八大法印，分別是：慈善、醫療、教育、人文（四大志業）、環保、國際賑災、骨髓移植和社區志工（合稱八大法印）。慈濟宗門將慈善、救災、環保、醫療、教育等事業納入宗教修學體系，實現了現代意義上世間法與出世間法的合一，是中國佛教搬柴運水皆是妙道的現代呈現。本文以醫療與環保為例說明慈濟宗門的社會實踐。

慈濟目前在臺灣已經建立了六家大型醫院，有效地服務社會大眾。慈濟醫院與一般醫院最大的不同，就是將佛教思想介入到醫療實踐中，而其中慈濟大學醫學部對於人體解剖課程的佛教化處理，最能體現慈濟的精神。

慈濟大學醫學部充分地將佛教的精神和方法運用到人體解剖的全過程，將一門普通的課程昇華成為亡者為社會奉獻，讓學生體會人的價值，從而成為一個充滿佛教人文精神的課堂。慈濟大學醫學部將人體稱為「大體」，所有被解剖者都被叫作「大體老師」，進而被尊稱為「無語良師」。在接到捐獻大體的報告後，一個由佛教法師、醫學部師生組成的小組按照佛教精神，在助念聲中接回大體，迅速做醫學處理。在解剖課之前，師生會到大體老師的家中，向他的親戚們了

解大體老師的生平，由學生寫成小傳，並將一份百字左右的精華稿配以照片，放在大體老師的床頭，最後將其放大放在走廊上。在解剖開始前，師生會為大體老師做一個莊嚴的佛教法事。解剖課程完成之後，與其他學校醫學部不同，慈濟大學醫學部要求學生將所有的刀口縫合，還大體老師一個完整的身體，然後為大體老師穿衣入殮。衣服分兩層，內層是衛生衣，要求不能有任何一個汙點，外層為白色的大衣，莊嚴肅穆。

在火化的前一天，醫學部的師生到殯儀館為大體老師們打掃衛生，從爐具到廁所，全都打掃得乾乾淨淨。出殯之日，醫學部的師生、慈濟大學的領導以及大體老師的家屬，雲集慈濟大學。醫學部以最隆重的禮儀送大體老師最後一程。火化之後，一部分骨灰由校方取回，裝在一個水晶做的骨灰盒中，放在醫學大樓的「大捨堂」，成為師生和親屬憑弔之所。

這樣一套完整地以佛教精神貫穿的人體解剖課程，對於亡者及其家屬予以了最真摯的尊重，對於學生則是最深刻的人文精神的教育。一位樂捐的病人在遺囑中寫到：「我寧願被學生割錯二十刀，也不願意讓學生畢業後在病人身上割錯一刀。」而對於慈濟大學醫學部的學生來說，參與這一課程的過程，就是理解什麼是人，為什麼要尊重人；對待遺體尚且如此尊重，那將來應該如何對待病人呢？有些學生還將這些

大體老師作為朋友，在學習生活中遇到困難的時候，有學生會拿著吉他，到大捨堂向他的大體老師傾訴。課程的最後，有關大體老師的生平及課程情況，被集結成冊，書名叫《無語良師》。慈濟大學醫學部的大體解剖課程很好地體現了人間佛教的精神。這就是，以佛教的精神提升社會活動的品質，予世俗以神聖，將社會生活佛教化。

環境保護是當今世界最大的課題之一，生態文明是當代最迫切的呼喚。慈濟的生態實踐契理契機，成為服務社會、弘揚佛法的有效手段。

慈濟介入環保的重要方式是設立環保站，用於搜集廢品、垃圾分類、環保教育和佛教修行，目前在全臺灣已有六千家。環保站的首要功能是垃圾的回收、分類與回收利用。根據慈濟志工的總結，垃圾約有十大類，叫做「瓶（塑膠瓶）瓶（玻璃瓶）罐（鋁罐）罐（鐵罐）紙（廢紙）電（電池）一（舊衣服）三（家電、電腦、通訊器材）五（五金）七（其他）」。各個回收站一方面接收左鄰右舍送來的垃圾，另一方面對收到的垃圾進行仔細的分類。如僅塑膠袋就被分為七大類，每一類的性質不一樣，價格也不一樣。紙張中，白紙比較貴，有字的紙便宜，於是慈濟志工們就一張一張地將白紙挑出來，甚至用剪刀將紙的空白部分剪下來。垃圾在環保站經過分類、壓縮、打包，然後被賣到廢品回收站，所有得來的資金都捐給慈濟

功德會創辦的大愛電視臺，或用於其他慈善事業。在環保站收到的垃圾中，有很多是可以繼續使用的，如舊書籍、舊玩具、舊衣服、舊家具，或者稍加修理還可以使用的，如舊電器、舊自行車等。於是，很多環保站在條件許可的情況下，都會設立一個舊貨超市，將可以回收使用的物品廉價出售。慈濟人將這一過程總結為「垃圾變黃金，黃金變愛心，愛心化清流，清流繞全球」。

環保站的第二大功能是環保教育。凡是條件允許，環保站都因地制宜設立一些環保教育的設施，面向學生、社團與大眾開放，講解環保的意義與方法，實踐證嚴上人的教導：「彎腰做環保，挺腰說環保。」有位退休的陳先生將慈濟的環保工作概括為「環保五地」──談天說地、淨化大地、淨化心地、敬天愛地、腳踏實地，並以此為題在臺北先後演講了七百八十六場。

環保站的第三大功能是讓佛教走進社區與大眾。環保是當代社會的首要主題，政府、社會團體和大眾都會予以支援，因此從事環保事業具有最廣泛的「政治正確性」。近年來，在慈濟的四大志業、八大法印中，環保的發展頗為突出，應該說是適應了時代的需求。目前，慈濟的環保志工逾十萬人，涉及各個層次。白天在環保站工作的大多數是退休老人，他們在聚精會神地工作中，很多人改善了身心狀況，甚至有

人說垃圾分類是「環保禪」。

　　慈濟在每家環保站還設有簡約的佛堂，用於慈濟志工對佛教知識的學習。自一九九〇年證嚴上人提出「用鼓掌的雙手做環保」，慈濟人的環保之路已經走了近三十年。慈濟宗門在環保事業上的創新與貢獻，既體現了佛教對人類與地球的責任，也為佛教融入當代社會與自我更新開啟了一條新路。

　　作為一個根植於佛教思想的團體，社會實踐構成了慈濟的最顯著特質。牛津大學佛學研究中心主席龔布齊（Richard Gombrich）教授認為，慈濟宗門的特點是重視行動。佛陀的教導就在於行，但在歷史上這一點經常被遮蔽，慈濟精確地實踐了佛陀的教法。加州大學聖地牙哥校區社會學家趙文詞（Richard Madsen）教授認為：實踐而非教條，構成了慈濟的特色，而這恰恰就是佛教的根本精神；證嚴上人和慈濟人宣導「做就對了」，其慈悲實踐不僅幫助了受援助者，同時也幫助援助者開發了自身的美德。中國人民大學宣方教授將慈濟的實踐體系解讀為：悲增上的菩薩行門，是由人乘直入一佛乘的人間正道，契理契機，暢佛本懷。

四、慈濟宗門發揮了傳統宗教組織與現代非政府組織的雙重優勢

　　慈濟宗門綜合發揮了傳統宗教團體與現代非政府組織的雙重優勢。慈濟的組織主要分為兩大類型，一

是宗教法人，二是財團法人；前者是傳統僧團部分，後者則為現代基金會，包括二〇〇八年在大陸註冊的慈濟慈善事業基金會等。

慈濟宗門的僧團位於臺灣花蓮，是一個百人左右的比丘尼組織，嚴格保持了中國禪宗農禪合一的精神，成為全球信眾的精神家園。慈濟宗門具有豐厚的財力物力，但包括證嚴上人在內的所有出家人都要勞動，還要從事物質生產，如種菜、生產蠟燭等等，以此維持僧團的生活。宗教學理論認為，在現代化條件下，保守性宗教組織為信眾提供了生活的榜樣，對於信眾更有感召力，慈濟宗門的實踐再次證明了這一點。

慈濟宗門對於會員的組織管理具有很強的科學性，充分發揮了會員個人的作用，重視小組的成長，使慈濟成為既有巨大規模，同時又能照顧到每個人，不斷增長的組織。

慈濟的會員稱為志工，其組織管理模式叫「立體琉璃同心圓」。這個體系中分為合心、和氣、互愛、協力四個部分，大體上，合心是城市一級的組織，和氣是區一級，互愛則像是街道級，協力則是村莊級。協力的規模一般十幾二十人，當發展到四、五十人時，就一分為二，如此細胞繁殖，不斷擴大。這一科層制組織模式使慈濟志工有較強的組織歸屬感和存在感，持續增強著自己的委身程度，慈濟組織也在不斷擴大。

基金會的建立為慈濟社會實踐的制度化、專業

化、全球化奠定了基礎。慈濟的四大志業、八大法印，完全超越了傳統僧團自發慈善的範圍，成為典型的以宗教信仰為基礎的非營利組織，使用著全世界通行的公民社會話語體系，因而能夠惠及全球。

慈善志業體在臺灣以「佛教慈濟慈善事業基金會」為名進行註冊，其董事長為證嚴上人。基金會共設三位副總執行長，分別分管不同的行政部門，包括財務處、總務處、法務處、營建處、慈善事業發展處、醫療志業發展處、教育志業發展處、人文志業發展處、宗教處等。每週，慈善志業體各部門的同仁都要向董事長作工作報告，告知各項慈善事業的進展情況；每個月，全球各大分會的慈濟志工也要通過視頻連線的方式向董事長回饋各分會運行情況及遇到的問題。慈濟通過科層制管理體系科學地管理著各項慈善事業，保證著各事業井然有序的發展。

慈濟宗門還有一系列周邊組織，透過這些團體以與社會保持密切的聯繫。

——慈濟國際人道援助會。成立於二〇〇三年，分為食品、衣物、居住、行動等四個小組，每個小組都由相關產業的實業家構成，成為慈濟全球賑災的有力保障。

——國際慈濟人醫會。成立於一九九八年，現已發展出成員逾一萬五千名，遍及十五個國家，全球累

計義診一萬三千九百四十人次，治療病人達二百八十餘萬人次。

——慈濟榮譽董事聯誼會。成立於一九八六年，凡一次性捐款一百萬臺幣者均可成為榮譽董事，大部分榮董都是企業家。

——慈濟教師聯誼會。成立於一九九二年，以「研討慈濟人文精神，融入教學活動中；淨化校園，祥和社會」為宗旨，發展出靜思語教學課程、大愛媽媽等特色活動。目前很多臺灣學校都開設了「靜思語教學」課程，慈濟以此走進了臺灣的國民教育。

——慈濟警察暨眷屬聯誼會。緣起於一九九一年的多起員警自殺事件，一九九四年慈濟志工發起成立警聯會，關懷員警、交通、消防、保安等工作人員及其眷屬的心理問題，也帶領他們參與志工服務。慈濟通過警聯會將慈濟的人文精神傳播到警署、法務等領域。

——慈濟書畫聯誼會。成立於一九九六年，由一百多位書畫家組成，透過「人人靜思語、家家翰墨香」，淨化人心，祥和社會。

——慈青、慈少、慈幼。證嚴上人始終認為教育是解決社會各種問題的關鍵所在，慈濟在開展教育志業、建立學校以外，還通過學校學生社團的形式將慈濟教育的人文傳播給青少年，根據大、中、小學不同的年齡段成立了慈青、慈少、慈幼。

慈濟宗門通過組織創新實現了中國傳統宗教組織

的現代轉型，表明中國傳統文化具有適應、推進現代化的能力。哈佛大學商學院的赫曼・李奧納（Herman D. Leonard）教授以案例教學的方式將慈濟引入了哈佛課堂與教科書，他認為，慈濟是當今世界在人道救援中最有動員力、效率及影響力的組織之一，慈濟代表了「以價值為導向的」組織類型。慈濟的內部運作不依賴嚴密的計畫，而是在共同價值觀的指引下，依靠部門間的充分信任及靈活性應對各種突如其來的災難，這是一種有別於傳統以計畫、競爭、利益、競爭為核心的組織模式，將越來越重要。

五、慈濟的意義

二〇一六年十月一日至二日，第四屆慈濟論壇暨「佛教普世性與慈濟宗門的開展」學術研討會在臺北舉行。來自世界各地的近五十名專家學者與宗教人士發表了論文，慈濟宗門的八百餘名志工出席了論壇。從學者的視角觀察，本屆論壇的重要特點是慈濟吸引了眾多世界一流學者的關注與研究，哈佛大學、牛津大學、哥倫比亞大學、加州大學、波士頓學院、北京大學、中國人民大學、中國社會科學院、臺灣政治大學和慈濟大學等單位的教授連袂出席，不僅從佛學、宗教學、哲學，更從社會學、人類學、經濟學、管理學等各個學科的視角，以慈濟為物件，開展嚴肅、客觀的學術研究，這既是對人文社會科學理論的豐富與發

展，更深化了對慈濟特質的理解。作為慈濟宗門五十周年慶典的活動之一，慈濟能以開放、寬容的態度接納來自不同背景與學科的學者們的研究，是組織自信的表現。嚴肅的學術研究在深化對慈濟理解的同時，也必將對慈濟的未來發展產生啟發。

具有五十年歷史，富於創新精神的慈濟宗門，其本質是什麼？應當如何界定？這一問題引起了論壇內外的討論與深思。法師及佛教背景的學者們認為慈濟毫無疑問是一個佛教團體，在實踐方式上強調慈悲濟世。而當我們傾聽南非、德國、土耳其等地志工及商學院教授的分享時，則更多地感受到慈濟是一個慈善團體，佛教是其思想基礎；在全球實踐中，慈濟普門大開，吸引了包括基督徒、穆斯林在內的不同信仰與文化的人士參加，很多其他宗教的信仰者及團體甚至成為慈濟的骨幹。可以說，慈濟宗門是以慈悲濟世為核心實踐方式的佛教團體，也是佛教背景的慈善團體，這是慈濟的一體兩面。

作為一個創新型教派，慈濟宗門的創立與發展具有多方面的價值與意義。

在政治層面，美國宗教人類學家魏樂博（Robert Weller）教授認為，以慈濟為代表的佛教團體在公益事業上的巨大成就，為臺灣社會的民主轉型作出了貢獻，成為臺灣公民社會的重要標誌。加州大學趙文詞（Richard Madsen）教授在《民主佛教》一書中，認為

慈濟是根植於東方思維特色的宗教復興運動，是佛教的文藝復興。在宗教層面，慈濟宗門的活躍說明創新型教派完全可以成為積極與正面組織的象徵。在文化層面，慈濟宗門的成功表明中國傳統文化包含全球倫理因數，具有整合全球文化的能力。

五十年來慈濟宗門的愛心善行，創造了哈佛大學赫曼（Herman Leonard）教授所說的「傳奇」，是中國傳統文化現代化的結晶，也是人類未來發展方向的重要體現。如同美國總統奧巴馬在祝賀慈濟宗門五十華誕時所說：「像慈濟這樣的團體，正在為全人類打造共同的目標與理想的未來。身為世界公民，如果每一個人都能朝此使命努力邁進，一定可以為我們這個世代及未來世代的子孫們，帶來永續性的進步和發展。」

參考書目

釋證嚴：《靜思語》，復旦大學出版社，2009。

何日生，《慈濟實踐美學》，立緒出版社，2008。

《證嚴法師利他思想研究》，北京大學博士論文，2016。

魏德東，《世界宗教萬里行》，民族出版社，2015。

許木柱、盧蕙馨、何縕琪，《曙光初現》，慈濟大學出版社，2012。

李凡，《中國傳統佛教的現代轉型》，中國人民大學碩士論文，2013。

Chien-yu Julia Huang and Robert P. Weller. "Merit and

Mothering: Women and Social Welfare in Taiwanese Buddhism." Journal of Asian Studies, vol. 57, no. 2.1998.

C. Julia Huang, Charisma and Compassion: Cheng Yen and the Buddhist Tzu Chia Movement, Combridge, Masschusetts: Harvard University Press. 2009.

Herman D Leonard, The Tzu Chi Foundation's China Relief Mission,2010.

Richard Gombrich and Yushuang Yao, A Radical Buddhism for Modern Confucius: Tzu Chi in Socio-Historical Perspective，2014.

Richard Madsen, Democracy's Dharma: Religious Renaissance and Political Development in Taiwan, Berkeley, University of Conlifornia Press, 2007.

證嚴上人立慈濟宗門之思想體系

The Altruistic Philosophy and Practices of
Dharma Master Cheng Yen

何日生 慈濟大學宗教與人文研究所副教授
慈濟基金會人文志業發展處主任

Rey-Sheng Her
Associate Professor of College of Humanities and Social
Sciences, Tzu Chi University; Director of Humanity
Development Department, Buddhist Tzu Chi Foundation

摘要

佛陀的根本教義緣起法是通向利他之實踐。一切萬物皆因緣起，珍惜一切因緣，即通向利他，即是大愛。佛陀深體「萬法緣起」，所以「萬物為一」，因此利他即為利己，利己更要利他。依此理，諸佛悉欲眾生皆得度化，只要還有眾生未成佛，諸佛的覺性願力仍未完成，佛的覺性之願行就仍未圓滿。以證嚴上人的觀點，則是「菩薩先救他人，再救自己。」眾生不脫度，自己不成佛。菩薩是在不斷的付出中，最終修得絕對清淨的法身。菩薩入人群，不畏眾生剛強與汙濁。眾生的剛強適足以鍛煉菩薩的智慧；眾生的汙濁適足以成為菩薩成就修行的養料。如蓮花出於淤泥，淤泥是蓮花清淨的養分。這體現涅槃與世間、佛與眾生、清淨與煩惱不二的中道觀。

本文以證嚴上人的利他思想與實踐作為討論核心，主要基於證嚴上人的慈濟宗門以建構一套佛教利他思想及其在現世間的實踐模式，特別是在當代科學主義與資本文明昌盛的時代，傳統佛教的利他思想如何重新闡發，如何適應與實踐，是一大課題。本文亦經由慈濟證嚴上人利他精神的思想與實踐，探討原始佛教的利他

思想在當代社會的保存及其創新體現。本文深入闡明慈濟體現的佛教利他思想之內涵及其於當代社會的表現形式與價值。證嚴上人將「利他精神」與「度化自己」合而為一，將淑世的理想化為自身的修行。慈濟人必須內修「誠正信實」，外行「慈悲喜捨」，以「付出無所求」的心奉獻社會，濟度一切眾生，最終達到上人的三大心願「淨化人心、祥和社會、天下無災」。

證嚴上人以《無量義經》、《法華經》為靜思法脈與慈濟宗門的核心經典。《無量義經》強調利益群生，無相布施。「不只付出無所求、付出還要感恩」，藉此體會緣起性空之理及三輪體空之妙。《無量義經》有入世、淑世的理想與願景，亦有內在修習人格的方法與路徑。證嚴上人強調的修行是將每一個眾生都視為經典，即所謂「無常師」、「無師智」、「自然智」的法門。即便自己習性尚未完全去除，亦可救助他人，如船夫身有病，依此堅固船身亦能度人。「船上的人上彼岸，自己也上彼岸」，這就是度他也自度，從利他邁向最終的覺悟。

利他是人與人、人與自己、人與社會、人與自然、國族與國族和諧安樂的一劑良方。利他精神可歸結為，與一切人、事、物都建立愛的關係，人人從無所求的利益他人中，契入無我之境，達到究竟覺悟之境地。自我覺悟，人人覺悟，天下本來一體，萬物本來和合為一。利他的極致就是邁向萬物和合，一切有情安樂自在。

　　本文探討證嚴上人所創的靜思法脈如何在回復原始佛教的精神當中，又創新以適應當代社會，引導當代世人對於佛法的攝受與理解。

　　證嚴上人強調行，於行中覺。他說：經是道，道是路，路要用走的。因此推動靜思勤行道，自己與出

家弟子自力更生不受供養，還投入人群，濟度眾生。這是一種佛法的自度度人的身行典範。

慈濟宗門強調依著法華大義力行精進菩薩道。以一切智起萬行，才能度化無量眾生。靜思法脈以勤行體現真如圓融的佛道，這佛道從證嚴上人的體悟是與萬有和合為一。覺悟的心既與萬有合一，就能不捨眾生，度化一切有情。證嚴上人說：

> 慈悲平等觀。隨眾生根機，雖說妙施權，終說一實法。佛陀應眾生之根機不同，以一切智起萬行。以六度萬行，度化不同根機的人。行萬行成就萬德。得即德。眾生得法，就是我們的德。我們也有充分的智慧才能度千差萬別之眾。所以修德能引眾生得正法。[1]

《法華經》及《無量義經》為靜思法脈與慈濟宗門的核心經典。《無量義經》強調利益群生，無相布施。「付出無所求，付出還要感恩」，藉此體會三輪體空之妙。

《無量義經》既有入世、淑世的理想與願景，亦有內在修習人格的方法與路徑，亦復提供宗教信仰不可或缺的覺悟的法門，亦即性相本空，非有非無，非自非他，本不生滅，涅槃於當下，靜定於動中，從利他到最終的覺醒。

第一節：從緣起契無我 與萬有真理合一

一、宗門核心理念：付出無所求

　　證嚴上人對於佛教思想的體解是掌握原始阿含思想「緣起性空」之理，以「付出無所求」為核心思想。「付出」是「緣起」，「無所求」是「性空」。這使得慈濟宗門的核心思想契合緣起論，又具實踐之意義。

　　證嚴上人以「行」作為修行覺悟的根本，「在做中學，在行中覺」。一切的境界，一切的眾生都是覺悟的契機。主張「依一切緣起修持自心」，在一切境界中轉內心之「一切種識」為「一切種智」。每一境界都是修行的淬煉，每一個世間的染濁都是覺悟的契機。證嚴上人說「眾生的染濁就是我們成佛的養料」，啟發修行者於五濁入世間，利他度己。不只是轉染為淨，而是以染作為清淨的利器。將自我的主動性、能動性激發出來，不畏世間之汙濁，不畏眾生之剛強，世間與眾生就是成佛之地。這體現「涅槃即世間」、「染汙即清淨」的實踐義。

二、宗門思想與佛教經典之淵源

　　以主體思想言，證嚴上人對於浩瀚的佛典是以法華三部為主體。其思想開展之次第以原始阿含思想四無量心、八正道著手，以道德實踐修持自身著手，而行於

《法華經》所示之菩薩道，強調三乘歸於佛乘，菩薩道為諸佛、菩薩生生世世之願力。修行關切的不只人間，一切六道眾生都是諸佛菩薩救度的對象。地藏菩薩之願力恆遠深廣，以「先救他人、再救自己」的大慈悲心度化一切有情，最終臻至涅槃思想之常樂我淨之證悟。

在宗門實踐上，證嚴上人以《無量義經》與《藥師經》為志業開展之方法與路徑。《無量義經》強調「性相空寂、濟助群生」，為宗門之宗經。利他度己，眾生的染汙是自性清淨的養料，在利益一切眾生中求得無上智慧。《藥師經》所示之理想境界為人間之淨土。藥師如來十二大願悉欲眾生皆能「身體健康、心靈富足、物質豐厚」，體現出現世淨土的理想。

在個人修行上，證嚴上人以《四十二章經》開示弟子「斷愛欲以識自心，忍辱行以奉正道，清淨心以覺佛性」。以《三十七助道品》教導弟子從日常的生活中勤行正道，漸次契入清淨自性，並輔以《慈悲三昧水懺》之義理，啟發弟子發露懺悔，不只自己懺悔，還要群體共同懺悔，以經藏演繹數萬人共同入經懺，洗滌塵垢。證嚴上人強調行孝之重要，以《父母恩重難報經》引領弟子家庭和睦始於孝道。從家庭到社會團體，以《人有二十難》勉勵對人之信心，圓融人與人愛的關係，最後以勤行精進不懈之願力，臻於「菩薩十地」之境界。

表一：證嚴上人之思想與經典淵源運用表列：

	經典依據	經典依據	經典依據	證嚴上人詮述
主體思想	《法華經》	《無量義經》	《阿含經》	付出無所求 行菩薩道成就佛道
實踐法門 淑世理想	《無量義經》	《藥師經》	《地藏經》	利他度己 人心淨化、祥和社會、天下無災
實踐法門 個人修行	《四十二章經》、 《三十七助道品》	《慈悲三昧水懺》、 《父母恩重難報經》	《人有二十難》、《菩薩十地》	六度萬行 真如與萬有合一

三、證嚴上人講述佛法之次第因緣

在法的演說上，證嚴上人講述的第一部經典即為《法華經》。一九六九年開始演說《法華經》，兩年後，未宣講完即中斷。一九七二年宣講《無量義經》至一九七三年，然後接著講《藥師經》至一九七四年。

其實一九六六年當慈濟功德會一創立，證嚴上人每月農曆二十四日在大型慈善發放之後，都會宣講《藥師經》，為信眾及貧苦的「感恩戶」[2]祈福。很多志工家裡有人生病，做完藥師法會，病就好了，也因此更加堅信布施與《藥師經》之功德。由此觀之，證嚴上人是從眾生的實際病苦著手，解決他們的生活所需，然後將佛教思想引入信眾的生活之中。藥師如來大願，悉欲眾生身心健康，生活無憂。

證嚴上人傳法的第一部經典即是《法華經》，然後《法華經》系的《無量義經》、《藥師經》。一九七五年到一九八八年十三年中，證嚴上人第二次宣講法華精神。於法華佛七會上講法華大義。其間同時講述《四十二章經》、《地藏經》、《佛遺教經》、《慈悲三昧水懺》等。第三次宣講《法華經》是二〇〇九年，證嚴上人說這是他宣講的最後一部經。

　　對於個人修行的經典，證嚴上人先以《四十二章經》引弟子從斷欲、忍辱、體道入門，然後才是《慈悲三昧水懺》、《三十七助道品》、《父母恩重難報經》等。這期間應該在一九七九年到一九八九年之間。當時慈濟在臺灣已經逐漸家喻戶曉，但還沒有全球化的規模。

　　菩薩道修行的最高境界，《菩薩十地》、《人有二十難》等，證嚴上人於一九八七年至一九九〇年之間宣講完畢。在慈濟全球化之前，證嚴上人已經將主體思想、實踐法門——包括淑世理想與個人修行之主要經典都已講授完畢。其中不斷宣說的（宣講三次）包括《法華經》、《無量義經》、《藥師經》，這三部經典是證嚴上人主體思想與淑世的理想，而《四十二章經》與《三十七助道品》則宣講兩次。可見這兩部經作為慈濟內修法門之重要性。

表二：證嚴上人講述佛教經典之次第因緣表列：

宣講年代	宣講經典	講經因緣
1969-1971年	《法華經》	靜思精舍落成，舉辦佛七宣講《法華經》
1972-1973年	《無量義經》	於靜思精舍宣講《無量義經》
1975-1988年	《法華經》	法華佛七，於靜思精舍宣講《法華經》
1979年	《四十二章經》	每日清晨開講《四十二章經》
1980年	《慈悲三昧水懺》	於靜思精舍講述《水懺》，講至具九斷智。
1981年	《地藏經》	發願籌建醫院，於靜思精舍講《地藏經》
1984年	《八大人覺經》	於靜思精舍講述《八大人覺經》
1985年	《藥師佛十二大願》	籌建醫院募心募款於臺北分會講述《藥師經》
1986年	《佛遺教經》	靜思精舍講述《佛遺教經》於委員聯誼會
1986年	《楞嚴經》	冬令發放，早課後向委員宣講《楞嚴經》
1986-1987年	《淨因三要》	於靜思精舍講述《淨因三要》
1987年	《三十七道品》	於靜思精舍講述《三十七助道品》
1989年	《降伏十魔軍》	於靜思精舍講述《降伏十魔軍》
1989-1990年	《父母恩重難報經》	於靜思精舍講述《父母恩重難報經》

1990年	《人有二十難》	於靜思精舍講述《人有二十難》
1990年	《菩薩十地》	於靜思精舍講述《菩薩十地》
1996年	《九結》	於靜思精舍講述《阿含經・九結》未出版
1998年	《二十一結》	於靜思精舍講《阿含經・二十一結》未出版
2000年	《三十七道品偈誦》	慈濟已全球化，於精舍講述《三十七助道品》
2000年	《調伏人心二十難》	於靜思精舍講述《調伏人心二十難》
2001-2002年	《藥師經》	於靜思精舍講《藥師經》，慈濟會員近千萬
2002-2003年	《八大人覺經》	於靜思精舍講述《八大人覺經》
2003-2008年	《慈悲三昧水懺》	於靜思精舍講述《慈悲三昧水懺》；美伊戰爭爆發
2008年	《無量義經偈誦》	於靜思精舍講述《無量義經偈誦》
2009一至今	《法華經》	於靜思精舍講述《妙法蓮華經》

　　證嚴上人講述經典的因緣時節約可以分為三種類型。一為依佛陀教化眾生的次第，由權而實，由小而大。第二根據當時的社會環境宣講經典之教義，以啟發世人。三是以當時慈濟發展之所需開講經典之意涵，以提示慈濟人遵循之法。

（一）依循佛陀說法次第

證嚴上人雖然沒有宣說完整的四《阿含經》，只有在一九九六年和一九九八年宣講《雜阿含》的〈九結〉，及《增壹阿含》的〈二十一結〉，但是在他宣講的每一部經典中，都循著佛陀說法的次第，經常性地以「四聖諦」——苦集滅道，三理四相入門，告示弟子世間之無常、無我，復以「十二因緣」說明世間之生滅迴圈，然後體解「因緣生法，緣起性空」之真理。世間為無常但要借假修真，以短暫的身修持永恆的慧命。這是生命的雙重反轉。先認識無常、無我之苦，然後趣入世間的染汙苦趣，再以此淬煉恆常真如之本性。

（二）依當時環境說法度眾

二〇〇二年美國發生九一一恐攻事件，證嚴上人在宣講《八大人覺經》，對於國土危脆，人類貪瞋提出警語。二〇〇三年美伊戰爭爆發，世界的局勢充滿了不安與詭譎之氛圍。美伊戰爭是繼阿富汗戰爭、九一一恐怖攻擊行動之後發起的戰事。這時候證嚴上人開講《慈悲三昧水懺》，希望人人大懺悔，經由懺悔化解人與人因驕傲、貪欲而起的怨懟。他不斷地呼籲：「大時代需明大是非、大時代需要大懺悔。」[3]「這個世界的穩定維繫在兩大國家，一是美國，二是中國。美國要反省，中國要安定，世界才會和平。」[4]

一九八九年與一九九〇年臺灣經濟快速起飛，人民生活十分富裕，但奢華之風漸起，人情之溫暖漸

失。證嚴上人此時開講《降伏十魔軍》及《父母恩重難報經》。一九九○年慈濟海外分會紛紛成立，美國分會於一九九一年發起援助孟加拉水患。一九九一年大陸華東水患，慈濟人展開破冰之旅，抵達重災區，不間斷地提供災民物資、藥品、房舍、學校等。這些海外賑災，難行能行。證嚴上人於一九九○年開始宣講《菩薩十地》、《人有二十難》，都是在勉勵慈濟人面對災難艱巨挑戰之信願力。

（三）依慈濟志業發展宣講教義

一九八一年證嚴上人發願蓋醫院，宣講《地藏經》。地藏菩薩悲願：眾生度不盡，誓不成佛。轉地獄為天堂，正是慈濟醫院的理想與目標。醫院籌備期間，證嚴上人宣講《藥師經》，以藥師如來大願醫治一切眾生，令諸根毀壞者具足，如經云：

> 願我來世得菩提時，若諸有情眾病逼切，無救無歸，無醫無藥，無親無家，貧窮多苦；我之名號一經其耳，眾病悉除，身心安樂，家屬資具悉皆豐足，乃至證得無上菩提。[5]

慈濟醫療體現「苦既拔已，復為說法」，即是體現藥師如來的大願力。證嚴上人於慈濟靜思精舍落成，就開始宣講《法華經》與《無量義經》，當時慈濟宗門雖然未立，但是已經觀出宗門經典之思想依歸與實踐法門之建立。是時慈濟的會員超過一千萬人，培訓授證的委員與慈誠已超過數十萬之眾，證嚴上人更強調

內修之重要性，這時再次宣講《三十七助道品》、《人有二十難》，乃至《阿含經》的〈九結〉、〈二十一結〉等，無不是強調修心及道德實踐之必要。慈濟強調內修外行，淑世的志業與內心的清淨行為為宗門之鑰。

第二節：靜思法脈：以勤行禪定、以眾生為師

一、靜思——思惟修、靜慮法

「靜思」，是證嚴上人出家前自取的名字；證嚴上人皈依印順導師，導師賜法名「證嚴」，法號「慧璋」。而證嚴上人皈依印順導師前，於一九六三年在花蓮許聰明老居士家自行剃度，當時法號「修參」。而「靜思」則是證嚴上人出家前自取的名字。「『靜思』為思惟靜慮，即禪定之意；禪也稱為思惟修，定就是靜慮法」。證嚴上人及其出家弟子們共居之寺稱為「靜思精舍」，是以靜思精舍也被認為是全球慈濟人心靈的故鄉；慈濟在全世界的志業道場都稱為「靜思堂」；靜思法脈是慈濟宗門的法源，是證嚴上人入世修行的思想體系。

（一）勤行能靜思 利他即度己

證嚴上人創立「靜思法脈、慈濟宗門」，其所依止的理想為「自度度人」、「利他度己」。在淑世的理想中，契入佛教究竟覺悟的理想。「行」，是淑世的理想與個人覺悟的關鍵。在慈悲與智慧的力行中改善社

會物質與心靈的苦。在悲智行中，淬煉自我的心靈，臻於永恆的慧命。所以證嚴上人說：

> 靜思法脈勤行道，慈濟宗門人間路。靜思法脈的精神就是「靜思清澄妙蓮華」。我們在靜思精舍，從一開始即「內修誠正信實，外行慈悲喜捨」。回歸心靈靜寂清澄的境界，不只要自修自利、獨善其身，還要利及他人、兼善天下。[6]

「靜思法脈勤行道」為「靜思」與「勤行」並重；內修外行兼具；自利利他不悖；靜思在勤行中，勤行才能靜思。證嚴上人言：

> 靜思法脈就是要「勤」，勤就是精進，心無掛礙，沒有雜念，很精、很純，走入靜思法脈這個道場就要殷勤精進。

> 我們的法脈不只是信佛、皈依三寶、念佛、求生西方極樂世界。《阿彌陀經》：「不可以少善根福德因緣，得生彼國。」慈濟人那分付出無所求，不求自己往生西方，只求自心能清淨、無私、無執著，還要走入人群，因為無量法門都在人群中，每個人包括自己都是一部大藏經。[7]

在無私的付出中得清淨，在濟助眾生中得智慧。無私才能清淨，無私才能靜慮禪定。如儒家所言：「定而能安，安而後能慮，慮而後能得。」無私才能定。欲望多，心神渙散飄忽是無法定心。證嚴上人強調無私才能得定力，入人群才能得智慧。

我們學佛不只是念佛，還要學佛心。佛陀說：「心、佛、眾生三無差別。」你心、我心都是佛心，只要「知道」、「行道」，人人都是佛。人人都有一顆佛心，慈濟人還要有師志。我在年輕的時候，一念不忍之心，開啟克難慈濟功德會這扇門，也是一念清淨無私的心，樹立靜思法脈。這要保持內心寧靜無汙染，沒有起心動念，才能到達。[8]

　　禪定在人群內，智慧於勤行中。「思惟靜慮」即禪定之境界，於一切境，一切人，一切事都圓融無礙，都能慎思明辨，寂靜無染，動靜無礙。禪定，以靜思法脈而言是強調在生活中去煩惱，專心一意地度化眾生，是真禪定。所以佛陀語舍利弗：「思惟修，所對之境，思惟而研習之義，即一心考物為禪，或曰：靜慮，心體寂靜，能審慮之義，一境靜念為定。」[9]

　　證嚴上人說身口意都能適中，慎思惟，能以身口意之誠與正度化眾生，是為真禪定。真正的禪定解脫，是與萬物和合的靜定之境。佛乘的戒定慧解脫法是與天地萬物合一的解脫法，證嚴上人說：

　　有人以為，要好好打坐才叫做禪，其實打雜、運水無不都是禪，生活中不離開禪的方法，平時我們要思惟修，開口動念要好好思惟，我們舉手動足、一切身口意業，日常生活中要好好思惟修行的方法，這叫做「禪」。

禪也叫做思惟修，定就是靜慮法。我們的心不能跟著外面的境界，心志要安定，靜寂清澄，志玄虛漠，這就是定，就是靜慮法。思惟修，我們要常常好好思惟，接觸一切境界，要好好思惟。還要靜慮，我們的心要很穩定，這禪定就是靜慮思惟修，就是「止觀」，我們平時的觀念，有時心靜下來，把所有的境界回歸一處，也叫做止觀，我們要學一個心，學佛一定要用心去探討，名詞不同，禪定或是止觀，無不都是要我們的心集一處，不要把心散亂。

我們必定要時時顧好我們的心境，這是佛陀用各種的方法，要讓我們修，應我們的根機接近修行，這就是止觀不二，我們的思惟會合起來，戒定慧不二的境界都叫禪定，禪定就是這麼簡單，思惟修與靜慮的境界叫做禪定。

求證佛乘是為定慧解脫法，既然要修佛，希望成佛，心接近佛的心，與宇宙天體會合而為一，這一分覺悟的境界就是定慧解脫的法，我們要時時用心在這分靜與定，要用心修習。[10]

證嚴上人創立的靜思法脈之終極理想就是要修行者不斷地在利益眾生中，去除自我的貪欲、執著，以利他行動去除自我，直到五欲煩惱盡除，並在眾生及一切境界中都能思惟靜慮，修得智慧，乃至與一切境界、一切眾生、一切萬有都圓融無礙，亦即證嚴上人指出：「我們心接近佛的心，佛心與宇宙天體會合而為

一，這一分覺悟的境界就是佛乘的定慧解脫法」。

真如是必須在現實生活中內修外行，才得此清淨圓融妙樂的功德。證嚴上人說：

> 三界皆是一相，聖所稱歎，能生淨妙第一之樂。一相，二眾生之心體，皆具一實之真如。如來之教法，一實之理相，即等同真如，非有雜染。皆是一相一種，聖所稱歎，能生淨妙第一之樂，我們的心思能思惟修，靜慮，這種的禪定止觀，看這些東西，包括人事物，我們的心不要再雜亂，這叫一相一種；一相是眾生的身體，就是真如本性。我們人人本具的真如，就是一實。如來的教法示眾生一實之理相。佛陀教育我們回歸真如的本性，即等真如，非有雜染。

> 真如，就是一種圓融常樂，時時很圓融，我們的心常樂淨，這就是最清淨、最微妙的快樂，皆是一相功德。內修外行的功德就是眾德本，所有功德的根本，就是一種一相的功德，就能生無上法樂。這就是我們心要定，不管人家怎麼障礙我們，既然決定要救人就是救人，不管外面有什麼障礙，也是一相一種功德，是眾德根本，就是我們的禪定智慧。解脫才能得到常樂我淨的快樂，我們學佛必定要用很真誠的心來修習。[11]

（二）恒持為眾生付出、通達無量法門

靜思法脈就是於勤行中修習靜定法，在不斷地為

人群付出中去除五欲。在恆持的精進中，慈悲等觀一切因緣、一切事物。以此，體現眾生平等、萬物和合相連，以契入真如本性與萬法合一的大智慧。

證嚴上人用《無量義經》的一段經文詮釋靜思法脈的真義：

> 慈濟人做中學、學中覺，都不離《無量義經》法髓。《無量義經》經文「靜寂清澄，志玄虛漠，守之不動，億百千劫。無量法門，悉現在前，得大智慧，通達諸法」，就是「靜思法脈」。[12]

證嚴上人在一次開示中曾論及他自己修行的經歷，體會到《無量義經》的「靜寂清澄，志玄虛漠，守之不動，億百千劫」的絕妙境界。當時他獨自在小屋修行，禮拜《法華經》，一句一拜，當他念到這句《無量義經》經文，頓時覺得完全相應他的心境。

「靜寂清澄」，心到達絕對的靜，欲望就止寂了；欲望止寂，心就能清澈無比，就像水中無雜質，才能澄照萬物。「靜寂清澄」，就是離欲之後內心的寂靜狀態。

但人如何做到離欲呢？誦經？打坐？從對證嚴上人思想的理解，立志為眾生付出，心心念念為眾生，無私，大愛，所以常保內心的寂靜。之所以能「靜寂清澄」，就是因為「志玄虛漠」的緣故；「志玄」是要我們立志高遠，「虛漠」，是指此高遠的志，要有虛懷若谷的心，同時胸懷廣漠無邊。慈濟宗門強調只要能

全心全力利益眾生，就能離欲。

對於慈濟的法門經常有人問證嚴上人，為眾生奔忙心就能寂靜嗎？為眾生煩惱稱得上寂靜嗎？證嚴上人說菩薩的心像鏡子，眾生拿著苦、樂、惱、淨的各種境界來映照，都能清澈的反映他們的心境。但是鏡子沒有汙染，境界一離開，鏡子依然明亮。這就是不斷煩惱，而入涅槃。這契合《維摩詰經》所主張：「諸佛不斷煩惱，而入涅槃。」

離欲是寂靜的前提，寂靜是離欲的狀態。證嚴上人更常使用「清淨」一語，而非「寂靜」一詞。「清淨」是一種無染，是一種蓮花不著水，入塵世不染濁的境界。「寂靜」比較讓人感受到身心停留在靜止狀態，而非在行動中、在入世中保持不染濁的心。證嚴上人的思惟總是「以行動的、入世行的」為基礎。在入世利他的行動中，心永遠保持無所求、無汙染的清淨。

離欲，在慈濟的宗門是進入欲望世界，卻保持出離欲望的精神狀態。這狀態是「不即，亦不離」。這契合佛陀「原本不生，今亦不滅」，能動又超然的生命狀態。在現實的利他行動中離欲，而不是在靜止的狀態下止欲。越能付出，心越無私。無私付出之際，即離欲。心，只有在全然付出的那一刻，才見證它的無私狀態。

欲，在心中，不是用消除法，而是以行動去超

越，特別是利他的行動。證嚴上人強調「以出世的心，做入世的事」，即既入因緣又超越的一種心境。而具體實踐的方法就是他所不斷強調的「無所求的付出」。在無所求的付出中修持靜定，亦即「靜寂清澄」的境界。「靜寂清澄」仍須「志玄虛漠」，更因為「志玄虛漠」之故，才能「靜寂清澄」。這種「內修靜定」與「外行悲智」是互為因緣。能恆持這種內修外行兼備，「守之不動，億百千劫」，在不斷地為眾生付出中，才能得「無量法門」、「悉現在前」。正因為眾生無量，法無量，眾生是最好的經典，眾生的剛強習氣是修持智慧最好的契機。如此億百千劫的精進努力，臻至「得大智慧，通達諸法」。

二、多用心法門——無師智、自然智

眾生無量，法無量。通常指的是對治眾生的法無量。證嚴上人則是眾生都具備法，向無量眾生學習無量法。眾生是道場，用心於眾生的心，用心向每一個眾生學習就是覺悟的契機。證嚴上人向靜思精舍的常住二眾說：

> 我給你們的法門只有一個，多用心。多用心法門，能一門深入，才能得到慧命的皈依處。[13]

> 志工的心得就是經。你們應該多去聽他們的分享。師父常常告訴你們，經不是在口頭上，不是在耳朵裡，經是放在腳上，應該用心體會過來人的道

路。所以經就是道，就是道理。[14]

　　如果大家問我是怎麼成就，老實說，我不是從法師的說法體悟的，也不是從你們師公的法語體悟的，我皈依師父後，就離開師父。我雖然到臺中時都會去看你們的師公，報告慈濟現在的狀況，但是我並沒有時間受教於他老人家的法。但是他老人家的德在我心中深深受用。這不是要無師自通嗎？對，就是要有無師智、自然智。每一個人都有無師智、自然智，這要看自己如何啟發及受用。[15]

　　證嚴上人這段話說明他是以眾生為師，所謂聖人無常師，以眾生的心為道場，所以要弟子們常常聆聽慈濟志工的心得，這些心得都是「用腳」實踐出來的智慧。證嚴上人說：

　　所以我把每一位志工看成真正的菩薩，他們走過的路就是「經」。真的很感恩。我是把他們當作菩薩現身在我面前說法，而不是把他們當成是我的弟子。當他們在心得分享時，他們所說的每一句話我都很受用。諸位，為什麼活生生的「經」在我們面前，我們輕易放過呢？所以你們要多用心。[16]

　　值此歸結，證嚴上人期待建立的靜思法脈之法門，就是用心向諸眾生的實踐心得學習。建造自我心靈道場的路徑，就是以眾生為道場，向眾生學習，為眾生付出，與眾生結善緣。這應是慈濟宗門「內修與外行」互為一體的特色。證嚴上人說：「修行要修德，

得人疼就是功德。」「德者，得也；得人疼、得人緣即德。」「內能自謙是功，外能禮讓是德。有這種功德，就能得人疼。」[17]

第三節：於群體中修行、以無所求覺悟

一、慈濟宗門人間路

「慈濟」二字之意，依證嚴上人言：「慈，是予樂；濟，是拔苦。慈濟二字就是予一切眾生樂、拔一切眾生苦，也就是慈悲法門。」[18]證嚴上人在創立慈濟五十年之中，以行善度化困苦的眾生。「教富濟貧、濟貧教富」，實踐「苦既拔已，復為說法」的佛教精神，也能啟發貧者心靈富足，去幫助更貧困的人。這體現三輪體空之理，沒有施者、沒有受者、連布施都超越。這是「利他度己」的法門。

在過去這幾十年中不斷地有人向證嚴上人問起，慈濟是屬於什麼宗？證嚴上人的回答就是「慈濟宗」[19]。二○○六年一次回答美國慈濟人的詢問時，證嚴上人這麼說：

> 曾經有人問我，慈濟既不是禪宗，也不是淨土宗，屬於佛教何種宗派？現在我告訴大家，我們是「慈濟宗」。慈濟人要以人與人之間為道場，修行無量法門。[20]

而在二〇〇六年的十二月，慈濟基金會創辦人證嚴上人，在花蓮靜思堂面對將近千位慈濟志業體的同仁及幹部，於精進二日共修活動結業典禮中，以一個半小時的時間開示「慈濟宗門、靜思法脈」的意涵與其因緣。證嚴上人說：

　　慈濟宗門，「宗」即宗旨，大家依其出家入慈濟宗門，入此門來就要守住慈濟之宗旨。慈濟宗旨，就是人間菩薩道。[21]

　　我們的宗旨就是走入人群，去知苦、惜福、造福，這就是靜思法脈，慈濟宗門……作為佛陀的弟子，要能體會佛陀在人間出生、在人間覺悟、傳法於人間，就是要開啟能夠在人間運用、度化世人的人間佛法。既知世間沒有「永住」的事物，也了解人生無常之理，知苦就要堪忍，修得忍而無忍的功夫，輕安灑脫，即能脫離「三苦」。

　　其實「靜思法脈」不是現在開始，「慈濟宗門」也不是現在才說。早在四十多年前，我在皈依時從師父得到「為佛教、為眾生」這六個字的那一剎那，就深植在我心中，直到現在。

　　靜思法脈「為佛教」是智慧；慈濟宗門「為眾生」，是大愛。我的師父告訴我「為佛教，為眾生」，我則告訴慈濟人「以佛心為己心，以師志為己志」，一脈相傳。希望立體琉璃同心圓如水漣一般，一滴水，圈圈擴散，漸至全球，達成佛法生活化，菩

薩人間化。慈濟人沒有專事念佛，也沒有參禪打坐，就是入人群行菩薩道，為天下苦難付出，有別於各宗派，但確實依循佛陀教育，走過四十年，普獲肯定，所以如今立宗，大家也要堅定前行。[22]

證嚴上人以「教、行、證」三法引導慈濟人體解佛道，亦即慈濟法門的修行者，必須接受「教」法，同時身體力「行」教法，最終印「證」教法。[23]證嚴上人以《法華經》經文「以慈修身，善入佛慧，通達大智，到於彼岸。」說明在慈濟法門中，世間法和佛法相互融通，實為一體，互為印證：

> 「以慈修身」是說，慈濟人付出無私大愛，希望天下眾生能得歡喜、幸福、安穩、自在的人生。「善入佛慧」是說，慈濟人以清淨心走入眾生苦難中，設法解除眾生苦難，當下開啟的智慧就是貼近佛智的大智慧。深入世間疾苦，開啟人人本具與佛同等的慈悲與智慧，這分「通達大智慧」，能度過各種困境。若能以對方為師、相互學習，便能延續彼此慧命，度過煩惱河「到於彼岸」。[24]

證嚴上人強調力行「以慈修身，善入佛慧，通達大智，到於彼岸。」就能在菩薩道上安穩前進。

二、從對治悉檀探討慈濟立宗

古代中國佛教之立宗是印度佛教在中國深根開展的關鍵。中國文化對佛教吸納之契理契機，亦是彼

地、彼時、彼人對佛教之體解。第一個立宗的天臺宗以龍樹《大智度論》為思想指導，以《法華經》為宗經。立宗的智顗大師將思想溯源至印度龍樹菩薩為其第一代祖師，而其師父慧思為三祖、慧文為二祖，自己則是第四代宗師。這個時期對於佛教思想的判別與理解是立宗的核心。天臺宗的成立是佛教中國化的重要關鍵。吉藏的三論宗以《中觀論》、《百門論》、《十二門論》為思想基礎。法藏的華嚴宗以修習《華嚴經》為最高思想依據。法相宗、唯識宗以唯識學開展佛教的萬法唯識的唯心思想體系。禪宗以《金剛經》、《楞嚴經》為法要，強調即身成佛、當下頓悟。淨土宗以《無量壽經》、《阿彌陀經》、《觀無量壽佛經》及世親的《往生論》為思想及修行依止。道宣的律宗以《四分律》，依從戒律為修行旨趣。密宗以《大日經》、《金剛頂經》建立三密瑜珈、事理觀行、修本尊法。[25] 綜觀古代中國佛教之立宗，多以思想之判別為其宗派發展與修行之依止。相較於以思想的判別為主的古代中國宗派，當代漢傳佛教的立宗更多強調對現世時代需要的對治與呼應。佛教為解決現世間眾生之難題，所提出的因應作法，為當代佛教立宗之因緣。一如人民大學何建明教授所云：

> 可以這麼說，以佛光山、慈濟功德會、法鼓山和中臺山為代表的現代臺灣佛教宗派，已經完全超越了中國古代佛教的傳統宗派特點，而具有了

積極適應現代憲政社會的科學化和全球化的時代發展要求的鮮明特徵。它們不再以教義的判教（如三論宗、法相唯識宗、華嚴宗和天臺宗等）或堅守某種獨特的修行方式（如天臺宗的止觀、禪宗的坐禪、淨土宗的念佛和密宗的密法等）為教團的宗派特徵，而是在太虛大師以來的契理契機的現代佛教所主張的八宗平等、並行不二的基礎之上，追求正知、正見、正信、正行和正覺為目標，以文化、教育和慈善為中心，自覺適應現代社會人生的需要和積極調適現代社會文化思潮而建立起來的各種不同的新型僧團制度、弘法理念及其實踐方式。[26]

筆者從四悉檀中之「對治悉檀」為立論點，主張從當代佛教諸宗派以對治「此時、此地、此人」的貪、瞋、癡為目標，因而提出諸種實踐法門，以作為佛陀教法當代性的體現與開展。這是當代佛教各宗派立宗的共同旨趣。當代佛教各宗派以對治悉檀為核心，能為應機說法即「各各為人悉檀」；並以無量佛法引領性、欲無量之眾生逐漸契入「世界悉檀」，亦即雖恆順眾生但終究引其體會因緣生滅法；直到悟入「第一義悉檀」之一乘真實法。

對治悉檀的諸法門之提出與開展，是當代佛教諸宗門立宗之根據，亦是佛弟子對佛法領悟後的創造力。

何建明教授認為，從太虛大師建立人生佛教的概念之後，太虛大師所期望的佛教必須是世界的、人生

的、科學的、實證的。臺灣佛教的各大宗派恰恰實踐了太虛的願力。何建明說：

> 太虛大師提出現代佛教（佛學）必須是：人生的、科學的、實證的和世界的，而當今臺灣佛教的發展，在這四個方面都取得了典型示範：

> 著眼於現世人間關懷，盡心盡力拯救人生苦難生態災難，要數證嚴及其慈濟功德會；著眼於適應現代科學發展需要，建立中國現代佛教學術，要數聖嚴及其法鼓山教團；著眼於中國佛教的現時代之弘傳，適應世界化和全球化發展，要數星雲及其佛光山教團；著眼於中國佛教的禪修傳統，適應當代社會人生的實證，要數惟覺及其中台山教團。[27]

慈濟宗以行善為修行的法門，從行善到體現一切善行，斷一切惡。從利他度己體現大乘菩薩道精神，亦即「菩薩度化有情，常在生死利益眾生」；「未能自度先度他，菩薩於此初發心」[28]，如印順導師所陳「從利他中去成佛」，亦如《無量義經》所述，「船師身嬰重病……而有堅牢此大乘經無量義辦，能度眾生」。[29]證嚴上人所述，「船夫身有病，船身堅固能度人」。菩薩雖無明未盡除，如有病的船夫，但依靠佛法，能度化眾生到彼岸，等乘客上岸了，船夫也登上彼岸。[30]

三、以《無量義經》開展宗門、安忍度有情終成佛道

　　慈濟宗門以《法華經》之《無量義經》為宗經，人人為大眾做大導師。如《無量義經》云：「無上大乘，潤漬眾生，諸有善根。」「船師、大船師，運載群生，度生死河，置涅槃岸。」[31]《無量義經》的主要精神內涵就是「性相空寂、濟度群生」。因此「靜思法脈」與「慈濟宗門」是內修清淨，外行慈悲；不只度他，還要清淨自性。因此證嚴上人詮釋說：

　　　　四十多年來，從臺灣到國際，慈濟人做中學，學中覺，都不離《無量義經》的法髓。《無量義經》中的偈句：「靜寂清澄，志玄虛漠，守之不動，億百千劫」，就是「靜思法脈」；「無量法門，悉現在前，得大智慧，通達諸法」，就是「慈濟宗門」。

　　　　靜思法脈，內修清淨心；慈濟宗門，外行苦薩道。靜思精舍為慈濟的精神起源，是「靜寂清澄，志玄虛漠，守之不動，億百千劫」，恆守初發心的清淨；慈濟宗門則要入世，以智慧應眾生的需要。以無量法門精神往外推行，所以是「無量法門，悉現在前，得大智慧，通達諸法」。[32]

　　　　每個人都是一部經典，深入人人的心靈世界，即是深入人間大藏經，則「無量法門，悉現在前」。而走入苦難人世界的同時，也要深入自我的心靈世界；如此不但對人有善的影響，也能改革自

我心靈。人與人之間為修行道場。不經一事，不長一智，在慈濟宗門中見證無量法門。[33]

「慈濟人間路」，慈濟宗門以度化人間，改善世間的種種苦為其理想。與傳統佛教所偏向的、度化眾生就是給予佛法，慈濟強調「苦既拔已，復為說法」。佛教為解決世間現實的苦難，物質的、心靈的、個人的、社會的，都是其關注的目標。慈濟宗門體現佛教利他的精神，視萬物為一體，利他的行動是共善的，是群體的，每一個人都必須投入，每一個都得度，世間才是淨土。因此地獄不空，誓不成佛。

慈濟宗門力行菩薩道，證嚴上人勉勵慈濟人在此生竭盡心力擁抱蒼生，為眾生付出，往生時體現此身非我有，用情在人間，捐大體教導醫師及說明更多需要救助的人。而後乘願再來人間，直到眾生度盡，方證菩提。證嚴上人強調，涅槃在當下。「心不受欲念引誘，能以智慧轉境界，才能安住涅槃寂靜，身心輕安」。[34] 亦即「當下一念愛心不滅，欲念不生，就是涅槃寂靜」。在「無所求的付出中」淬煉自心，回歸清淨的如來本性。

慈濟宗門的創立，其特質正是以「行」——「入世利他行」作為修行的法要。人間的汙濁才是成佛的養料。不只轉自身的汙濁為清淨，世間的汙濁就是自心清淨的利器。「如蓮花藉由汙泥而清淨，蓮花的生長也同時清淨了池中的汙泥。」[35]

慈濟宗門將「淑世的理想」與「個人修行」結合一體，利他與度己平等不二，無先後，無差別。利他之際就是度己，度己就是通過利他獲致。慈濟宗門強調群體修行，在無私的共善中，打造人間淨土。在群體的大愛中，個人情感臻於究竟的清淨。慈濟人「在付出中得歡喜，在戒律中得自在，在群體中得自由，在利他中覺智慧。」以徹底的「利他」行，體現佛陀慈悲等觀的智慧，最終臻於「眾生平等，萬法為一，萬物一體」的究竟覺悟。

　　慈濟宗門強調依著法華大義力行精進菩薩道。行菩薩道必須依著法華經義，以一切智起萬行，才能度化無量眾生。靜思法脈以勤行體現真如圓融的佛道，這佛道從證嚴上人的體悟是與萬有和合為一。覺悟的心既與萬有合一，就能不捨眾生，度化一切有情。證嚴上人說：

　　　　慈悲平等觀。隨眾生根機，雖說妙施權，終說一實法。佛陀應眾生之根機不同，以一切智起萬行。以六度萬行，度化不同根機的人。行萬行成就萬德。得即德。眾生得法，就是我們的德。我們也有充分的智慧才能度千差萬別之眾。所以修德能引眾生得正法。

　　佛陀的真實法讓眾生遮住外惡不侵入，外境煩惱不入心。於內能持善法才是修行。惡不入，內持善，也要行於眾生中，度化眾生。我們說法度眾生，法必

須存於心，才能說法。[36]

四、內修誠正信實、外行慈悲喜捨

證嚴上人強調慈濟宗修菩薩道的行者一定要內修
「誠、正、信、實」、外行「慈、悲、喜、捨」。面對
一切眾生都能以誠以正，面對一切事，信實無礙。其
生命理想就是透過「誠、正、信、實」的踐履。證嚴
上人言：

> 「誠」是專精不雜；凡事出自內心的真誠，並
> 且無所求地付出；「正」是無偏差；從凡夫到聖人
> 的境界很長，須正大光明，無有絲毫偏差；「信」
> 能長養一切諸善根，信念堅定才不會受外境影響；
> 「實」是平平實實待人處事，所做一切都自認為本
> 分事。

> 我們要誠、正、信、實入人群中。我們的心
> 如果還有欲，要幫助人，那就是有條件。我們必定
> 要心無欲念，要很清淨，沒有名利等等的煩惱，這
> 樣付出才能真的很輕安自在。[37]

證嚴上人期許與教導慈濟人要「以佛心為己心，
以師志為己志」，「佛心師志」即行菩薩道，利益眾
生，期望自己與眾生都能得清淨解脫智慧。證嚴上人
強調菩薩行要從去除五欲、去除煩惱著手。而去除煩
惱則是「以誠待天下，以正為生命，以信行世間，以
實待萬物」。

證嚴上人認為求佛乘就是要從「誠、正、信、實」入手。誠正信實是相應於戒定慧解脫。證嚴上人說：

　　　　誠正信實是我們的本分事，我們依此才能求證佛乘，這即是戒定慧解脫的方法。成佛不離開這些事情。第一要發大乘心，菩薩行就是大乘法，大乘法第一個條件就是要遠離五欲。

　　　　菩薩行者，遠離五欲諸煩惱，思惟修靜慮法，勤精誠修習，求證佛乘，是為定慧解脫法。煩惱都是從五欲開始。外面的境界，內心的動念，無不都是因為五欲，五欲會惹來很多煩惱、無明，用心戒除五欲才能夠遠離煩惱，所以我們要思惟修、靜慮法。

　　　　「思惟修」就是「禪」，「靜慮法」就是「定」。我們要很認真、很專心來修習這個菩薩法，菩薩法除了去除五欲、遠離煩惱，同樣在修禪定。[38]

　　慈濟宗門的內修外行，內修是智慧，外行是造福。智慧者造福，造福中得智慧。四無量心「慈、悲、喜、捨」是慈濟宗門四大志業的源頭。慈是慈善志業的精神，悲是醫療志業的骨髓，喜是人文的真諦，捨是教育的目標，慈濟的四大志業之拓展都是依循「慈悲喜捨」四無量心而建立。證嚴上人認為佛陀千經萬論對人們的教育，不離慈、悲、喜、捨。他說：

　　　　慈悲喜捨，不是用嘴說的，一定要身體力行，走入人群付出。無論哪一個地方有苦難，都要盡己所能、伸出雙手去扶助，讓苦難人能夠站穩、

再向前走。這必定要有無私的大愛;無私,就是誠正信實。人不能離開土地,能腳踏實地,每一步方向都正確、穩穩實實踏好,就是誠正信實。

慈濟人必定要內修「誠正信實」。日常生活中時時自我反省——心有沒有照顧好?對人是否虔誠?做事能否守信用?走的是正道、說的是正語、行的是正法、從事的是正業嗎?有些人看到「慈濟做得很好,我好感動」,一時發心而投入;但過程中覺得太辛苦或遇到困難就退轉,無法長久守「志」不動。若能內修誠正信實,達到「靜寂清澄」,就能「志玄虛漠」,進而「守之不動、億百千劫」。

佛教藏經中的法,其實不離人間法;人間,就是人與人之間。藏經既然在人與人之間,所以慈濟人要以人群為道場。每個人都是一部經,若能用心解讀,則「無量法門,悉現在前」,就能在人群中成長智慧。

心能誠正信實,就是智慧;慈悲喜捨付出,就是造福。內修誠正信實、外行慈悲喜捨,就是福慧雙修。[39]

證嚴上人勉勵慈濟人行菩薩道,要當眾生的不請之師。慈濟宗門以自主的發願為本,以愛為導,以戒為師。難行能行,人間一切人事物的挑戰都是成就佛道的契機與因緣。證嚴上人以佛陀行將入滅告誡弟子的話闡述大慈悲的意義:

佛陀行將入滅,阿難在外痛哭。有比丘就告

訴阿難，怎麼在這時候哭泣？應該把握最後因緣請
問佛陀——佛滅度後以何為師？佛滅度後不肖弟子
怎麼處理？於是阿難就請問佛陀，佛滅度後以何為
師？佛陀回答「以戒為師」。那不肖的弟子如何處
理？佛陀說：「默擯。」我常說以戒制度，以愛管
理。出家守戒，在家守規，以愛管理，才是佛弟
子。惡因、惡緣引誘就跟隨之，則永遠無法修行。
佛視眾生為稚子，無差別的教化，令其開悟，體解
正道。

佛陀所體解之法，包含宇宙之一切，弟子要勤
學習。不肖弟子，默擯。米世佛陀乘願再來，還要
再教化他。連提婆達多，不斷迫害僧團，佛陀仍於
《法華經》中授記提婆達多未來成佛。因為提婆達
多的迫害，增加佛陀的意志與智慧；因為提婆達多
的迫害，增加佛陀的毅力，度化更多的眾生。[40]

對一切眾生都慈悲等觀，不憎、不怨、不悔、不
棄，生生世世都要救度成就一切有情。連提婆達多佛
陀都諭示將來作佛，可見佛陀的慈悲是將萬有視為一
己，一己即為萬有。「以平等心，教眾生無差別。又於
諸法平等，修行之心。具出世無漏種子，同聞佛法，
平等為佛子。」[41]

眾生無量法無量。佛陀教法具無量數，皆可教化
眾生出離色界、欲界，成就大乘菩薩法。所以證嚴上
人期許眾弟子要趕快接受，不要遲疑，不要以煩惱障

礙自己的修行。

　　證嚴上人強調，菩薩入人群中最重要的就是必須以「忍」。芸芸眾生煩惱垢重，常常以怨報恩，如果不能忍，就無法入人群度眾生。證嚴上人說：

> 　　眾生本來就是有如此的無明煩惱。而菩薩都知道，所以不會因此影響他的道心，所以堪得承受如此糟蹋與考驗。如佛陀告訴諸子，佛子原本該得大車，不必執著於小乘之緣覺、聲聞。所以諸子要能棄小向大，行菩薩道。「若回小向大之大乘眾，亦得稱為菩薩。」所以我們不要怕被眾生煩惱所困，要堅定地走入人群，度化眾生。[42]

　　菩薩道難行，忍得，忍德，為最要。為眾生的諸佛菩薩累劫以來就是如此在娑婆世間為度化眾生而付出。在付出中修行。一切的境界與眾生都是菩薩增長慈悲與智慧的契機。眾生即道場，世間即道場；眾生即經典，入眾生，就是入經藏；在人人心中取經、得智慧。在煩惱的人間長養慈悲，是《法華經》所示的菩薩道。法華之喻如蓮花，在淤泥中成就究竟佛道。

五、慈濟宗門四門四法四合一

　　證嚴上人以四法四門四合一來建構宗門之運作。「知足、感恩、善解、包容」為慈濟人內修之四法；「合心、和氣、互愛、協力」則是外行四法；其中「合心、和氣、互愛、協力」被稱為慈濟組織運作的「四

法、四門、四合一」。

　　證嚴上人對於慈濟之架構的理念是採取佛教圓
形觀作為組織的概念。一切慈濟人皆為平等。資深志
工為合心，負責法脈傳承，在第一線負責社區的志工
為協力。中間有和氣負責規劃，互愛負責跨社區的執
行工作。合心志工回到社區接受第一線協力志工的調
度。和氣與互愛志工回到社區一樣接受協力志工的工
作分配。證嚴上人說：

　　　　合心隊組跟隨師父有很長一段時間，了解師
　　父的作法，能傳承「舊法新知」而無阻礙。過去
　　的，我不用解釋很多，未來我要做的，我一說，他
　　們就能了解入心。而傳達師父的訊息後，合心隊組
　　要回歸鄰里，幫忙協力隊組，或者接受任務分配。
　　所以合心隊組的資深委員其實也在協力隊組中。[43]

　　因此，這種圓形的組織，無上無下，非上非下，
一切平等無礙。就理念部分言之，「四門四法」——合
心、和氣、互愛、協力，意指慈濟人「志要合心」、
「相待和氣」、「人人互愛」、「付出協力」。證嚴上人
說：「諸法合心最善念，團隊和氣覺有情，人間互愛度
眾生，從事協力緣覺行。」[44]

　　慈濟宗門即為「四門四法四合一」；「四門」之思
想意涵為：

　　「合心」是「總持門」，即總一切法，持一切善。
修行是為了回歸本具的清淨心。即具足慈悲之「福」，

喜捨之「慧」。

「和氣」是「和合門」,即和聖賢心,合菩薩道。當橋與船,度凡夫到聖人之境界,人人和氣,才能從此岸到彼岸。

「互愛」是「觀懷門」。內觀自在心,懷抱眾生苦。互愛是大道,人與人互愛才能通達大道。心要寬、要自在,才能通往佛菩薩大道。

「協力」是「力行門」;力持諸善法,行遍人間道。協字是由三個力組合,三是眾的意思,結合眾人之力,就是力行門。[45]

「四法」——立體琉璃同心圓,菩提林立同根生,隊組合心耕福田,慧根深植菩薩道。[46]

證嚴上人強調,利他實踐是團隊的,非為個人所及。「行入人群度眾生必定要有團隊。」[47]他要慈濟的出家人與在家弟子彼此合作,互相尊重,互相依仗,才能走入人群度眾生,將佛法傳於社會之中。

「四法四門」是指慈濟人都是圍繞著一同心圓,行菩薩道,師志為己志,期圓滿佛智。同根生於靜思法脈與慈濟宗門;男眾為隊,女眾為組,隊組合心耕福田,智慧的根深植於為眾生無求付出的菩薩道。證嚴上人言:

> 慈濟人付出無染的大愛,心淨如琉璃。四合一的立體像地球,地球在宇宙間有公轉、自轉;每一社區以師父為中心作公轉,各社區會務之推動則

為自轉。[48]

四門、四法不只是慈濟宗門的理念，更是慈濟宗門的組織架構。組織架構及實踐部分在下一章節再進行探討。

證嚴上人對於慈濟宗門強調「內修誠正信實」、「外行慈悲喜捨」；在組織上建立「四門四法四合一」。其宗門目標就是建立在佛陀利他精神的基礎上度化自心，最終達到「自他不二」，眾生都得脫度，與萬物、萬法相合的覺性圓滿之境地。這當然是累生累世的修持才能獲得。

表三：靜思法脈的內修與外行：

法脈	理念	修持	路徑	願行	願果
內修	靜寂清澄	勤中靜	眾生即經典	守之不動 億百千劫	得大智慧
外行	志玄虛漠	做中覺	淤泥成佛道	無量法門 悉現在前	通達諸法

表四：慈濟宗門的內修與外行

宗門	理念	修持	路徑	願行	願果
內修	誠正信實	智慧	四法	無私付出	菩薩十地
外行	慈悲喜捨	造福	四門	慈悲等觀	萬法合一
組織	四法	四門	四合一	師志	佛心

第四節：本體思想：契一真實法、度無量眾生

一、付出無求與緣起性空

貫穿整個慈濟最重要的思想核心，就是證嚴上人所強調的「無所求付出」，而這核心思想來自佛教原始阿含「緣起性空」之理。佛教之「緣起性空」，指一切萬法皆為緣起，沒有本質，一切萬物都是相對關係，我們珍惜這個因緣，珍惜這個相對關係，故為「大愛」。證嚴上人講「拉長情、擴大愛」。以拉長情，轉化私情之牽絆；以擴大愛，轉化眾生對五蘊世間的執著。

印順導師將「緣起與性空」視為一體。性空是針對緣起談的。人的覺悟應該在緣起處體會性空。導師認為「性空」，是在緣起處把握的；在每一個因緣中，入因緣，又同時保持著超越的心境，這即是「在緣起處性空」。

證嚴上人將之轉化為「付出無所求」。付出是緣起，無所求就是性空的根本。證嚴上人以無所求的付出的理念，啟發慈濟志工付出同時還要感恩，感恩我們有機會、有能力能當一個手心向下的人。「付出無所求」，付出的人還向接受幫助的人表達感恩，這是體現佛教的三輪體空之法：無受者，無給予者，連施予都超越。

證嚴上人認為，付出之後要能沒有煩惱罣礙，就

必須無所求。無私的愛才是菩薩的大愛，才是清淨無染的佛性。證嚴上人用創造性的現代語言，讓眾生能從生活中，從付出中重拾自身清淨的本性。所謂做中學，做中覺，實踐是學佛最好的法門。以利他行，達到靜定，印證「緣起性空，性空緣起」之理。

證嚴上人用「以出世的心，做入世的事」一語，來描述這種既「進入因緣、又超越它」的心境，而具體實踐的方法就是「付出無所求」。「付出無所求」也具體實踐「性空與緣起」之深義。「付出」是一種緣起，「無所求」就是性空。付出的那一刻心無所求，就是在緣起處性空。證嚴上人以創造性的語言「付出無所求」，讓「空」、「有」兩觀超越它表面的對立，而賦予它實踐的內涵。他所建立的慈濟宗門，試圖把佛陀的離欲、性空等教義，融入現實的生命，並淬煉它的實踐意義。

證嚴上人以法華三部作為靜思法脈、慈濟宗門依止的經典。其中《無量義經》更是慈濟宗門的宗經。《無量義經》的核心理念是「性相空寂」與「濟度群生」；以證嚴上人的話語就是「無私、大愛」。「無私」，是邁入「性相空寂」的必要狀態；「大愛」，是「濟度眾生」的心靈源頭。以無私的心廣澤大愛於人間，是證嚴上人實踐《無量義經》的入世法門。[49] 無量義者，從一法生；其一法者，即「無相」也。無相不相，不相無相，名為實相。要真實地理解《無量義

經》所述的「無相」要從何開始？從感恩之心開始。證嚴上人強調，付出不只無所求，付出的同時還要感恩。以感恩心付出就能逐漸去除我相與分別心，而做到歡喜付出、無相付出，是真正的付出無所求的境界，以證嚴上人的理念就是無私平等的大愛。

二、慈濟宗門法華思想之詮釋

證嚴上人以《法華經》作為靜思法脈、慈濟宗門的最重要經典。《法華經》開權顯實，講述佛陀心中的理想，行菩薩道入佛乘。佛陀雖以三乘教化弟子，實為三乘歸一乘，一乘即佛乘。

證嚴上人過去四十九年中講過三次《法華經》，第一次是在慈濟功德會成立後的第三年，一九六九年到一九七一年之間，但是沒講完就中止。第二次講《法華經》是在一九七五年到一九八八年之間藉著靜思精舍的「法華佛七」的機緣宣講《法華經》。這個時期是慈濟醫院剛剛蓋好，慈濟的教育志業正在起步的階段，這時期的《法華經》講述都只是摘要地講，真正的系統性的《法華經》之宣講是二〇〇九年迄今，每日四點半靜思晨會證嚴上人宣講《法華經》，迄今（二〇一五年底）已經講到〈化城喻品〉。證嚴上人多次對弟子們提到這是他最後一部講述的經典。從慈濟功德會一開始，到證嚴上人預計中的此生最後講述的一部經典都是以《法華經》為主，可見證嚴上人創立慈濟

的初衷與最終理想都是皈依於《法華經》大義。

證嚴上人宣講的《法華經》是以鳩摩羅什的譯本，參酌太虛大師的《法華經教釋》一書。證嚴上人在法華序品釋經題中說：

> 在諸賢古德中，提倡人間佛教的太虛大師(一八九〇—一九四七)，離現今的世代並不遠，感覺很親。他在世時，正當中國處於戰亂時代，所以他宣講《法華經》，有應當時而說的意義。現今我們參酌太虛大師的版本，但是不會字字依照，因為世代變遷，只是遵循他的方向，適應現代的時機而講。[50]

證嚴上人法華要義的詮釋，每每都舉當代慈濟人在全球之付出為例，將法華精神應用到今日佛教徒所致力的實際事相。特別是他大量舉現世間的人與事，對照法華精神，是為彰顯《法華經》的當代適應與表現，亦有將慈濟慈善事理相應於法華經義之意。

證嚴上人的講述含藏著深厚而清朗的情感；這種情感的透入，對於過度理性思惟的人，可以讓他們的心更形柔軟，更能貼近佛陀要啟發眾生情感覺悟的慈悲本懷。證嚴上人的闡述佛典很像是智慧的農夫播種前必須先鬆軟土地，再播種。情懷是水，法是種子。慈悲，才是信仰的真正力量；當一個凡夫的智慧未必理解佛法的深義，但經由情感的透入，卻能感受佛陀不忍眾生苦的胸懷；這對引領人們接近佛法的喜悅，

是非常契機的始點。本文分析證嚴上人講經教導弟子修行的過程,「情的感化」是論述的重點之一。

以證嚴上人目前出版的《法華經・序品》中,可以歸納出證嚴上人對《法華經》的詮釋分為五個次第。第一,體解《妙法蓮華經》即是圓滿中道的真實法。[51] 第二,這個真實法是諸佛所共具,佛佛道同,且此一真實法是人人本具,是與佛同等之清淨真如本性。第三:聲聞、緣覺、菩薩三乘歸一乘。第四:一乘及阿耨多羅三藐三菩提,諸佛菩薩無不自覺覺他,以無量法門度化眾生,去除無明,回歸真如本性。第五,凡夫依靠法華無量義之舟帆,可以度化眾生到彼岸。如《無量義經》所述:「船夫身有病,船身堅固能度人。」利他能度己,終能到達覺悟的彼岸。

三、一真法相與佛乘境界

佛陀覺悟的當下照見萬法為一,本無分別。一切眾生皆具佛性,惟無明緣起不識此根本大法。證嚴上人詮釋佛陀覺悟的境界為「華嚴海會」;即「靜寂清澄」,與宇宙天地萬法合一的境界。這一刻,心、法、覺性同一。而這清明開闊的慧海境界,一切眾生同等本具,平等無二。[52]

佛陀覺悟的心靈世界是一個永恆的世界,「佛心恆住華嚴屬圓頓大乘」是其本懷。佛陀雖然入群眾度眾生,他的身形在群眾中,他的內心始終保持著華嚴

世界。覺悟後之佛陀，為了慈悲，不忍心眾生受苦難，所以再入人群，隨眾生根機，教化有情。佛陀在「十法界」之中（十法界：有四聖六凡，就是聲聞、緣覺、菩薩、佛；「六凡」，就是六道眾生。）覺悟的佛陀「度菩薩、度緣覺、度聲聞、度六道四生」，這十法界的眾生，都需要佛陀以法來度化，這是佛的大慈悲。[53]

世尊在《法華經·方便品》語舍利弗：

舍利弗！云何名諸佛世尊，唯以一大事因緣故，出現於世？諸佛世尊欲令眾生開佛知見，使得清淨故，出現於世。欲示眾生佛之知見故，出現於世。欲令眾生悟佛知見故，出現於世。欲令眾生入佛知見道故，出現於世。舍利弗！是為諸佛唯以一大事因緣故，出現於世。[54]

佛道在人間，度眾生在人間。不脫度眾生，如何成佛？而聲聞與阿羅漢既然生死已了，就不可能常在生死中，不可能到世間，怎麼能成佛呢？佛陀入世間，不為世間眾生無明煩惱所擾，是佛陀已經斷除無染汙的煩惱。阿羅漢修持四禪、八定之境界，最後證入涅槃，已經斷生死煩惱。但是阿羅漢斷生死煩惱，未斷無染汙的煩惱，[55]亦即阿羅漢修得清淨，而非修得一切圓滿的大圓鏡智。只有佛陀修得大圓鏡智，斷除染汙煩惱，也斷除不染汙煩惱。

佛陀是自覺覺他，才能修得覺性圓滿。佛陀於世

間、離世間都於一切法無礙。如《中阿含經》所述：

> 如來知一切世間，出一切世間，說一切世間，一切世如真。彼最上尊雄，能解一切縛，得盡一切業，生死悉解脫。是天亦是人，若有歸命佛，稽首禮如來，甚深極大海。[56]

佛陀通過自覺、覺他而覺性圓滿。佛陀最初為阿羅漢，意味著佛陀自覺之修行已達清淨之涅槃。而當初佛陀覺悟的那一刻與入滅的那一刻，在修行的覺性與境界上究竟有何不同？佛陀傳法四十九年之後，他心境的體會與當初剛覺悟之時刻有無增減？有無不同？

若說佛陀有增減，就不是佛，但是四十九年的說法卻是佛陀與阿羅漢不同之處。可見佛之所以佛者，正是他能自覺、覺他，所以覺性圓滿，並非佛陀四十九年的傳法在對於真理的體會有何不同，但是四十九年的傳法更彰顯佛德。證嚴上人詮釋佛的覺悟為「頓止」。佛陀覺悟後的境界如華嚴般的清淨、智慧、永恆，但是為度化十法界一切眾生，入於世間，其覺悟的心與法永恆不變。證嚴上人云：

> 「頓止」，就是「佛心恒住華嚴屬圓頓大乘」。佛陀既然覺悟了，那個覺悟的心靈世界已經是永恆，他雖然入群眾度眾生，他的身形是在群眾中，其實他的內心是華嚴世界，還是保持著，但是隨眾生根機，所以佛陀他「頓止」。就是覺悟之後，佛

的心恆住華嚴屬圓頓大乘，但稱本懷。為了慈悲，不忍心眾生受苦難，所以他再入人群，他要度菩薩、度緣覺、度聲聞，還要度六道四生，度法界的眾生，這是佛的大慈悲，他「頓止」。[57]

佛陀這種度化眾生的悲心願力在《中阿含經》中亦有充分闡明：

> 爾時，世尊告諸比丘：「如來自覺世間，亦為他說，如來知世間。如來自覺世間習，亦為他說，如來斷世間習。如來自覺世間滅，亦為他說，如來世間滅作證。如來自覺世間道跡，亦為他說，如來修世間道跡。若有一切盡普止，有彼一切如來知見覺得。所以者何？如來從昔夜覺無上正盡之覺，至於今日夜，於無餘涅槃界，當取滅訖。」[58]

如來於世間自覺，知世間習、斷世間習，為世間無盡眾生無盡宣說。如來取無餘涅槃，是法的完全顯明，透過於世間自身的灰滅，顯名佛陀要教示的大法之真義，一切世間物生滅不已，但法不生不滅。佛證悟的涅槃為無分別萬有的無住涅槃，如呂先生所指出龍樹菩薩對無餘涅槃的看法。龍樹講無餘涅槃不是身體的滅盡，而是法的實相完全地顯現，完全顯示法的極限，才是無餘涅槃。

龍樹更主張無住涅槃來形容佛智，從緣起的視角看萬物都是相互依存，沒有一個個體能獨立存在。所以呂先生說：

　　　　在趨向涅槃的過程中，不是要一個人單獨行動，而是要全體動起來，單獨趨向是自利，在緣起的條件下單獨自利是不可能的，要自利利他，甚至要以他為自。這要把自己融合在眾生的汪洋大海中，利他就是自利。[59]

　　世間是無盡的，因此在趨向涅槃的過程中，法亦無盡，所以不能停下來因此才說無住涅槃。究竟修行的境界不是自修自得，更要度化他人。修行者通過度化他人也淨化自己。究竟覺悟的聖者以利他通達覺性圓滿之境界。所以《中阿含經》又云：

　　　　於其中間，若如來口有所言說，有所應對者，彼一切是真諦，不虛不離於如，亦非顛倒，真諦審實，若說師子者，當如說如來。所以者何？如來在眾有所講說，謂師子吼，一切世間，天及魔、梵、沙門、梵志，從人至天，如來是梵有，如來至冷有，無煩亦無熱，真諦不虛有。[60]

　　佛契入一切種智，與一切萬有合一。萬有的真理是他，他是萬有的真理。這當然不是說佛是上帝，從基督教的理念上看，上帝是萬有的創造者。佛陀並不主張有一創造者，但是覺悟者能與萬有的真理合一，即悟入真如的境界。所以佛陀出生，一手指天上，一手指地下說，「天上天下，唯我獨尊。」一出生就能走七步講話，似乎有神秘傳說的成分。但理解天上天下唯我獨尊，證嚴上人闡述說：「佛與真理合一，惟我獨

尊，即惟真理是尊。」[61]

覺悟的佛既然與萬有真理合一，一切萬有都是他的一部分，有一眾生苦，就是他的苦。他自比法王，如同國王理應對子民關愛，法王對孩子的疼愛亦復如是。有一人未覺悟，都是他的覺性未圓滿。

所以佛陀當初覺悟與最後入滅，對宇宙天地之一切有為法與無為法的真理之體悟不增不減。但是佛的四十九年傳法是佛成為佛的關鍵過程，這是覺性圓滿必經之道。以自覺而言，佛同為「緣覺」修行者，是辟支佛之修行果實。但是覺他的佛，畢竟通達覺性圓滿了。自覺、覺他、覺性圓滿來描述佛德與聖者阿羅漢的福德因緣之畢竟不同。

四、佛佛道同

佛陀不是第一個覺悟的佛，也不是最後一個。佛陀經過累生累世修習菩薩道，而終至於人間成佛。在佛陀之前仍有無數億萬佛，在無數恆河沙數的世間，度化眾生。《法華經》裡就有日月燈明佛。諸佛一棒一棒接續下去，為眾生的度化努力。雖然佛佛道同，但是每一佛出於世間有其特殊因緣，其他諸佛則為協助之功。如文殊師利菩薩已是七佛之師，仍到娑婆世界幫助釋迦牟尼佛度化眾生。

呂澂先生曾引法雲的看法，認為三乘是先歸向大乘，再歸向佛乘。[62]這是有一定的思想根據。佛陀說

《法華經》就是希望大家行菩薩道，最終才能去向佛道。換言之，聲聞、辟支佛的修持最終是無法趣向佛乘。慈濟證嚴上人似乎也抱持相同的見解。證嚴上人說：

> 成佛一定要行菩薩道，菩薩在人群中度化眾生。佛陀於菩薩地生生世世，結眾生緣，一大事因緣，為開示眾生，悟入佛知見。回入娑婆，堪得入忍耐。釋迦佛成佛到現在，以眾生苦為苦，同體大悲。有眾生的地方，就是菩薩要去修行的淨土。所以從初發心立弘誓願，行菩薩道不退心，隨所化眾生而取淨土。[63]

以法華的精神，在日月燈明佛時期有妙光菩薩，就是釋迦牟尼佛的文殊師利菩薩，彌勒菩薩當時也是日月燈明佛的弟子。諸佛互為授記，來日將成佛。成佛的關鍵仍是力行菩薩道。

佛是取大涅槃，這裡所說取大涅槃，是與六道眾生同涅槃。為眾生的付出，一切無所求。地藏菩薩說，「地獄不空，誓不成佛！」地藏王菩薩守在地獄；地獄眾生未空，他誓不成佛。佛陀是六道的眾生不淨化，他不入涅槃。所以佛陀的涅槃是「大涅槃」，與一切眾生「同一涅槃」，[64]這是佛乘最終的境界。

五、三乘歸一乘

佛陀在人間傳法的最大願望就是人人成佛。佛

陀本可以安住第一義空之座，不處佛地果德，第一義空之座，因為悲憫眾生苦故。佛之願力要一切六道眾生，人、畜生、阿修羅、惡鬼、地獄、天人，或是帝釋天、二十諸天，皆可成佛。

　　而佛陀在說法四十一年之後，講授《法華經》就是強調三乘歸一乘，及佛乘。聲聞、緣覺在聞法四十一年之後，聽到佛陀講授菩薩道大法，難免有些詫異。過去聽聞的各種斷欲、除五毒、四念處、四如意足、四正勤、七覺支、八正道修行至涅槃的道理，難道都還不究竟？佛陀講授必須行菩薩道，度化人間，才能契入阿耨多羅三藐三菩提之無上正等正覺的究竟圓滿之覺悟境界。三乘——聲聞、緣覺、菩薩歸於佛乘，這是《法華經》裡最重要的精神。

　　佛陀講法華，三乘歸於佛乘，必須行菩薩道，包括須菩提等都覺得已經老邁，一時無法契入法華大法。舍利弗終究是佛陀弟子的典範，在舍利弗幡然體悟後，體解菩薩大道是成佛之道，佛陀將著授記舍利弗將來作佛，號華光如來。

　　　舍利弗，汝於未來世，過無量無邊不可思議劫，供養若干千萬億佛，奉持正法，具足菩薩所行之道，當得作佛，號曰華光如來、應供、正遍知、明行足、善逝世間解、無上士、調御丈夫、天人師、佛、世尊。國名離垢，其土平正，清淨嚴飾，安隱豐樂，天人熾盛。琉璃為地，有八交道，黃金

為繩以界其側。其傍各有七寶行樹，常有華菓。華光如來亦以三乘教化眾生。[65]

以大乘《法華經》的精神觀之，可見聲聞、緣覺不行菩薩道未能成佛。聲聞、緣覺雖然以證入涅槃，但是未證得「阿耨多羅三藐三菩提」，即「無上正等正覺」。圓滿無分別之智性，就是阿耨多羅三藐三菩提——無上正等正覺。聲聞、緣覺、佛的菩提，都是依真如、法性而建立的，[66]所以《金剛經》說：「一切賢聖，皆以無為法而有差別。」只有菩薩道能最終證入阿耨多羅三藐三菩提——無上正等正覺。

六、阿羅漢與凡夫皆得度彼岸

法華三部第一部的《無量義經》之淑世理想，給予眾生成佛到彼岸的契機。《無量義經》的開經，諸大菩薩聚集聆聽佛陀對於菩薩道的理想，不只聲聞、緣覺都必須契入菩薩道，也說明利他之前必須自淨其心。聲聞、緣覺修持之後才能行菩薩道，因為自度而後度人。但是《無量義經》也給予凡夫度人的機會，身猶有病的船夫，依靠堅固船身能度人。似乎說明未覺悟，未清淨的眾生，經由不斷地幫助他人，最終也將到達覺悟的彼岸。所以《無量義經》不只主張「已自度者需度人」，「未自度者經由度人而得度」。這是《無量義經》的博大慈悲胸懷，也是證嚴上人以《無量義經》為本，廣開慈濟菩薩道，讓眾生都在付出中度

化自心的法益。

同樣在《法華經》本經的二十七品之中，強調人人皆可成佛的理趣。如〈方便品〉中佛陀說：

> 我以智慧力，知眾生性、欲，方便說諸法，皆令得歡喜。知諸眾生有種種欲，深心所著，隨其本性，以種種因緣譬喻，言詞方便，而為說法……如此皆得一佛乘，一切種智故。[67]

佛陀面對的是一個價值混亂的時代，當時有九十幾種外道，佛陀要度化眾生深信佛道，必須以種種方便力來說法。佛陀出於世間的一大事因緣，就是為著眾生的「開示悟入」。證嚴上人作為宣導「佛法生活化，菩薩人間化」的宗教導帥，《法華經》度化一切有情的理念契合他淑世的理想。證嚴上人說：

> 釋迦牟尼佛覺悟之後，體會人人真如本性，倘若能與本性相會，就是圓滿的覺悟。圓滿自他的佛性，即清淨的本性。[68]

清淨的本性不是斷滅世間一切言清淨，而是「圓滿自他」才是清淨，這是證嚴上人的利他思想之表述。在上人看來，佛陀入世間就是為利益眾生而來。在五濁之世間，依法華教義，人人皆可成菩薩。他說：

> 《法華經》教導人人都成為菩薩，如此世界才能平靜。因此《法華經》是應世的靈方妙藥，但願我們說此法髓，能適時應機，讓人人受用且身體力行，戒慎虔誠的奉行妙法華的道理，讓世間平安。[69]

《法華經》的目的是為著世間的平安幸福而宣說。佛陀看到世間的病灶，才倒駕慈航來回人間。佛為大醫王，法是妙藥，菩薩為良護慈母，守護、治療大地眾生的病態。佛為此一大事因緣出現於世。不忍眾生，是諸佛與菩薩的本懷。證嚴上人認為，許多諸佛化身菩薩再來人間，協助護持佛陀教化人間。如觀世音菩薩、文殊師利菩薩都已成佛，還回人間行菩薩道。菩薩願行是為眾生，而不是為成佛，是終不忍沉淪五濁惡世的眾生。

　　證嚴上人體解法華經義之「利他」，不是為著成佛，而是不忍眾生受苦難之大慈悲心。「為眾生而成佛，非為成佛而眾生」。

第五節：拔苦予樂 無相為本

一、《無量義經》：性相空寂、濟度群生

　　《無量義經》的核心理念以人間佛教倡議者印順導師的話語就是「淨心第一，利他為上」；以慈濟宗門的創立者證嚴上人的話語就是「無私、大愛」。「無私」，是邁入「性相空寂」的必要狀態。「大愛」，是「濟度眾生」的心靈源頭。以無私的心廣澤大愛於人間，是證嚴上人實踐《無量義經》的入世法門。[70]

　　印順導師在倡議人間佛教之際，並未特別詮釋《無量義經》，但其人間佛教的理想是契合《無量義經》

的教法。而證嚴上人則以《無量義經》作為他一生奉行的重要經典。《無量義經》也是慈濟人修行「利他度己」最重要的精神依歸。「靜思法脈勤行道，慈濟宗門人間路」。靜思法脈是強調行的，不只行，還要勤行。慈濟宗門人間路，慈濟宗門以入世濟度眾生為志，而在濟度眾生的同時，清淨自心。

慈濟宗門以佛教為本，它的實踐卻是超越佛教邊界的。許多基督徒、天主教徒、回教徒、猶太教徒，乃至無神論者，都成為慈濟志工，都皈依證嚴上人成為靜思弟子。因為有《無量義經》使得慈濟宗裡的佛教徒找到入世修行的法門。因為有《無量義經》使得慈濟宗門裡的非佛教徒，找到個別信仰裡共通的元素——無私人愛。一如南非基督徒的祖魯族志工所言：「我們是做上帝的工，耶穌與佛陀都是一樣的，經由慈濟，我們更接近上帝。」「今天出門我們要做好證嚴法師要我們做的事，否則以後回去，對不起耶和華。」

《無量義經》的教義「所發慈悲，明諦不虛，於眾生所，真能拔苦；苦既拔已，復為說法，令諸眾生，受於快樂。」[71]這種大慈悲的胸懷是各宗教、各家思想體系的共同基石。而慈濟的慈善理念與實踐就建立在這樣的基石上。

《無量義經》所陳：「醫王、大醫王，曉了病相、分別藥性，隨病受藥、令眾樂服。」「能為生盲而作眼目；聾劓啞者作耳鼻舌；諸根毀缺能令具足。」[72]

宗教從來就與醫療不分，佛陀是大醫王，基督教早期的傳教士也都是醫生為主，何況人間之病苦為一切眾生必然面對的生命境界。《無量義經》伴隨著證嚴上人的悲願與智慧，創立慈濟醫療志業。證嚴上人以「人醫」、「人師」期許醫師們，不只治病拔苦，還能說法，令眾樂服。慈濟似乎賦予醫師們宗教傳教士般的使命，給予人身心靈的健康與富足。人在富足健康之後，接下來所面對的就是知識的提升，以及生命價值的追求。因此《無量義經》所陳：

　　　　無量大悲救苦眾生。是諸眾生真善知識；是諸眾生大良福田；是諸眾生不請之師；救處、護處、大依止處，處處為眾作大導師。[73]

　　正應對了慈濟教育志業之開展與願景。教育給予專業知識的認知提升，也給予人格與價值觀的啟迪，是諸眾生的真善知識，是諸眾生不請之師，是諸眾生大依止處。

　　「是諸眾生安隱樂處，……處處為眾作大導師……顛狂慌亂作大正念。」慈濟人文志業致力於社會人心的改造與建構，為時代的美善做見證。「報真導正」，正是諸眾生的大導師，讓顛狂慌亂起大正念。而慈濟人文志業最終的理想就是引領眾生認識生命的本質是清淨的，不執著有，不執著無，在不斷地利益他人中，體現自性不生不滅的真實大義。「船師、大船師，運載群生渡生死河。至涅槃岸。」濟度眾生，一如

船師、大船師一般，但其最終目的就是引渡眾生體悟「性相空寂」的本性。因此「至涅槃岸」，是生命終極覺醒的境界，終極關懷，正是宗教提供給世人生命的最終依歸。

因此，《無量義經》兼具淑世與內在修行理想，亦復提供宗教信仰不可或缺的最終覺醒，亦即性相本空，非有非無，非自非他，本不生滅，涅槃寂靜之境。

雖以終極覺悟為理想，但《無量義經》的教法也給予世間的凡夫、眾生無限量的機會次第修行與造福。「猶如船夫身有病，船身堅固能度人。」人人都可以度人，只要依靠《無量義經》這堅固的船身，「未能自度，已能度彼」，這項義理更寬廣地接納一切眾生。眾生雖然心性不一，習性相異，信念有別，但都能入此法門，只要他們倚靠《無量義經》的精神，都能幫助他人，教化他人。這種信念使得慈濟宗門在依循《無量義經》的本懷，亦復有證嚴上人創造性的智慧與人格德香的感召，引領無數千差萬別的眾生，投身慈濟，在濟助他人的同時，亦提升自我的人格。而漸次地邁向「性相空寂，本不生滅」的終極覺醒。

大乘佛教倡議行菩薩道，行菩薩道的前提是從內心自我清淨的修行開始。證嚴上人講述《無量義經》的一開始，就以阿難尊者在佛陀滅度後，被大迦葉尊者逐出門，因為阿難的心還未開悟。開悟的心才能結集經典，覺悟的心才能有資格傳佛陀的教法。佛陀一

切的教法莫不是希望眾生能修得清淨性。因此《無量義經》開經就說：

> 是諸菩薩，莫不皆是法身大士，戒、定、慧、解脫、解脫知見之所成就。其心禪寂，常在三昧；恬安澹泊，無為無欲；顛倒亂想，不復得入。[74]

佛陀說法四十一年之後，開始講真實義的《無量義經》，開權顯實，來聆聽的都是已經覺悟的法身大士修得恬安澹泊，無為無欲。這種心靈的狀態是大乘菩薩道的精髓。這似乎說明，濟助眾生的菩薩，自己必須覺悟清淨，才能引渡眾生體悟生命的大道。

證嚴上人敘述自己早年修行的經歷，在禮拜《無量義經》時，深悟經文裡「靜寂清澄，志玄虛漠，守之不動，億百千劫」的絕妙心靈境界。「靜寂清澄」心到達絕對的靜，欲望就止寂了；欲望止寂，心就能清澈無比，就像水中無雜質，才能澄照萬物。「靜寂清澄」的同時，還必須「志玄虛漠」。「志玄」是要立志高遠，「虛漠」，謙虛又廣漠。有高遠的志向，也要有虛懷若谷的心，同時胸懷廣漠無邊。立志為眾生，悲憫眾生，但也謙卑地、全心全意地為眾生付出。這是清淨心亦復有菩薩行的修行證果。

這種淨化己心同時利益眾生的生命境界，在《無量義經・說法品》中已明白指述：佛陀在預知自己即將涅槃，要弟子「欲何所問？便可說也。」大莊嚴菩薩於是恭請佛陀闡示菩薩之修行如何方能證成「無上

菩提」？無上菩提就是最終的覺悟之道。佛陀告訴大莊嚴菩薩：

> 善哉！大善男子，能問如來如是甚深無上大乘微妙之義，當知汝能多所利益，安樂人天，拔苦眾生；真人慈悲，信實不虛，以是因緣，必得疾成無上菩提。[75]

在場聆聽佛陀遺教的雖說都是法身大士，都已經漏盡諸煩惱的覺者，但是成就無上菩提的境地，仍必須深入世間苦難，以大慈悲心拔眾生苦，用自身清淨無染的智慧，度化一切被無明煩惱所困的眾生。

自身清淨是度化眾生的前提，但是究竟如何才能清淨自性？佛陀教法是必須「戒、定、慧、解脫、解脫知見」。以戒，去除欲望，去除欲望心才能定。佛教的自由觀不是西方式的強調選擇的自由，而是去除欲望的捆綁。放下自我欲望，心才能自由，這即是定。心定，才能生智慧。老想著自己的人，不會有大智慧；老想著利益的人，老是被欲望捆綁的人，不會有大智慧，心不被欲望與愚昧捆綁，就解脫。但是連藉助來解脫的各種法，都必須放下。「法法何曾法」、「如筏喻者，法尚須捨，何況非法」。放下一切妄想，也要放下一切執著，包括對法的執著，才是漏盡諸煩惱的覺悟者。

二、船夫身有病 船身堅固能度人

《無量義經》濟世度己的精神，未嘗只是覺悟的法身大士的使命，即便自己未完全覺悟，自己是未完全清淨之凡夫，憑藉《無量義經》的法，仍然能夠度化他人。因此，人不必要完美才能行菩薩道，乃是因為行菩薩道而更臻完美。未能度己，已能度他人，這一如船夫身有病，船身堅固能度人。如《無量義經》所述：

> 是持經者亦復如是，雖嬰五道諸有之身，百八重病常恆相纏，安止無明老死此岸，而有堅牢此大乘經無量義辦，能度眾生，能如說行者得度生死。[76]

慈濟人無相布施最高的情懷之一，應屬大體捐贈。一群菩薩行者一生做志工，為社會付出奉獻，臨終之際還要將遺體捐贈給醫學院學生做大體解剖，提供醫師做模擬手術教學。李鶴振大體老師為了要當大體老師，拒絕化療。他生前與醫學生說話，他說：

> 有一天當你們在我身上動刀的時候，就是我生命的願望完成的一刻。你們要記得，你們寧可在我身上劃錯十刀、百刀、千刀，也不要以後在病人身上錯劃一刀。[77]

這種大捨之心，完整體現慈濟人精進於無我相布施的胸懷，也為他們如經藏般的人生寫下最後、最完美的一頁篇章。

一如證嚴上人言：「此身非我有，用情在人間。」

他們無怨無悔地行入慈濟菩薩道，深入人群，奉獻心力，直到有形生命的終點後，仍捐獻大體發揮大用。他們捨下有形的生滅之軀，造就永恆慧命的精進。體現《無量義經》所教導：「雖嬰五道諸有之身，百八重病常恆相纏，安止無明老死此岸，而有堅牢此大乘經無量義辦，能度眾生，能如說行者得度生死。」

臺南一位邱師姊雖然眼盲，卻開啟了臺南的環保志業。不久後她的兄弟姊妹都加入回收工作，鄰居們觀察她好幾個月的付出和用心後，最後也決定加入，總共有超過四百位志工加入她的環保站。雖然眼盲，但是邱師姊從不覺得自己力量薄弱；相反地，參與慈濟環保志業讓她實現人生的目的，並啟發他人一同來做環保。

基隆環保志工陳簡茶老阿嬤，已經九十多歲高齡了，她每天四點鐘就起床，綁好尿袋，出門開始在社區做資源回收的工作。幾年下來，老阿嬤過得比以前更快樂，更受到鄰里的愛戴。大家紛紛把自家的資源做分類，準備給每天到家裡門口回收資源的老菩薩。當她行經7-Eleven商店，年輕的店職員會泡咖啡給阿嬤喝，她走到全家便利商店，店職員會經常送八寶粥給阿嬤，她是社區裡的天使。

左鄰右舍看到阿嬤每天拿著那麼多的回收物，心裡很不捨，許多人開始一有空就幫她拿回收物，一位鄰居甚至將他門口前的小廣場供阿嬤放置回收物。漸

漸地，這個小廣場聚集越來越多的志工，小廣場成了社區的環保回收站。這種實踐所傳遞出來的力量，就是《無量義經》的教法之實踐：「猶如船夫身有病，船身堅固能度人。」

《無量義經》之於當代社會，它有「入世、淑世」的理想與願景。之於個人，它有內在修習人格的方法與思路。之於終極關懷，它提供宗教信仰不可或缺的最終覺醒，亦即「性相本空，非有非無，非自非他，自本具足；本不生滅，以及最終涅槃寂靜之境」。此涅槃之境，以證嚴上人的詮釋是當下「一念不生，一念不滅」；當下「惡念不生，善念不斷」；當下「欲念不生，愛心不斷」，即是涅槃寂靜。它是人間意義的涅槃寂靜之境，修行為眾生，開悟為眾生，成道為眾生，或者說：「為眾生才是修行，為眾生才能開悟，為眾生才能成就無上菩提大道。」這是慈濟宗門的思想體系與實踐之本。

三、藥師經：理想的現世淨土

（一）身心境的富足

慈濟宗門是以利益眾生為宗，行菩薩道為門。藥師佛也是以菩薩道利益眾生為本。慈濟的入世行，是以慈善的力量改善生命的苦境，再從改善生命的苦境中，淨化自我與他人之心靈。從這種逐步改善身心的努力中，進而使得社會富足，人心調和。慈濟宗門

的理想是使一切有情眾生，脫離苦惡，達到「身體康安，心靈潔淨，物質豐足」的境地。這三個目標，總結了藥師如來佛十二大願之本懷。因此慈濟宗門正是以《藥師經》作為接引眾生領悟清淨智的法源之一，也是慈濟實踐入世行的理想與願景。

證嚴上人創立慈濟功德會開始的第一天是農曆三月二十四日，證嚴上人就在這一天講述《藥師經》並辦藥師經法會。證嚴上人於慈濟成立二十七周年的紀念會上就曾回憶說：

> 慈濟功德會成立時，地點在精舍後面的普明寺，那是一個小小的地藏廟，範圍不過十餘尺見方；二十七年前的這一天，我們開始了第一次的藥師法會，由最初的三十個人，開展了慈濟的里程。[78]

為什麼證嚴上人選擇《藥師經》作為慈濟功德會成立後講述的初期經典？根據證嚴上人在一九九六年於臺北的一場開示中，他回述：

> 當初在普明寺啟建慈濟功德會，一日於案前翻閱《藥師經》，發現其中經義都是慈濟的遠景與目標，貧病的眾生，只要起一善念，接納藥師如來十二大願，為末法眾生生活形態的良藥。而在慈濟團體中，人人見面心心相繫，在藥師佛的德相之下，如琉璃光之清淨心念。
>
> 藥師佛行菩薩道時發十二大願，已說明藥師佛於發心修行時，即開始實行菩薩道。[79]

《藥師經》對現世安樂的理想，描述得如此簡單清晰，國土中人們「相好莊嚴、身體健康、物質豐富、心靈潔淨、入世濟人」。這些都是當時臺灣社會人心的盼望，也是慈濟慈善志業的藍圖與願景，更符合菩薩道的入世濟眾的情懷。另外，證嚴上人的父親（養父）驟然往生，對於他成道之路也有深遠的影響。《藥師經》的講授是每月二十四日，農曆三月二十四日是上人的出生日，他以這一天誦《藥師經》對生父生母之回報，也是對其養父的無限追念。證嚴上人曾說：

　　　　要回溯為什麼以二十四日這一天為「藥師法會日」？可能就要回首當年，從我父親突然病故開始說起。有一句話說「悲極無淚」，人在最悲痛的時候，根本流不出淚。那段時間一直在探討魂歸何處？父親本來是很健康的人，為什麼會這麼無常呢？一口氣吞下去，就再也沒有呼吸了！我對生命起了很大的疑惑。死，到底是什麼？死後去哪裡？我不斷地尋找這個答案。[80]

　　在幾番思索與追尋之後，當時的證嚴上人終於體會世間一切無常，成、住、壞、空是生命的本質，親情不過是業緣而聚在一起。證嚴上人明白這個道理之後決定拉長情，擴大愛，因此成就他走入如來大家庭的大因緣。在上人的思想中，並不是以往生西方淨土作為生命的終極關懷，而是在現世實現藥師佛的人間理想。這理想，是引領眾生身心安康，社會祥和富足。

從證嚴上人個人的陳述可以了解到《藥師經》是與證嚴上人個人生命歷程關聯甚深的一本經。父親的離世才沒幾年，孝順的上人應該也以這部經作為對父親的永恆的敬愛與祝福。此外，在社會情境上，《藥師經》也符合當時臺灣貧困的社會環境之淨土盼望。

　　民國五十年代（西元一九六〇年），臺灣社會經濟發展仍在起步階段，生活尚苦，一般人對於拜佛總是有所求。求什麼？無非是身心安樂，物質豐厚。而這正是藥師佛的大願之一。證嚴上人隨著眾生當時的根器，以《藥師經》來接引世人，度化他們得一己的安樂之後，還要幫助他人得安樂，這是所謂的教富濟貧，引領眾生，從慈善行，而入佛門。

　　然而，證嚴上人在講說《藥師經》與舉辦藥師法會的過程中，內心其實十分掙扎。一九六三年，證嚴上人皈依印順導師，受戒為比丘尼，就發願，一不當住持，二不趕經懺，三不收弟子。如今為了慈善工作，為了引領正信佛教根基尚不深的信眾加入行善的願行，他必須為他們誦《藥師經》祈福。證嚴上人在一九九六年於花蓮靜思堂對海外慈濟人的一場演說中，幾乎哽咽地說：

　　　　想想三十年前的今天，我心裡好掙扎，因為隔天就要在普明寺的大殿裡，舉行藥師法會。我出家時曾發三個願：不為人師、不當住持、不做經懺。但功德會要成立，就要投入人群中，必須有方

便法門來接引眾生；為了慈濟，為了開此善門，不得不調整這三個願。

為了做慈濟救助窮困的人，我需要許多人的力量，只好開方便門，每個月一次法會，誦《藥師經》回向，同時也讀疏文。將疏文寫好時，心裡掙扎不已——明天就要開始誦經了，明天就要開始讀疏文了；我不想做的事，卻不得不去做，所以，三十年前的這一天，就是我內心很掙扎的一天。[81]

證嚴上人所發之大悲願，其因緣不可思議。如今慈濟人在全世界為眾生之苦難奉獻付出。慈濟成立後，每個月農曆的二十四日，靜思精舍都會舉辦發放，並為窮苦的感恩戶、志工與會眾們講誦《藥師經》。證嚴上人曾回憶，當年很多慈濟志工參加藥師法會，結果他們的家人身體好了，家庭也平安了，人與事就是這麼湊巧，因緣就是這麼好。或許如同證嚴上人常說：「心開，福就來。」[82] 因為藥師法會讓信眾與志工更堅信佛法的妙處，也更投入行善的願行，慈濟克難功德會就逐漸在花蓮及全省各地逐步得到開展。證嚴上人的目的其實不是強調法會之功德，而是藉此引領會眾體會藥師佛之大願，希望人人發心立願，為苦難眾生付出之際，也強化佛教的信仰。

證嚴上人創立慈濟醫院，正是力行實現藥師佛大願最具體、最直接的行動力。當時上人宣揚的佛法，正是經由「行」，具體實踐藥師佛之大願。為東部偏遠

窮苦的民眾，拔除苦業，身心得安樂。證嚴上人回憶說：

> 一九八五年春天，李清波居士提供臺北市吉林路的一處空間，作為建院籌備處及慈濟臺北聯絡處，我就在那裡講《藥師經》；愈講對建院愈有信心──藥師佛的世界在東方，花蓮也位在臺灣東方，是日出先照到的地方；《藥師經》強調尊重生命，慈濟要在東部蓋醫院，也是為了尊重生命。因為宣講《藥師經》，度化了不少人發心，大家用心、用愛付出，發揮了「一眼觀時、千眼同觀」的人力量；慈濟四大志業、八大法印的基礎，也因此鞏固。[83]

在慈濟開展慈善志業之際，證嚴上人就已經立定在現世實現人間淨土的理想，而不是求得來世的安樂與淨土。在證嚴上人的早期的思想裡，已闡述了「西方淨土」與「東方琉璃世界」之價值。他在一九七六年一場演講中說：

> 佛陀不能久住世間，而眾生又執迷不悟，因此慈悲殷切的釋迦佛不忍視我們沉迷於生死中受苦，所以把眾生的生死二大事委託於東方琉璃世界的藥師佛及西方極樂世界的阿彌陀佛來為眾生生死的依靠！
>
> 藥師佛受我們的教主釋迦佛之所委託，在人間專為度生事業，應眾生的要求而充滿眾生的欲

願，只要我們的行為能適合於《藥師經》中所教導的去實行，即使是要求長壽、求富饒、求官位、求發財、求世界和平，求天下大同等現生快樂，解脫現生中一切不如意的苦惱、於一生中逢凶化吉，這就是釋迦佛教導我們應學修持的藥師法門。

但是佛門中卻有許多人不求現生，只望死後得永恆解脫，釋迦佛即將這類的眾生交託於西方極樂世界教主阿彌陀佛接引往生彼國。但是要求生西方極樂，也必須要依照《彌陀經》中所教示的持名念佛，得一心不亂，乃至不可缺少大善根、大福德因緣哪！總而言之，不論是求現生福祿的藥師法門，或是求死後得生極樂的阿彌陀佛淨土的法門，無不都是從做好人、行好事開始。[84]

早期的上人開示已明確標舉，藥師佛的世界是在現世社會實踐，利益眾生的功德與付出無所求價值。功德的意義從證嚴上人的詮釋是：「內能自謙是功，外能禮讓是德。」證嚴上人在註釋《東方琉璃藥師佛大願》一書的序中闡明：「釋迦牟尼佛強調淨土法門，因為娑婆世界多苦難，所以還有一個與苦難世界對比的西方極樂世界。這是佛陀開的方便法門。」一樣以善行善心作為通向淨土之道，阿彌陀佛的世界是「後世樂」，藥師佛的世界是「現世樂」。[85]在講求科技理性與資本主義抬頭的時代裡，眾生所求多是現世樂。因此不可諱言《藥師經》是入世佛教接引眾生進入佛

門的重要經典。證嚴上人對於《藥師經》的詮釋與理解，並不僅僅以它作為教義，而是以它作為願景，引領慈濟人親身實踐，為苦難眾生創造出藥師如來大願的「當下、現世、具體、可進入、可把握的人間淨土」。

（二）願諸有情眾病逼切 終證得無上菩提

《藥師經》以法王子文殊師利佛對佛陀的請求開始，要佛陀演說諸佛的功德。諸佛的本願功德就是「為拔業障所纏有情，利益安樂像法轉時諸有情故。」拔眾生苦，給予安樂的境地。

證嚴上人將佛法直接導入人們的生活中；或者說是讓佛法在人們自身的生活中具體地實踐出來。讓世人真實體會出佛法的妙處與法喜；真實認識自我的清淨與自足的能量。那無限自足的能量，就是佛陀的平等愛，也是藥師佛行菩薩道時，所發的十二大願，要眾生所求皆得完滿。亦即佛陀告訴法王子文殊師利菩薩：「彼世尊藥師琉璃光如來，發十二大願，令諸有情，所求皆得。」[86]

> 藥師佛的第一大願：「願我來世得菩提時，自身光明……以三十二大丈夫相，八十隨形好，莊嚴其身，令一切有情，如我無異。」[87]

藥師佛希望莊嚴其身，也能使眾生形象莊嚴完好。慈濟在一開始致力慈善志業，證嚴上人要求慈濟人必須幫感恩戶清潔房舍，打掃滿屋的淤泥、糞便

等。還必須幫不良於行的老人洗澡沐浴，幫他們剪頭髮，將形象打理得很清潔，讓他恢復尊嚴的形象。證嚴上人常說，慈善工作，不只要給予物資，還要給予關愛，還要莊嚴他們的外表。這正是藥師佛的大願，莊嚴其身並令一切有情，如我無異。慈濟人經由慈善體現了這種大慈大悲的願望。證嚴上人常常告誡弟子與志工，把眾生當佛，為眾生潔淨、沐浴，就是一種浴佛。藥師佛的第一大願不就是把眾生當作自己，不只要自己成菩提，不只自己要具備三十二大丈夫相，八十隨形好，莊嚴其身。還要令一切有情，如我無異。這是心、佛、眾生三無差別。

　　藥師佛的第二大願：「願我來世得菩提時，身如琉璃，內外明徹，淨無瑕穢；光明廣大，功德巍巍，身善安住，焰網莊嚴過於日月；幽冥眾生，悉蒙開曉，隨意所趣，作諸事業。」[88]

　　南非的慈濟志工潘明水，他從臺灣移民到南非，在那裡做生意，成為一位很成功的企業家。在許多發放的經驗中發現，南非祖魯社會，男人不工作、女人沒事做，所以他就開始想辦法把一些成衣工廠裡的碎布集合起來，送到部落，教部落婦女做縫紉。潘明水師兄把臺商工廠裡的中古縫紉機都回收，運到村落，教導祖魯族婦女做縫紉，製衣服。一個縫紉班開成功了，再到隔壁村落繼續開第二個班、第三個班。縫紉機只借不給，給了怕她們不用，用借的名義，她們會

有壓力，如果萬一有人辜負不用，那就要轉給其他人使用，所以婦女們就會很珍惜，趕快努力學習。

這些南非祖魯族的婦女非常有愛心，她們在幾個村落學會做衣服以後，把衣服拿到市場賣，賺得一些錢。她們說好，不要把賺的錢全花光，每個人拿百分之五的收入，到隔壁村再開個縫紉班。就這樣從百分之五開始自力更生，後來已到達六百多個縫紉班，有近兩萬位祖魯族的婦女在這個縫紉班裡獲得新的技能，改善她們的生活。

證嚴上人在講述《藥師經》時，就以南非黑人志工做例證，說明潘明水師兄與南非志工所體現的，正是藥師佛的第二大願：「幽冥眾生，悉蒙開曉，隨意所趣，作諸事業。」而潘明水不戀棧優渥的海邊別墅，每天開車數小時或十數小時，穿梭在德本的鄉間。他的精進行，使他逐漸領悟藥師佛的大願望，修行要修到「身如琉璃，內外明徹，淨無瑕穢」。他逐漸在幫助南非婦女的過程中，潔淨自心。潘明水的利他行止，正是體現藥師佛的第二大願：「啟發光明廣大，功德巍巍，身善安住，焰網莊嚴過於日月。」

藥師如來的第七大願：「願我來世得菩提時，若諸有情眾病逼切，無救無歸，無醫無藥，無親無家，貧窮多苦；我之名號一經其耳，眾病悉除，身心安樂，家屬資具悉皆豐足，乃至證得無上菩提」。[89]

慈濟慈善每年幫助的人數超過一千萬人次。其中無家、無醫、貧苦者都是慈濟人救助的對象。慈濟人的幫助，讓這些受貧窮與災難所苦的人，脫離疾病、貧窮，擺脫絕望與無助的生活。每當災難來臨，慈濟人從緊急物資協助、義診，「安身」還要「安心」，然後進行長期重建的「安生活」。慈濟人興建住房，蓋學校，甚至義診所，推動環保。無論在薩爾瓦多地震、四川地震、南亞海嘯、海地地震，慈濟人竭力安置貧困與因災難而受苦的人們。這都是實現藥師如來的第七大願，「若諸有情眾病逼切，無救無歸，無醫無藥，無親無家，貧窮多苦；我之名號一經其耳，眾病悉除，身心安樂，家屬資具，悉皆豐足。」[90]

四、《地藏經》：利他實踐與六道救贖

　　證嚴上人講述《地藏經》是彰顯諸佛菩薩所應救助的不只現世間的眾生，而是一切器世間的六道眾生。《地藏經》強調因緣果報，惡因、惡緣、惡業、惡果，於地獄受無間痛苦；但是行善是出離之道，罪人一念慈心助人，亦能脫離地獄苦道。證嚴上人於講述《地藏經》強調「先救他人，再救自己」的利他宏願；一如地藏王菩薩的悲願，眾生不得脫度，絕不成佛。

　　宗教對超越界之描述總是神秘不可思議。證嚴上人以《地藏經》闡發佛法的輪迴因果觀，警惕世人現世間的苦樂非一次苦樂，而是生生世世的因果業報，

於六道輪迴中無法出離，這給予世人更高的道德感。另外，證嚴上人更強調地獄就在人間，醫院的各種身體的磨難，不就如地獄般的苦嗎？因此他不只教示永恆修行之必要，更要在現世間將地獄化為天堂。將如地獄般的醫院、災難現場、髒亂的環保回收物，都轉化為清淨快樂的天堂。《地藏經》體現了證嚴上人出世間的修行，及對現世間的救贖。

地藏王菩薩以證得圓滿十地菩薩的果位，他於無量劫前的師子奮迅具足萬行如來之時，已許下宏願，要久遠度脫一切受苦眾生。從佛陀的悲心觀之，這三十大千世界裡的一切有情、無情的生命在「如是因、如是緣」的法則下，可以流落於六道輪迴，也可以修行至阿羅漢、菩薩，甚至佛乘。而這超越六道的關鍵，以證嚴上人的觀點言，就是為眾生不斷地付出；而這也正是地藏王的悲願。菩薩懷著「但為眾生得離苦，不為自己求安樂」的心，為眾生不斷地付出，終至成佛。這是地藏王菩薩修行之宏願，要讓一切眾生得脫度，自己才要成佛，這種願力是累生累世的無窮願力所致。

（一）大孝者以脫度一切眾生為願《地藏經》中聖女一片孝心，讓地獄中的母親得脫度，而一切與她母親同於地獄受苦的眾生也同得脫度，於是聖女立下宏願，要在未來無數量劫的時間裡，脫度一切受苦的眾生。這是聖女的感恩之心，發願回饋更多的生靈。是

經云：

> 鬼王言畢，合掌而退。婆羅門女，尋如夢歸。悟此事已，便於覺華定自在王如來塔像之前，立弘誓願：「願我盡未來劫，應有罪苦眾生，廣設方便，使令解脫。」[91]

如證嚴上人常常勉勵慈濟人，知福、惜福、再造福，菩薩以眾生為親，推己及人。聖女感念其母得救，視無量眾生為自己母親一樣地悲憫，遂發願要於無量劫脫度一切罪苦眾生。這正是佛陀告訴文殊菩薩聖女為地藏王菩薩的前世因緣。在婆羅門聖女身上看到禮敬諸佛、供養三寶、供養一切眾生的大功德，能令母親與眾生皆得脫離地獄無間之苦厄。

（二）先救他人 再救自己

在《地藏經》裡，佛陀又以光目女供養阿羅漢無數為題開示弟子。由於光目女思念往生的母親甚深，一位阿羅漢在定中看見光目女的母親正處於地獄，其母生前喜啖魚鱉生靈無數。光目女虔誠救母之心，感動阿羅漢，將其母救拔出地獄，並告知光目女，其母不久將內生於其家。之後，光目女有一婢女產子，三日竟能說話。此兒告訴光目女，他就是光目女的母親，於無間地獄冥暗之中受苦，今日得以救贖。光目女感動母親得救，於是發大願：

> 十方諸佛，慈哀湣我，聽我為母所發廣大誓願：若得我母永離三塗，及斯下賤，乃至女人之

身，永劫不受者，願我自今日後，對清淨蓮華目如
來像前，卻後百千萬億劫中，應有世界，所有地
獄，及三惡道，諸罪苦眾生，誓願救拔，令離地獄
惡趣、畜生、餓鬼等。如是罪報等人，盡成佛竟，
我然後方成正覺。[92]

光目女誓要度化一切有情出離地獄，到究竟成
佛，她自己才要成佛。證嚴上人言：

「地藏菩薩的本願是先救他人，後救自己。」

光目女為了救母親一個人，而立下救度眾生
的誓願，像這樣的福力與功德才會大。這樣的願才
是真正的大願。我們要為一個人祈福，一定要使令
很多人都能得福，這樣才有幫助。

我們若想圓成菩薩道，一定使別人身心得安
定；若想遠離世間的災難，首先要去解決別人的困
難，這樣災難自然消除。[93]

第六節：修行法門：在群體養德、在利他中清淨

本文歸結證嚴上人對於修行的法門與次第，分別
講述了《四十二章經》、《人有二十難》、《三十七助
道品》、《慈悲三昧水懺》、《父母恩重難報經》、《菩
薩十地》、與《佛遺教經》。這些經典講述的次序不
一，《四十二章經》之講述最早，時間在一九七九年。
接著是《慈悲三昧水懺》在一九八〇年講述。《四十
二章經》（一九八七──一九八八）與《慈悲三昧水懺》

（二〇〇三－二〇〇八）都講了兩次，可見證嚴上人對這兩部經的重視。《四十二章經》為鳩摩羅什從經典節譯，以去欲、清淨行為本，是慈濟強調的道德修行之根本。《水懺》以懺悔驕慢、殺業、貪欲、瞋恚為主，都是指向情感的清淨為宗。證嚴上人對於情感的對治是十分強調的，他教導弟子不是特別著重思想的綿密，體系的嚴謹，而更多的是通過道德實踐獲致情感的智慧。筆者以「情感的智慧」一語描述證嚴上人的人格特質。因為長期近距離的接觸中，筆者親身感受到證嚴上人對於「情感的超越與透徹」之智慧確實超乎常人之所能。日本禪學家鈴木大拙把情感受思想汙染稱為「情染」。

在幾部慈濟修行依恃的經典，心性情感的陶冶是一，如《四十二章經》、《慈悲三昧水懺》、《三十七道品》；處世之法是二，如《父母恩重難報經》、《人有二十難》；成就菩薩之德為三，如《佛遺教經》、《菩薩十地》。

表五：慈濟宗門的內修法門依據之經

心性智慧	《四十二章經》	《慈悲三昧水懺》	《三十七助道品》
處世之道	《父母恩重難報經》	《人有二十難》	
菩薩之德	《菩薩十地》	《佛遺教經》	

一、《四十二章》：於群體利他中轉欲為愛

　　證嚴上人強調，學佛就是如何使個人情感獲致清淨的歷程。這清淨的路徑從證嚴上人的觀點言之，即是戒定慧的修持。

　　證嚴上人對於慈濟人的修行不離佛陀的「戒定慧」三法。戒為修行之本，戒而後能定，定而後生慧。戒是去貪，定是為眾生不為眾生所染，慧是慈悲等觀的平等慧。以上人的話語，慈濟宗門是：「以戒作制度，以愛為管理。」戒與愛是通達戒定慧之真義。對於戒的重視，證嚴上人於《四十二章經》的講述中曾言：

　　　　我們必定要了解「無為法」，我們要深深地去體解。用什麼方法才能入涅槃「無為法」的境界。我們就要常行二百五十戒，要靜止清淨。保持我們的戒體，我們的戒體要像一張白綢布一樣，要好好護著，一點汙染，這個戒體就報銷了。我們必定要時刻顧名思義，我們是沙門，要勤修戒定慧、息滅貪瞋癡，如此戒體就清淨。

　　　　雖然沙門守二百五十戒，其實不出勤息兩個字。我們若可以固守勤息，勤修戒定慧、息滅貪瞋癡，這二百五十戒就完全清白，就能非常地清淨，清白。我們若能戒體清白，心就清淨了，戒定慧無時不刻不生。

　　　　我們若能夠戒定慧生，四真道行理就徹。四真道行理若徹，那成就阿羅漢就不困難。不過，我們修行，就是希望能超越阿羅漢，真正行菩薩行。

菩薩行還是一樣要依四真道行的法體，勤修戒定慧、息滅貪瞋癡，才能認識我們本來的面目。我們要到達這個涅槃清淨的境界，也要有修行的方法。所以修行的方法就是要首先保持我們這個戒體清淨，這樣保持我們戒體清淨，也就是要能夠守持我們的戒律。[94]

證嚴上人認為戒是通向涅槃的必要路徑，而戒從斷欲開始。《四十二章經》言：「出家沙門者，斷欲去愛，識自心源。」從思想上理解，佛陀標示一個更超越的無色、無欲的生命境界。但是在情感上、在現實上，凡夫的確很難想像，如何能在三度空間的世俗世界達到斷欲去愛的心靈狀態。以「斷愛欲」作為入世間的普世價值，畢竟有它時空的限制。值此，證嚴上人的講述用「清淨智」，用「擴長情、拉大愛」來詮釋人類被欲望捆綁的可能出路與最終的覺醒，是具有時代意義的創造性思惟。

斷欲，在證嚴上人的思惟裡，變成轉欲為愛。這「愛」，是無私的大愛；這「情」，是覺悟以後的有情。這是上人對於佛教傳統語彙與思惟的一種創造與轉化。按心理學家佛洛依德對於人的意識與潛意識的研究。人的意識如果被刻意壓抑，它並不會消滅，而是會變成潛意識；潛意識會到處流竄，難以把握。因此，人的欲愛不能用壓抑來滅除，只能轉化。證嚴上人的思惟是用大愛的清流，淘洗個人愛、欲、見、著

的自我之小濁流。慈濟這個大團體提供清淨泉源，當人們接通這清淨的源頭，就能滌清困在小泥潭的自我之欲愛。

愛欲對於凡人卻又是如此的根本，因此戒除愛欲其實非常不容易。所以如何才能「斷欲去愛，識自心源，達佛深理，悟無為法」？佛陀指出，心的本質與源頭是「無常的、無我的」，是無為之法。但人心被愛欲困住，就像大海中的水，原本廣闊無邊，但卻困在一灘汙泥裡，是一種蒙蔽與愚癡。

人心的力量遠人於愛欲，但人卻拘泥於愛欲。人心的力量之寬廣像大海，愛欲卻引領人心擱淺在泥沙裡，成為一灘汙水。所以「識自心源」，認識心的能量如大海，我們這些凡夫不是困在泥潭中，就是貪戀大海表面的壯闊波瀾。有一次，證嚴上人對一群人文工作者說：「你們總是追求大海表面的那種澎湃洶湧的浪，但其實大海的深處是無限的平靜。心的本質也是如此，平靜最美。」[95]

筆者對這段話的理解為，波浪再怎麼壯闊，沖上岸之後，還是要往海底深處退入、潛藏。然而凡夫不只喜歡波浪，當波浪拍打上岸，甚至還甘心囚困在汙泥潭裡面，這是清淨自性的沉溺與蒙塵。

困在汙泥潭裡的水，儘管你再怎麼清，總是更深深地陷在裡面。這就是第十六章所說的：「人懷愛欲，不見道者，譬如澄水，致手攪之，眾人共臨，無有睹其影

者……心中濁興，故不見道。」汙泥巴裡的水，越攪越髒，越舀越濁。「斷欲去愛，識自心源」，就像深陷汙泥的水，回歸清靜的大海。所以上人說：「一滴水能夠不乾涸，是因為它融入閃亮的大海。」[96]

因為人心是脆弱的，很難自拔，生而知之者畢竟有限，學而知之者，已屬難能可貴。靠什麼學，就是境；境教，是最大的一種力量。環境的因襲薰染，可以讓人沉溺，也可以讓人超拔。證嚴上人創造的慈濟世界，就是提供一個清淨的大海，讓人回歸這個集體的共善的能量，讓薰染的心，得到清淨的力量。

基督教常說：「你不能的，上帝能。」因此要大家禱告上帝，依靠上帝才能得到救贖。而對於慈濟人而言：「你不能的，慈濟能！」慈濟，在證嚴上人及慈濟人眼中就是一個共善的、清淨的大能量，它讓困在泥濘中的水，尋回清淨的大海。

在慈濟，以利他的實踐，遵行團體的戒律，並體悟佛法，讓個人有一條實際的道路，去接近學習這分寬廣的共善之力。所以慈濟弟子體認證嚴上人的思惟是——「在無所求的付出中體會無常，在團體的修行中體現無我。」以實踐接近、體現、融入這共善意識。

《四十二章經》以：「斷欲去愛，識自心源，達佛深理，悟無為法」之後，要還「內無所得，外無所求，心不繫道，亦不結業；無念無作，非修非證。」這描述出學佛的終極覺悟之道，而證嚴上人的慈濟宗

門正是通向這個覺悟之道的法門。斷欲去愛，慈濟是經由利他行動，轉化「欲愛」為「清淨無染的長情大愛」。

慈濟宗門提供利他實踐的場域，讓凡夫轉小愛為大愛。慈濟人在各種苦難的場所，體會世間無常。認識人生只有使用權，沒有所有權，應該把握良能為眾生付出，這就是「識自心源，達佛深理」。

而這種利他的實踐，隨處皆可體現，每個苦難的現場都是修行最好的道場。每一個救災與利他的行動，都是全心的智慧的考驗，也是最佳時機。這也是一種「悟無為法」；慈濟人以具體行動實踐無為法的深理，是證嚴上人所說的「行經」。

體悟無為法就應該「內無所得，外無所求」。這是上人提醒慈濟人「無所求付出」的心境。不只付出無所求，付出還要感恩。這是「無受者，無給予者，也無給予這件事」，真正地做到三輪體空。對於無所求的功德，第十一章就說明：「飯惡人百，不如飯一善人。飯一善人，不如飯一持五戒者……飯千億三世諸佛，不如飯一無念、無住、無修無證之者。」可見無所求的心，功德最大。

二、《慈悲三昧水懺》：消滅業障七個心

消滅業障是修行的目標。如何消滅業障？《慈悲三昧水懺》以七個心來敘述，分別為「慚愧心、恐怖

心、厭離心、發菩提心、怨親平等、念報佛恩、與觀罪性空」。

　　這七個心環環相連。「懺悔心」是建立起一種新的生命觀,把過去的世俗之見打破,重新來過。宗教學的意涵裡,亦即獲得新生、重生、復活。

　　基督教認為,在基督耶穌裡,人得以復活,得以永生。而佛教是教導世人學習佛陀的覺悟,認知人的本性是不生不滅,本自清淨,這種本性,佛與眾生無差別,既然無差別,就應慚愧自己迷惘於短暫須臾的欲望世界中,生起「慚愧心」,生起願意重新過一個不一樣的人生,而這個不一樣的新生命,其核心觀念就是因果觀。知因果業報之必然,就會生「恐怖心」。恐怖因果,因此厭離身口意之欲望與造業的生活,此為「厭離心」。厭離之後,可以指是消極的修行,但修行不是斷絕世間,而是要有精進心,因此「發菩提心」。發菩提心之際,最不容易跨越的是小愛的藩籬,因此「怨親平等觀」對修行人顯得格外重要。怨親平等觀如能達成,就真正地大捨無求,而無求的心,才是真正的念報佛的恩惠,「念報佛恩」,讓眾生逐步進入佛性的境界。最終的境界「罪性空觀」,一切罪本自空寂、無相,是人的無明造作而來。因緣滅,果報就滅。以證嚴上人的觀點,這種罪性的空寂,是屬於人間的,造業,果報,在人世間都有,因此必須於眾修行,懺悔罪愆,廣結善緣,才能滅除果報。

三、經藏演繹為慈濟的共修法門

證嚴上人以《水懺》經藏演繹創造一個「類現實」的「情境實踐」，讓人人能夠在演繹中親身體驗各種貪瞋癡的無明，進而能去除無明煩惱，回歸清淨。在《水懺》演繹的過程中，從經典的改編，音樂的著作，經藏演繹的排演，先前的讀書會，社區的彩排，到最後的上萬人齊心入懺的法會。每一層都是讓慈濟人能深深體會，感受到自我深埋的罪愆。

《水懺》經藏演繹是一場沒有上臺、下臺之別的法會。每一場演出或彩排開始之前，有大工作必須完成。舞臺搭設前，志工必須對巨蛋或體育場進行打掃。以彰化為例，近千位志工將彰化體育場打掃得潔淨清雅。多年未見體育館有如此清新的風貌。接著搭設舞臺，大愛臺同仁盡心鋪設管線，架起燈光。然後精心規劃的地標開始貼滿了舞臺上的每一處。這些地標是演繹志工遵循的走位標誌。地標是高雄的志工先發起，他們在電腦上先設計好每一次的走位，每一個音樂變化時必須轉化的隊形。先在電腦上構圖好，然後印出，發給大家。志工按著規劃好的圖形、距離，精準地劃上地標。只要有一處地標錯誤，很有可能在正式法會時，某一場景的演繹就會出錯，甚至產生極大混亂。所以精準度是志工必須遵循的。看著地板上五顏六色的地標，其實很難想像這些來自各行各業的演繹志工們，是如何能記住它們。

排列有序的各種地標，就像人生的軌道，每一個人都必須遵循軌道行走，變化方向與姿勢。每一個變化都與其他人有關，每一個人都必須在特定時間，特定地點，做出特定行為，才會莊嚴有序地將法會完美呈現。這即是和人生一樣，我們都是必須與其他人配合，其他人也必須與我們配合，彼此都必須和合，否則整體就會紊亂。地表的標誌就像戒律，人人守好戒律，並與他人協力，才能譜出莊嚴和諧的樂曲。

　　表現生命的關鍵一刻，是被事前無數的準備所決定的。沒有人能單獨存在，沒有人能單獨完成莊嚴優美的演繹，它是群的力量，群的和諧。證嚴上人所言，個人美決定群體，群體美，個人才會美。

　　證嚴上人為了擴大大家的參與，讓不同身體狀況的菩薩們，都能身心安適地參與演繹活動。因此除了手語之外，廣設妙音、輕安與大愛之光等演繹區。所有參與在看臺上觀看經藏演繹法會的人，其實也都是參與者。他們跟著唱誦，跟著演繹菩薩比法船，讓每一個人的心念都在那一個當下，虔誠、莊嚴、潔淨。

　　共善之力，共懺之願，隨著聲波，隨著動作，傳送到每一個人的心靈之中，把每一個人的心靈都交織融會在一起。「日出東方消昏暗，浪子迷途能知返，我今一一誠發願，淨如琉璃化人間。」接著法船啟航，上萬人跟著法船前後擺動，讓這千千萬萬人都置身在無邊的法海與堅定的渡舟之中。筆者認為，《水懺》演

繹所呈現的是一場沒有臺上，沒有臺下之別的音樂手語演繹，這是人人都能啟迪內心懺悔、清淨的法會。

入經藏不是經由傳統閱讀的形式，而是希望能夠透過群體的共同一念心，凝聚共善之能量，合心協力地以身行演繹，讓每一個人在經藏演繹中得到心靈的法喜。

這場經藏演繹實現了上人長久期待的慈濟宗門的內修法門，這內修法門是經由身心演繹，經由團體協力，獲致個人之修行，是經文、樂音、肢體美的表現及現代影音藝術共同形塑而成，它是經由生活中力行簡欲素食，深入經文，克服現實種種困難與挑戰，面對身體的疲憊，考驗心智縮小與耐力，才能由外行達成心靈的內修。這些罪愆不離六根、六塵、六識的結合染著，而不自知。在莊嚴優美的音樂薰習中，在雋永經典改編文字的啟迪中，在學習手語的沉浸中，在與他人合和互協的演繹中，人的心靈得到巨大的覺醒，人的心性得到無限的清淨。演繹，作為一種行經，是慈濟人內修的法門，這種身心靈境都融入期間的法會，是慈濟宗門開創的一種內修智慧。

四、三十七道品：精進趨向涅槃

證嚴上人期望每一位靜思慈濟弟子都必須熟讀《三十七助道品》。佛陀在說明諸法空相之際，即強調正念修行，為通向究竟覺悟的路徑。佛法不是斷滅一

切，而是精進的修持自己與萬法合一，契達真如的本性。

三十七道品之四正勤在於行善止惡。三十七道品從善行出發，一直修到四神足（四如意足），亦即在一切善中，修得身心自在，無入而不自得，即自在三昧。善行的普遍化至遍滿十方，一切無礙。如果四正勤與四神足是偏向實踐，那麼四念處是強化佛法觀念的建立，以空性觀照修行者的實踐。

菩薩修持至無漏智慧，具足五根、五力，仍須心心念念為眾生，以七覺支令眾生超越生死輪轉，如良藥療治一切眾病，如甘露食無厭足。七覺支滌盡一切眾生病患，邁向正道菩提的覺悟。

三十七道品的最終修持為八正道。八正道以精進不懈的正修行，從正確見解、建立正思維、說正語、行正業、得正命、勤正精進、悟正念、住正定。這是邁向涅槃境界的大修持。三十七道品是佛陀引導弟子通向覺悟涅槃之境地的必須修持。

三十七道品由增壹所生，即萬法由一所生，這一法就是無為法。從無為法生出世間的萬法，但是萬法從行一切善，止一切惡開始。能修足四意斷（四正勤），就邁向四神足。四如意足（四神足）謂：自在三昧、心三昧、精進三昧、誠三昧。

慈濟志工行善就是實踐四神足（四如意足），要幫助眾生必須要心細，知道照顧戶需要什麼？看到他們

的苦，不被苦所染而生煩惱。所以第一如意足是「自在意所欲，心所樂，使身體輕便，能隱形極細」。幫助人很快樂，以眾生之樂為樂，將眾生視為一己，所以能細微體察他們的需要。慈濟人發放前必須進到村子裡考察，少數先遣志工，身心輕便進去村子，志工的出現必須很謙卑，不打擾到他們的日常生活，但卻要確實了解村民之所需，這豈不是「身體輕便，能隱形極細乎」？

三十七道品的最終修持為八正道。八正道為：「正見、正思惟、正語、正業、正命、正精進、正念、正定。」八正道是邁向涅槃境界的大修持。如《增壹阿含經》云：

> 爾時，世尊告諸比丘：「我今當說趣泥梨之路，向涅之道，善思念之，無令漏失。」
>
> 諸比丘白佛言：「如是。世尊！」諸比丘從佛受教。
>
> 佛告比丘：「彼云何趣泥梨之路，向涅槃之道？邪見趣泥梨之路，正見向涅槃之道；邪治趣泥梨之路，正治向涅槃之道；邪語趣泥梨之路，正語向涅槃之道；邪業趣泥梨之路，正業向涅槃之道；邪命趣泥梨之路，正命向涅槃之道；邪方便趣泥梨之路；正方便向涅槃之道；邪念趣泥梨之路，正念向涅槃之道；邪定趣泥梨之路，正定向涅槃之道。是謂，比丘！趣泥梨之路，向涅槃之道。諸佛世尊常所應說法，今已

果矣！汝等樂在閒居處，樹下露坐，念行善法，無起懈慢。今不勤行，後悔無及。」[97]

涅槃就證嚴上人的觀點言之，是回到生活中的守持正法，時時寧靜快樂。八正道通向涅槃，涅槃之道從心正、行正開始。證嚴上人說：「修行人若能心正、行正就可以達到涅槃的境界。涅槃是真正寧靜的境界，心地若能時時保持寧靜則正大光明。」[98]

寧靜的心從守志奉道開始。菩薩道為眾生付出的志不變，終究能成佛道。心無欲望就不漏失，無漏之心為正道。富者減少欲望，樂於助人，貧困知足常樂，就都能平等地守住正道。而佛教五戒、儒家五常，仁義禮智信都是守住正道的根本。證嚴上人把涅槃與正道等同，再把倫理五常、五戒為守住正道的根本，將無為法的涅槃導向有為法的倫理實踐。佛陀的原始教誨也是希望弟子在有為法的生活中體現八正道，才能趨向涅槃。

五、《父母恩重難報經》：行善行孝不能等

行善與孝道是證嚴上人期許慈濟弟子奉行的基本道德實踐。善與孝是慈濟人處世的基本修持。證嚴上人講述《父母恩重難報經》從懷胎之苦、哺乳之恩、養育之情、到望子成就善道之德澤，最後歸結到佛陀所強調眾生皆為我生身之父母。從對父母的孝與敬，擴及到一切眾生都是我前世或未來世之父母，因此大

孝為善天下，恭敬一切眾生。證嚴上人從一九八九年至一九九〇年講述《父母恩重難報經》，強調以孝為社會之基礎，以孝為善之先。在二〇〇二年慈濟更將《父母恩重難報經》編寫成音樂手語劇。在臺灣及全世界公演，獲得很大的迴響。

綜觀證嚴上人對於孝道的重視，不只是佛陀的教法，更是儒家孝道思想的影響所致。中國俗話說：「百善孝為先。」證嚴上人告誡弟子把家顧好才能做慈濟。最好的養老院是家庭，因此慈濟的慈善、醫療志業始終不興辦養老院，就是希望子女奉養父母之孝，能成為社會穩固之基礎。證嚴上人將農曆每個月的二十四日作為慈濟慈善的發放日，並在這一天禮拜《藥師經》，四十九年如一日，因為二十四日是證嚴上人的生日，他感念母難日，感念父母生育之恩，自己出家未能事奉父母，因此以二十四日之母難日慈善發放，誦《藥師經》回向給生身父母及天下父母。

證嚴上人說，孝道不只是生時隨侍在側，不辭勞苦；父母往生，還要慎終追遠。

要報父母恩一定要有一分長久心，從自己有能力奉養父母開始一直到父母臨終的最後一日，甚至父母不在了，還要慎終追遠。這樣才是真孝道。[99]

證嚴上人引佛陀的教喻：「假使有人，左肩擔父，右肩擔母，研皮至骨，穿骨至髓，繞須彌山，經百千劫，血流沒踝，猶不能報父母深恩。」[100]

善與孝對於證嚴上人的思想而言，是修行者處世的根本，是淨化人心的起點，也是社會祥和的基石。

六、《人有二十難》：眾生為修行的道場

《人有二十難》取自《四十二章經》，證嚴上人單獨將《人有二十難》獨立出來講述、出版，是鼓勵行菩薩道，面對剛強眾生難調難伏所具備的堅忍意志與願力。從貧窮布施難、富貴學道難，到受辱不瞋難、心行平等難、隨化度人難等，所有行菩薩道所必須修持的內心之力與處世之道，都徹底明瞭地闡述。證嚴上人之「教富濟貧、濟貧教富」，讓富者見苦知福，讓貧者布施心靈富足，這是在慈濟十分普遍的實例。慈濟幫助過的南非祖魯族志工，從受助者成助人者。緬甸風災的災民，在受慈濟賑濟後，一群佃農們每日布施米給更窮困的人。《人有二十難》是慈濟志工奉行菩薩道，布施濟眾，難忍能忍，已度未度，自利利他的精神指標。

七、《菩薩十地》：圓滿十地契入佛道

《菩薩十地》是慈濟人修持的最高目標之一。菩薩行於世間，能圓滿十地境界，就逐漸地契入佛道。

證嚴上人的《菩薩十地》以慈濟人的實踐經驗為出發點，闡明菩薩修行從為眾生歡喜的付出開始。然後從行善到善行，在無相付出中，縮小自己，去除貪

欲，修持自我離欲境界，直到身心清淨的光明地。

雖然自身逐漸離開無明煩惱，無染著於貪瞋癡，心地無瑕即發光地，但是在世間仍必須接受世間的各種煩惱與考驗，此即進入第四地焰慧地。證嚴上人說：「無論處什麼環境，都要下決心去適應，並以發光地的生忍、法忍為基礎，不斷地再精進，才能達到焰慧地。」[101]

菩薩持續在人與事各種磨難中，如入火爐般地淬煉己心，直至細小的煩惱與習氣皆能去除，就進入第五地難勝地。眾生度不盡，入人群不為眾生煩惱所染，自我調伏心，依止正道、大法，是難勝地。能克服自己的煩惱，能濟度眾生不退轉，就進入第六地現前地；智慧現前，光明普照。

第七地遠行地，濟度眾生非一時之力，非一人之力，必須生生世世地行大願，引渡更多菩薩加入救助眾生的行列，所以是遠行地。第八地不動地，這種修行與願力守之不動，億百千劫，行於定中，是不動地。證嚴上人詮釋為「菩薩若立下堅定的願，時時刻刻保持如初的歡喜心，若能如此，立弘誓願，持續不退，這就是願波羅蜜，也是菩薩的第八不動地。」[102]

第九地善慧地，長時間的修行，內能清淨，外能度人，這是善慧。不只得涅槃清淨，說法度眾無礙，是善慧。如此清淨無礙，說法無礙，成就功德無礙，終至成佛的第十地法雲地。

佛陀也是經過無數量劫的修行，自度度人，經歷各種挑戰磨難，於世間法，出世間法，皆能具足，得一切種智，終至成佛。[103]

八、《佛遺教經》：清淨安樂之現世涅槃

證嚴上人講述的《佛遺教經》是採取鳩摩羅什翻譯的《佛垂般涅槃略說教誡經》為教本，這部經以離欲、戒律與精進為主軸，強調佛滅度後以戒為師的修行理想。因此證嚴上人詮釋《佛遺教經》以十四章之篇幅闡述戒律、禪定、智慧之道；制心、節食、戒睡眠、戒驕慢、戒諂曲、少欲、知足、遠離、精進、不忘念，乃至禪定、生智慧。佛陀的教化本來就是重道德生活之實踐。

佛陀開始說法以四聖諦度化弟子，入滅前以八正道叮嚀弟子精進修行。證嚴上人講述《佛遺教經》以開示常、樂、我、淨的真如境界，必定來自生活中持續地修持實踐八正道，追求涅槃的理想，現世間是個起點。證嚴上人說：

> 涅槃不是死，而是常寂的意思。時時保持平靜不衝動，心行光明正大，這是人人本具的慧性……涅槃是寂靜、安定光明的境界。心不動搖。不受外境迷惑，是寂靜。光明則表示人生的方向正確，不受人我是非所迷亂，這就是真正安樂的境界。若得涅槃常寂光的境界，就無生滅的煩惱。[104]

本文將《佛遺教經》歸納在證嚴上人的修行所依止之經典之一，其理由為證嚴上人的修行之理想最終回歸到佛的四德。佛之四德，常、樂、我、淨；「常德」，以證嚴上人看來就是「忍德」。佛的「常德」在世間不管如何辛苦，如何犧牲，都在所不惜地為眾生付出。德是有涵養，忍人所不能忍，至忍而無忍的程度，謂之德。證嚴上人將「佛德」立在絕對利他的基礎上，在娑婆世間的忍德，正是「佛德」的表徵。

　　佛陀的智慧非戲論，亦即佛法是重實踐。修行人要妙用法，不是拿佛法來論述，不是在思想上打轉，而是能在情感上覺悟，讓情感慈悲與清淨，這必須身體力行。不只自己身體力行，還必須度化一切眾生。只有在深入的度化眾生中，才能淬煉自己的慈悲情感是否具足清淨，是否不為所染。小乘人為歷練世間各種境界，以為自我清淨，難免遇事則惱，臨危則懼，處逆則亂。修行思想上，而是真在情感上鍛鍊出清淨無染，在一切人事境中提煉無礙智慧。能與一切境和合圓融，即是大圓鏡智。因此佛陀慈悲度眾生，度眾生才能成就佛道。所以佛對諸比丘言：

　　　　汝等比丘，種種戲論，其心則亂，雖復出家，猶未得脫。是故比丘當急捨離亂心戲論，若汝欲得寂滅樂者，唯當善滅戲論之患，是名不戲論。

　　　　汝等比丘，於諸功德常當一心捨諸放逸，如離怨賊。大悲世尊所利益皆已究竟，汝等但當勤而行

之。若於山間，若空澤中，若在樹下，閑處靜室，念所受法勿令忘失，常當自勉精進修之，無為空死後致有悔。我如良醫知病說藥，服與不服非醫咎也。又如善導導人善道，聞之不行非導過也。[105]

重行，是佛陀的教法之真義，非戲論言詮能把握，非思想理解能體會。實踐佛法，須於世間歷練，才能將佛法的妙用深入於心。佛陀行將入滅，不忘囑咐弟子行的重要性。行於道，則利己利他。佛陀指出的真理再怎麼高妙，令人聞知喜悅，但弟子必須自己實踐才能真正體會。實踐要自己下功夫，無法依賴他人。佛陀不要眾生或弟子依賴他，當求自我解脫，切勿求助他人。雖然如此，依賴佛陀是弟子們的共同修行病兆，如跟隨佛陀二十多年的阿難，看到佛陀行將入滅，仍掩不住十分地傷感。佛陀告訴弟子：

> 於此眾中所作未辦者，見佛滅度，當有悲感。若有初入法者，聞佛所說，即皆得度。譬如夜見電光，即得見道。若所作已辦，已度苦海者。但作是念，世尊滅度，一何疾哉。

> 此仍是阿㝹樓馱分別語也，於中有三種分別，一所作未辦者，指初果二果三果。以思惑未盡斷故，當有悲感，如阿難愁憂等是也。二初入法者，指內外凡，緣觀行力深，故今一聞佛法，速疾見道。如夜見電光，更非推遲，以見道一十六心，不出一剎那故也。三所作已辦者，指阿羅漢，見思

斷盡，永超三界苦海，故無復情愛悲感，但未知佛
實不滅，故謂滅度何疾也。

　　阿㝹樓馱雖說此語，眾中皆悉了達四聖諦
義。世尊欲令此諸大眾皆得堅固，以大悲心，復為
眾說。汝等比丘，勿懷悲惱，若我住世一劫，會亦
當滅，會而不離終不可得。自利利他法皆具足，若
我久住，更無所益。應可度者若天上人間，皆悉已
度。其未度者皆亦已作得度因緣，自今以後。我諸
弟子輾轉行之，則是如來法身。[106]

三種弟子的心境，一是對佛陀的情不捨，不願
看到佛陀離去入滅，這是所作未辦；二是以覺悟之道
佛陀滅度，佛陀不會繼續再與他們說法，所以把握
因緣體解大道；三是不悲不喜，聽從佛陀的教導努力
修行。其實佛陀一再強調，他的生身入滅，佛陀是
人，如證嚴上人所言，佛陀是聖人，不是神，不可以
把佛神化，但是佛陀的法身不滅，他所體悟的真理不
滅；作為人的生身滅了，但是法身常存。證嚴上人也
闡述，一部分弟子知道佛陀實不滅，佛陀還要再來人
間繼續度化眾生。這一如樓宇烈先生所言，以佛陀精
神在世間度化眾生的都是佛的再來。體解佛道，知道
不可以三十二相見如來。佛無定相，以眾生之所需為
相。證嚴上人將此遺教歸結為，佛法與宇宙萬法合一；
萬法不滅，佛亦不滅。

※本篇文章出自《利他到覺悟——證嚴上人利他思想研究》一
　書，該書由聯經出版社出版之。

[1] 釋證嚴《靜思晨語 法華經‧譬喻品第三》，大愛電視臺，2015年5月18日。

[2] 感恩戶一詞為釋證嚴所創。慈濟稱接受幫助的貧苦人為「感恩戶」，慈濟志工必須以感恩心付出，亦即幫助人的人要向接受幫助者說感恩。因此稱受助戶為感恩戶。

[3] 釋證嚴《來自證嚴上人的一封信》，慈濟全球資訊網，2011年5月17日。

[4] 釋證嚴 靜思精舍與筆者談話，2013年。

[5]《佛說藥師如來本願經》《大正新修大藏經》第14冊 No.0449。

[6] 釋證嚴《靜思妙蓮華 序品第一》上卷，靜思人文出版社，2015年，頁67。

[7] 釋證嚴《慈濟年鑑》靜思法脈勤行道 慈濟宗門人間路，2008年，佛教慈濟基金會，頁25。

[8] 釋證嚴《慈濟年鑑》靜思法脈勤行道 慈濟宗門人間路，2008年，佛教慈濟基金會，頁25。

[9] 釋證嚴《靜思妙蓮華》第610集，講述《法華經‧譬喻品第三》，大愛電視臺，2015年7月16日。

[10] 釋證嚴《靜思精舍早課開示》，2014年02月20日。

[11] 釋證嚴《靜思精舍早課開示》，2014年02月20日。

[12] 釋證嚴《慈濟月刊》，2006年12月25日，頁136。

[13] 釋證嚴《靜思精舍常住二眾開示總匯》，1995年9月24日，頁6。

[14] 釋證嚴《靜思精舍常住二眾開示總匯》，1995年9月24日，頁6。

[15] 釋證嚴《靜思精舍常住二眾開示總匯》，1995年9月24日，頁6。

[16] 釋證嚴《靜思精舍常住二眾開示總匯》，1995年9月24日，頁7。

[17] 釋證嚴《靜思精舍常住二眾開示總匯》，1995年9月24日，頁11。

[18] 釋證嚴《慈濟月刊》448期 隨師行記，2004年3月25日。

[19] 釋證嚴 慈濟全省合心組隊精進三日，在精舍進行雙向互動座談。釋證嚴以「慈濟宗門一家親，志同道合是法親，法髓相傳長慧命，如同身受感恩心。」此偈說明慈濟宗門的重要意涵。

[20] 釋證嚴《慈濟月刊》481期 隨師行記，2006年12月25日。

[21] 釋德凡《證嚴上人思想體系探究叢書第一輯》，靜思人文出版社，2008

年 頁80-81。

[22] 釋德伒《證嚴上人思想體系探究叢書第一輯》，靜思人文出版社，2008
年10月，頁73-74。

[23] 釋德伒《慈濟月刊》448期 隨師行記，2004年3月25日。

[24] 釋證嚴《慈濟月刊》448期 隨師行記，2004年3月25日。

[25] 方立天《中國佛教與傳統文化》，中國人民大學出版社，2010年 頁
43。

[26] 何建明 佛光宗與中國現代佛教宗派特徵提綱，2015年3月。

[27] 何建明 佛光宗與中國現代佛教宗派特徵 提綱，2015年3月。

[28] 釋印順《菩薩心行要略》，正聞出版社，頁120、頁126。

[29] 三藏曇摩伽陀耶舍譯《無量義經》十功德品第三《大正新修大藏經》第
9冊

[30] 何日生《無量義經與證嚴上人 論慈濟宗門之開展與修行》法印學報
第二期，2012年10月。

[31] 三藏曇摩伽陀耶舍譯《無量義經》德行品《大正新修大藏經》第9冊
No.0276。

[32] 釋德伒《證嚴上人思想體系探究叢書第一輯》，靜思人文出版社，2008
年，頁70-71。

[33] 釋證嚴《慈濟月刊》481期 隨師行記，2006年12月25日。

[34] 釋證嚴《無量義經講義》，靜思人文出版社，2002年，頁94。

[35] 釋證嚴《靜思精舍早課開示》法華經講述，2013年12月15日。

[36] 釋證嚴《靜思精舍早課開示》法華經講述，2015年05月18日。

[37] 釋證嚴《慈濟月刊》402期，2000年5月25日。

[38] 釋證嚴《靜思精舍早課開示》靜思精舍，2014年02月20日。

[39] 釋證嚴《慈濟月刊》第517期，2009年12月25日。

[40] 釋證嚴《靜思精舍早課開示》—法華經開示，2013年12月11日。

[41] 釋證嚴《靜思精舍早課開示》—法華經開示，2013年12月11日。

[42] 釋證嚴《靜思精舍早課開示》—法華經開示，靜思精舍，2103年11月
06日。

[43] 釋證嚴《無量義經偈頌》，靜思人文出版社，2011年，頁516。

[44] 釋證嚴《無量義經偈頌》，靜思人文出版社，2011年，頁516。

[45] 釋證嚴《無量義經偈頌》，靜思人文出版社，2011年，頁518-519。

[46] 釋德伔《慈濟月刊》隨師行記481期，2006年11月。

[47] 釋證嚴《無量義經偈頌》，靜思人文出版社，2011年，頁517。

[48] 釋德伔《慈濟月刊》隨師行記481期，2006年11月。

[49] 何日生〈無量義經與證嚴上人〉《法印學報》第二期，2012年，頁123。

[50] 釋證嚴《靜思妙蓮華 序品第一》上卷，靜思人文出版有限公司，2015年，頁83。

[51] 釋證嚴《靜思妙蓮華 序品第一》上卷，靜思人文出版有限公司，2015年，頁120。

[52] 釋證嚴《靜思精舍早課開示》，2014年11月25日。

[53] 釋證嚴《靜思精舍早課開示》，2014年11月15日。

[54]《妙法蓮華經卷》第二《大正新修大藏經》第09冊No.0262。

[55] 木村泰賢《小乘佛教之思想》，天華出版社，1990年。

[56]《中阿含經》卷三十四《大正新修大藏經》第01冊No.0026。

[57] 釋證嚴《靜思精舍早課開示》，2014年11月15日。

[58]《中阿含經》卷三十四《大正新修大藏經》第01冊No.0026。

[59] 呂澂《印度佛學源流略論》，大千出版社，2000年，頁182。

[60]《中阿含經》卷三十四《大正新修大藏經》第01冊No.0026。

[61] 釋證嚴《靜思精舍 結集中心開示》，2014年4月4日。

[62] 呂澂《佛學選集五》，齊魯書社，1991年，頁654。

[63] 釋證嚴《靜思精舍早課開示》，2014年05月10日。

[64] 釋證嚴《靜思精舍早課開示》，2014年08月21日。

[65]《妙法蓮華經》卷第二《大正新修大藏經》第09冊No.0262。

[66] 釋印順《華雨集》第一冊，正聞出版社，1993年，頁350。

[67]《妙法蓮華經》卷第一《大正新修大藏經》第09冊No.0262。

[68] 釋證嚴《法華經‧序品》，靜思人文出版社，2014年，頁149。

[69] 釋證嚴《法華經‧序品》，靜思人文出版社，2014年，頁81。

[70] 何日生《無量義經與證嚴上人》法印學報 第二期，2012年。

[71] 三藏曇摩伽陀耶舍譯《無量義經》說法品《大正新修大藏經》第9冊No.0276。

[72] 三藏曇摩伽陀耶舍譯《無量義經》德行品《大正新修大藏經》第9冊 No.0276。

[73] 三藏曇摩伽陀耶舍譯《無量義經》德行品《大正新修大藏經》第9冊 No.0276。

[74] 三藏曇摩伽陀耶舍譯《無量義經》德行品《大正新修大藏經》第9冊 No.0276。

[75] 三藏曇摩伽陀耶舍譯《無量義經》說法品《大正新修大藏經》第9冊 No.0276。

[76] 三藏曇摩伽陀耶舍譯《無量義經》十功德品《大正新修大藏經》第9冊 No.0276

[77] 釋證嚴 花蓮慈濟醫院演講，1999年5月1日。

[78] 釋證嚴《慈濟月刊》306期，1992年05月25日。

[79] 釋證嚴《1985隨師行記》4月18日講述，慈濟文化出版社，1996年9月 30日。

[80] 釋證嚴《慈濟月刊》402期，2000年05月25日。

[81] 釋證嚴《慈悲的心路》，慈濟文化出版社，2010年8月1日，頁222。

[82] 釋證嚴《慈濟月刊》528期，2010年11月25日，頁115。

[83] 釋證嚴〈聯誼會講話 花蓮靜思精舍〉，1996年8月5日《慈濟月刊》516 期6版。

[84] 釋證嚴《慈濟法髓》，慈濟文化出版社，2006年4月11日，頁27。

[85] 釋證嚴〈聯誼會講話 花蓮靜思精舍〉《慈濟月刊》，1976年8月5日 118 期12版。

[86]《佛說藥師如來本願經》《大正新修大藏經》第14冊 No.0449。

[87]《佛說藥師如來本願經》《大正新修大藏經》第14冊 No.0449。

[88]《佛說藥師如來本願經》《大正新修大藏經》第14冊 No.0449。

[89]《佛說藥師如來本願經》《大正新修大藏經》第14冊 No.0449。

[90]《佛說藥師如來本願經》《大正新修大藏經》第14冊 No.0449。

[91]《地藏菩薩本願經上》《大正新修大藏經》第13冊 No.0412。

[92]《地藏菩薩本願經上》《大正新修大藏經》第13冊 No.0412。

[93] 釋證嚴《佛門大孝地藏經》，靜思人文出版社，2009年，頁315。

[94] 釋證嚴《靜思精舍早課開示》四十二章經講述，1987年。

[95] 何日生《人醫心傳月刊》第50期，2008年2月，頁9。

[96] 何日生《慈濟月刊》558期，2013年5月，頁125。

[97]《增壹阿含經》卷十三《大正新修大藏經》02冊 No 0125。

[98] 釋證嚴《三十七道品講義》慈濟文化出版社1991年，頁256。

[99] 釋證嚴《父母恩重難報經》靜思人文出版社1998年，頁264。

[100] 釋證嚴《父母恩重難報經》靜思人文出版社1998年，頁264。

[101] 釋證嚴《心靈十境》慈濟文化出版社2002年，頁57。

[102] 釋證嚴《心靈十境》慈濟文化出版社2002年，頁124。

[103] 釋證嚴《心靈十境》慈濟文化出版社2002年，頁124。

[104] 釋證嚴《佛遺教經》靜思人文出版社 2009年，頁33、頁35。

[105] 天親著《遺教經論》《大正新修大藏經》第26冊 No.1529。

[106] 明古吳蕅益釋《遺教經解》卍新纂續藏經 第37冊 No.0666。

作為大乘菩薩道的慈悲行：原理及途徑
——兼駁「慈濟將佛教俗化和淺化」説

Conduct of Loving Kindness and Compassion of the Mahayana Bodhisattva Path: Principle and Approach
——A Rebuttal to the Position Statement that "Tzu Chi Secularizes and trivializes Buddhism"

宣方　中國人民大學宗教學系副教授
宗教學高等研究院研究員

Xuan Fang
Associate Professor of School of Philosophy, and
research fellow in the Institute for
Advanced Studies in Religion,
Remmin University of China

　　慈濟宗門經常面臨傳統佛教界的一項指責：說慈濟將佛教俗化和淺化了，將大乘不共法降格成為人天乘的五乘共法。

　　慈濟宗門具有明顯的悲增上的菩薩行門的特色。的確，表面上看起來，悲增上的大乘菩薩行者，他們的修行工夫與五乘共法在取徑上頗為一致，都是不廢人間正行，廣修十善，以種種世間正業利世濟民。甚至可以說，大乘的外凡夫位，實等於人間的君子、善人。

　　但這種悲增上風格的菩薩行門，正是大乘與二乘不共的特色所在，也是由人乘而直入一佛乘的人間正道！較諸以聲聞乘而入佛道的智增上菩薩行門，和

依天乘行（淨土行、秘密行）而入佛道的信願增上菩薩行門，更能夠暢佛本懷。諸佛世尊為一大事因緣而出現於世，欲令眾生開示悟入佛之知見。依人菩薩行而向佛道，實在是一佛乘的康莊大道。按照太虛大師的判攝：正法時期，多依聲聞乘行而入大乘；像法時期，多依天乘行而入大乘；末法時期，多依人乘行而入大乘。這不但契理，同時也是最契合當代時機的大乘菩薩行門。因此，從基本教理層面來說，悲增上的菩薩行門，完全不存在所謂的將佛教矮化和淺化的問題。

那麼，認為「慈濟將佛教俗化和淺化」的誤會由何而致？筆者認為，一則是由於悲增上的人菩薩行者的行持法門與五乘共法在修行科目上的同類性（但並不全然同質）所致，這屬志向上的。以慈濟宗門踐行最為成功、也最為世人所稱許的布施而論：布施，在五乘共法中屬三福業之一，而且是三福業中最淺近的一種。在以解脫為導向的三乘共法的諸道品中，並沒有布施，因為在厭離世間、急求自證的聲聞行者那裡，布施並沒有不可或缺的重要意義。但在大乘菩薩道中，布施不但重新成為修道的德目，而且位居第一，因為它正是利濟群生的大乘心髓所在。直入佛乘的大乘布施法門，與人天福業的布施，分野何在？端看它是否與三心相應。正如印順導師在《成佛之道》中精闢地指明的那樣：

一、要與「菩提心相應」，就是為了上求下化的志願而布施。二、施時要以「慈悲」心「為上首」，為先導，就是從慈悲心而引發布施。三、法「空慧是方便」，方便是善巧的別名。如不著施者、受者、所施的物件，名為有方便。如沒有法空慧，著相布施，名為不善巧，無方便，不能出離生死，而趣向一切智海。可以說：菩提心是志願所在，慈悲心是動機，法空慧是做事的技巧。如「依此三要門」為本，「善」巧的「修」習「一切行」：世間善法的五戒，十善，三福業也好；出世善法的四諦，緣起，三學，八正道，三十七道品也好；大乘法的六度，四攝，百八三昧，四十二字門等也好：這「一切行皆」就歸「入」於「成佛之」道的「一乘」法了。簡單地說：有了這三心，一切善行都是大乘法；如離了這三心，或缺少了，什麼也不是成佛的法門了。

在筆者看來，慈濟宗門有必要加強自己的教理論述，從三心相應的角度捍衛慈濟宗門行持利他法門的佛教教理正統性。

認為「慈濟將佛教俗化和淺化」的誤會，筆者認為第二個來源是誤會慈濟將慈濟宗門凌駕於傳統宗門之上，甚至取代傳統宗門，至少是要分庭抗禮，這屬情感上的。克實而論，慈濟宗門還在建立和完善的過程中，慈濟五十年的人間佛教之路的經驗值得自豪、值得珍視、值得總結。但慈濟並沒有攻擊和挑戰傳統

宗門，反倒是傳統宗門不太能接受一個在現代性的時節因緣下產生的新宗派。這裡面，雖然有近現代漢傳佛教在不同的時空脈絡中展開所帶來的對於「宗」的不同理解，但更多的是情感上的不認同。對於這一點，無論是慈濟宗門還是傳統宗門，都要謙卑地認識到：佛果決不是一行一法門可以圓成的。若以為只要修某法某行，就可以成佛，不需要修集其他功德，那就是顛倒妄見了。以成佛自期的大乘行者，可以在此生乃至累劫多世中，發願護持某宗某派，但終究不應以一宗一派的徒裔自我設限，菩提道上應該以法相聚，而不是以情相牽。

認為「慈濟將佛教俗化和淺化」的誤會，筆者認為第三個來源是誤會慈濟淑世有餘而內修不足，這屬知見上的。從慈濟人的精神風貌上看，筆者認為他們的精神世界的充盈與豐沛，遠勝於許多批評者。造成這種誤解的部分原因在於，慈濟人敏於行而訥於言，慈濟宗門的教理闡述，在這方面的確有待改進。筆者認為，應回歸基本教理，特別是重視《雜阿含》第七四四經，以及《大毗婆沙論》、《大智度論》、《瑜伽師地論》對大小乘論書對於本經的注釋，將慈濟宗門由慈悲行持而通達佛果的教理次第更加完整細膩地呈現出來。

信仰與實踐：慈濟人間佛教裡的跨宗教反思

Faith & Works: An Interreligious Reflection on the En-gaged Buddhism of Tzu Chi

葛雷‧薩奇　波士頓學院尼泊爾學生交換計畫主任、加德滿都大學喜馬拉雅宗教與文化教授
Fr. Gregory Sharkey, SJ
Director of Boston College Nepal Program, Professor of Himalayan Religion and Culture at Kathmandu University Nepal Program

摘要

身為一位有天主教哲學與神學背景的佛學研究學者，我相信藉由對其他宗教傳統的比較與反思，能夠增進我們對自身信仰的了解與闡述。

太虛大師與印順導師的理念所播下的種子，在證嚴上人的教導中開展，在慈濟的行動中展現成果，成為世界上最為卓越的入世佛教典範。愈來愈多的佛教團體參與從事社會服務，尤其是大乘佛教；但並非所有的團體都準備好，要推動社會服務的這項人道主義理念。佛教團體之間對於這點看法的分歧，與天主教和基督新教之間長年來關於「慈善行為」在信仰中的定位之辯論有雷同之處。佛教界可藉由基督宗教所面臨的類似問題中得到一些省思。

　　首先我要先感謝證嚴上人、第四屆慈濟論壇的主辦單位，以及慈濟基金會的所有成員，邀請我從尼泊爾前來參與論壇。而在過去的十七個月裡，慈濟為尼泊爾帶來極大的膚慰與幫助。在過去的半個世紀裡，

證嚴上人的願景帶領著全球數以萬計的慈濟人為眾生付出。我感到非常榮幸能和您們一起見證這個歷史的時刻。

幾年前，我謹從我的老師龔布齊教授處得知慈濟。如您所見，他依然在教導我。無庸置疑地，我從那時候對慈濟開始有相當的認識。二〇一五年四、五月間，尼泊爾發生地震後，我有幸能見證慈濟為當地所帶來極大的幫助。地震發生後的最初幾天，當我們還在斷垣殘壁中找尋罹難者時，我看到了慈濟志工帶著超乎我想像的慈悲心前來，讓身處於尼泊爾的我們無法以言語表達對慈濟的感謝。

志工們即刻為災民帶來食物、帳篷、乾淨的飲用水，以及所需的藥品。專業的外科醫生們帶著必要的裝備與補給物資抵達尼泊爾，其他人則為出現災後症候群的災民們提供精神上的陪伴，或是為保護孩子們而打造安全的環境；也為位於山上、修道院被地震摧毀的比丘尼們建造新房舍。尤其是慈濟志工透過自身謙卑的尊重與慷慨的示範，為受災的人們帶來喜悅與希望，建立充滿生機的社區意識。

我們這個場次的主題是「慈善之開展與慈濟宗門」。我想討論的是「善行」如何與「佛法」產生關聯。三十多年來我專注於不同面向的佛教研究與教學，特別是喜馬拉雅山脈裡的佛教。在我任教的佛教學院裡，所有的同事皆是虔誠修行的佛教徒。在一些

人眼中會感到比較特別的是，我也是一位天主教神父，而且在成為神父之前是在研究哲學與神學理論。

因為同時理解兩方的宗教，我相信佛教研究學者可以利用基督宗教神學家在過去半個世紀所發展出的學術研究工具，特別是在以歷史考據方法研究經典或教會史方面。

近年來，我們看到所謂「比較神學」這個新興領域的發展，它的基本原則在於我們可以經由對其他宗教團體的傳統進行比較性的對照，進而對我們自身的信仰有更好的理解與表述。引用比較神學的重要支持者克魯尼（Frank Clooney）主張的：「這樣的學習是受益於理解其它宗教和自己的宗教而能在神學上獲得新見解。（Clooney 2010: p.10）」我接下來要簡要地舉一個比較神學的例子。

八正道是所有佛教徒的日常修行的依歸，這當然也是慈濟人和其他佛教徒所遵循的。就我的觀察，兩邊的差別在於，慈濟人認為八正道修行方式不僅止於個人成長，它是在這世界上有效的行動方針和人類互動的模式，也就是說，只有透過利益他人的行動，才能夠真正體驗個人的成長。

慈濟的宗旨有著相當清楚的法脈傳承，我們可以追溯至二十世紀前半葉偉大的佛教革新者太虛大師的思想，他認為淨土可以體現於這個世界，並談到「人生佛教」。印順導師將這些想法發展成我們現今稱為的

「人間佛教」。這些由太虛大師及印順導師所撒播的種子，在證嚴上人的願景中茁壯，並在遍布亞洲及全世界的慈濟志工所行的「入世佛教」中發展開來。

（我們看到志工們提供義診、食物、安居、教育，以及監獄關懷等服務。在美國，他們前往關懷街友；在加拿大，他們推行環境保護。但是，志工們並非只是提供物質上的幫助，而是包括物質提供及心靈上的全面性援助，它來自於對人類身、心健康的全方位考量。）

當證嚴上人與慈濟成為入世佛教理念最為傑出的實行者的同時，我們也可以看到入世佛教在北傳與南傳佛教各地的成長。在加德滿都，西藏和喜馬拉雅佛教團體的核心菁華位於博達哈佛塔（Boudhanath Stupa）四周，有超過四十間的寺院。幾乎所有較大的寺院都有社會服務的基金會。只要是在地震後幾星期內前來尼泊爾的志工，都可以常常在卡佛瑞、辛都帕、多爾卡等地震災區的路上，見到在皮卡貨車後面，密宗僧侶褐紅色僧袍飄動的身影。社會服務已然成為僧侶和在家眾的例行工作。

雖然人們普遍認為社會服務是一件好事，但我們卻見不到大眾對社會服務角色的共同認知，以及從事社會服務的動力；坦白地說，有些人僅將它視為一種有用的公關活動。尼泊爾是一個以印度教為主的國家，佛教因此處於劣勢。而在當地，藏人是沒有合法

身分的難民，他們的處境更為艱難。隨著藏傳佛教的普及與法師們的聲望日益增長，他們很容易成為被怨恨及猜疑的目標。這個情況下，最好的解決方式是透過行善，引起他人對他們的善意。

　　一些法師支持和鼓勵在家弟子們參與志工活動，但仍強調最大的慈悲體現在於傳法。一些人會說：我們必須保持我們立場並牢記佛教的僧團並不是非政府組織，且佛陀也不是社工；做善事是很棒的事——但卻是次要、周邊的行為，當然也不是佛教教法與生活中不可或缺的一部分。然而，這是正確的嗎？具體的慈悲行動在佛教中是不可或缺的，還是次要的呢？

　　這個問題突顯出一個很類似的情況，那就是在傳統上將天主教與基督新教分之為二的主要神學問題之一：「信仰與行為的爭辯」。藉由反思基督宗教歷史中所出現的類似情況，得以幫助我們了解現今的佛教。

　　十六世紀時，新教改革派強調人們只能被神的恩典所救贖，救贖的發生不依賴於善行，甚至與信徒生活或行為的任何轉變也沒有關係。馬丁　路德引用聖保祿信中所闡述，藉著「因信稱義（唯獨信仰）」得到救贖成為他神學理論的基礎。相較於聖保祿，我們在《雅各書》裡讀到：14.我的弟兄們，如果有人說自己有信仰，但卻沒有行為，這有什麼好處呢？難道這種信仰能救他嗎？ 15.如果有弟兄或姐妹衣不蔽體，又缺乏日用的食物，16.而你們當中有人對他們說：「平平

安安地去吧！願你們穿得暖、吃得飽！」卻不給他們身體所需要的，這有什麼好處呢？ 17.信仰也是這樣：如果沒有行為，這信仰就是死的。 18.不過有人會說：「你有信仰；我有行為。」請給我看看你沒有行為的信仰，我也本於自己的行為給你看看我的信仰。（《雅各書》2:14-18）

這段落的《新約》顯現出路德論述中的問題，為此，他將《雅各書》從教規或是正統聖經文本中移除以解決這個問題。現今路德會的學者們也承認將《雅各書》歸類於次級地位，主要是因為它的論述與他們所主張的「上帝恩典」理論相牴觸。加爾文的追隨者更把它從聖經中完全刪除。

我需要在此點出一段天主教的歷史背景，在宗教改革時期，天主教教會有大規模腐化的情形。在一些文字中，「善行」被認為是一種獲得特赦的交易。事實上，有一些教士向人們保證可以藉由捐贈洗刷他們的罪行，進而進入天堂。如今，這是被所有的基督教會所譴責的。基督新教的文學中則加了幾分誇大的言詞敘述這個情況。

同樣的道理，天主教揶揄著基督新教的這個論調，認為這是讓人們可以過著罪惡的一生，卻聲稱會被神的恩典所救贖；但是兩方的諷刺皆是種誤導。就讓筆者來說明，筆者認為「善行」是一種慈悲的傳達，能為他人帶來幫助與慰藉。

長年來，神學家花了很多時間反思「信仰」、「恩典」，以及「行為」的定位；我將不詳細敘述那段歷史。在官方層面上，天主教與路德教派藉著認同宗教改革時期，神學家將基督新教比喻為蘋果，天主教是橘子，兩者完全不同，難以相提並論這樣的說法，廣泛掩蓋了他們之間的分歧。但當快速瀏覽福音派基督徒的網頁和部落格時，可以看到在一些圈子裡，這個議題的辯論依然活躍著。

　　就筆者認為，這個辯論是沒有根據的，這樣純粹抽象的神學論調是沒有幫助的，或是正如佛教語彙中所稱是個「惡業（akushala）」。有人可能會問：「行善是好事嗎？」沒有人會反對這個說法。「如果一個人有著虔誠的信仰，我們會期待他們的生命有所轉變？期待他們行善嗎？」這個答案是無庸置疑的。因此，在現實中，雙方在這個爭論上並無異議。但爭辯，行善的本質究竟是信仰的一部分？或者是一種必要的行為，還是次要的事？它的結果變成僅是一種純粹的心智活動。

　　這能解決智識上的困惑，但我們正在討論的，卻是現實生活中不存在的狀況。天主教徒認定，即便你不相信，善行還是能為個人帶來救贖；同樣地，也沒有基督新教徒會說，虔誠的基督教徒是過著自私自利的生活。所以這個爭論就如同談論「兔子長角」或「烏龜生毛」般，是一種無中生有的說法。

解決方案是從哲學或神學的務實主義來做一個好的評量。所有基督徒都相信，一位真正的信徒會具有動力去幫助他人的，這種信念應該是神學反省的起點，而不是巧妙的語義遊戲。神學裡有一句古典的定義：「信仰尋求理解。」一些現代的佛教學者指出，「佛教的神學理論」是一種矛盾修飾法的論述，或者是以互相牴觸的方式論述，建議應該以淺白的說法取代。但即使如此，筆者認為古典的定義仍然是可行的，我們尋求更深入的理解，為了澄清我們所相信有益人生的方式。在真實的人生中，對慈悲的信仰與實踐是永遠不該被分開的。我相信慈濟的運動，正是在佛教界實際執行這個理論的例子，我們期望它能持續成長茁壯。

講述：慈濟宗門入世思想

有禮達理——有禮之人，才能通達真理
Courtesy Leads to Right Thinking

德凡法師　靜思精舍

Dharma Master De Fan
Jing Si Abode

引言

非常感恩能夠來到「第四屆慈濟論壇」現場，雖然家師證嚴上人在花蓮早有既定的行程而無法前來，為此上人深感歉意；但上人心中對於諸位法師與大德們長年來為發揚正信佛法所做的一切貢獻與努力，總是滿懷著崇高的敬意！德凡儘管才疏學淺，但內心很感恩也很歡喜，能利用些許時間，來分享上人的思想，尚祈諸位法師與大德們不吝賜教。

禮，是上人非常重要的思想。上人認為「有禮達理」，有禮之人才能通達真理、明白事理，也就是明心見性、見性成佛。為什麼有禮能達理？

一、心靜才有領悟力

一池湖水能照山是山、照水是水，是因為湖水清淨平靜；一個人能得大智慧、通達真理，是因為他的心很寧靜安詳。

上人每天都在早課時約五點半為我們開示佛教的經典，現在正在講述的是《法華經》。上人曾提到：「有時天未亮步出書房，尚未進大殿講經時，站在廊道望向天際，無盡無涯的夜空中，滿天的星光和月光，給人寧靜祥和的感受。」

　　就在寧靜祥和之中，上人體悟到萬物無時不在說法，天氣晴朗時，能聽到大地微細的呼吸聲，一聲接一聲；能聞到林木釋放的芳香，一陣又一陣；天下雨水時，則能聽見雨水的韻律聲，點點滴滴……

　　當我們內心寧靜，就能自然敏銳感受到天地萬物的變化！

　　《法華經‧序品》中曾提到佛陀在靈山會上說法的情境。那時，佛陀入定，眉間放白毫相光，大眾端坐沐浴在佛陀柔和的光芒中，清涼的和風徐徐吹來，芬芳的花雨靜靜飄落。佛陀因為就要宣講大法，所以佛陀的心很開闊、自在，大眾的心很歡喜、恭敬，佛陀與眾生心心相印……

　　靈山法會上的大眾們內心安詳寧靜，自然地就湧現出求法求道的誠意！

　　又如佛陀開悟時的境界，那時佛陀在菩提樹下端坐靜思，在寂靜的夜裡，心光、眼光與天上的星光相觸交接，就在剎那之間，心境豁然開朗，與宇宙會通合一，於是開悟說道：「奇哉！奇哉！大地眾生皆有佛性。」

佛陀內心寧靜，所以自然覺悟宇宙人生的真理！

二、有德就能靜，心靜就能悟——
「野狗回報獅子恩」阿難有德故有聞法不忘的智慧

當我們內心寧靜，對於萬法就有感受力，就有
求法的誠意，以及對法的領悟力！那麼，心如何能靜
呢？能夠遵守倫理道德，做一個有品德的人，自然妄
想雜念止息，內心寧靜，因此能覺悟真理。

上人曾述說佛典中一則「野狗回報獅子恩」的故
事：在一座森林裡，有一隻獅子和五百隻野狗。獅子
是百獸之王，體格雄壯威武，野獸見到獅子，都紛紛
走避；野狗身形瘦小、力氣有限，經常受到別的野獸
的欺負。野狗常跟在獅子身後行動，覺得可以得到庇
護；獅子很有愛心，常在獵食後故意留下部分食物給
野狗們。

有一天，獅子不慎陷入一個大洞裡無法爬出，四
百九十九隻野狗看到獅子遇難就四散離開，只有一隻
野狗感恩獅子平日的恩情，想盡辦法要救獅子。這一
隻野狗很有智慧，牠用盡自己的力量，將土一堆一堆
撥入洞裡，漸漸形成一個土丘，獅子跳上土丘就逃出
洞口了！

這隻獅子就是佛陀的前生，小野狗就是阿難尊者
的過去世，阿難尊者生生世世緊緊跟隨佛陀修行，常
懷恭敬心，而且知恩報恩，故得隨侍佛陀身邊、具有

聞法不忘的福德與智慧。至於那四百九十九隻野狗，就是後來跟隨提婆達多脫離佛陀僧團的比丘，時常陷害佛陀、破壞僧團，果報如影隨形，受盡輪迴之苦。

三、有德就能開智慧，這是自然法則

阿難就是因為有品有德，所以心很寧靜；心靜下來就能開啟智慧，這是自然法則。

天有天理、人有人理。天理是，星體運行各有軌道，在規律中安穩運轉；地球也有四季循環，在秩序中風調雨順。人理就是倫理道德，人人依倫理而行，就能天下平安。

天理和人理是相通的，天理是自然法則，人理也是自然法則。所說的自然法則，就是自然定律，自然法則的特性是——這道理本來就是這樣！這道理一直就是這樣！

所以，只要做人做事合乎倫理道德，就是合乎自然法則，就能常常感到心裡安定平靜，對於真理有著超越的領悟力。

四、中華文化的禮，正就是培育品德的方法，具有教化的作用

中華民族向稱「禮儀之邦」，古來就有重禮、守禮的傳統。在中華文化中，禮的本來意義是：「擊鼓奏樂，奉獻美玉，敬拜祖先神靈以祈福。」引申為儀

式中的衣服和物品，如禮服、禮樂、禮器；或是指維持社會秩序與人際和諧的規範與準則，如規矩、戒律、家教、校規、法律、組織制度等等，這些都是禮的內涵和範疇；或是指一切道德修養，如感恩心、恭敬心、虔誠心、愛心等等，這些也都是禮。

古時有關禮的重要著作有三本書：《周禮》，又稱《周官》，內容是講政治制度；《儀禮》，是講禮節的種種形式；《禮記》，是在解釋那些禮節的意義。在《禮記》中就有「禮儀三百，威儀三千」的說法，禮儀的規矩有三百條、三千條之多，若能力行這些行住坐臥的外在規矩，就能修養內心的美善，促進人際的和諧。所以，禮具有教化的作用。

例如，華夏文明注重一個人的談吐聲色是否文雅有禮，用意就是透過待人接物文雅有禮，來訓練、克制、約束自己的心不可隨意傷人，不能以牙還牙，要對人寬容、尊重及愛護，這就是「克己復禮」的道理——克制自己的情緒，展現有禮的行為，就能培養美好的品德。

在中華文化中，也認為能夠整理好服裝儀容與居家環境的人，才是一個會照顧自己的人，而不是依賴別人的人；並且也是一個能夠自律的人，而不是生活散漫的人，這樣的人如規如矩、如禮如儀，才能自我培養出更大的力量去幫助人。

在《禮記》中也記載，中國自古以來都有敬老活

動，從備辦、開始到結束，都充滿教化作用。活動準備期間，就要用心點清用具數量、洗淨器物、布置環境以及規畫動線、流程與內容；舉行當天，要在門外招呼客人，攙扶老者入座；會中，以長幼有序來規定座位席次，老者坐上座、年輕人敬陪末座；並且給以老者最豐盛的食物，時時留意老者用餐的情形，使老者貼充分感受到被貼心地關照；活動結束了，依然細心、恭敬地攙扶老者離去。

　　中華民族千多年來，世世代代就是透過這些敬老的禮儀活動，讓鄉里百姓薰陶敬老尊賢的美德，達到民風純樸美善的目標。

五、上人對於組織制度的看法

　　所有能夠促進秩序和諧之美的，都是禮的內涵，包括組織制度與生活規矩。能遵守組織制度、團體規矩的人，就是一個能為團體、為大局著想的人，也就是一個知禮、守禮的人。

　　上人肯定制度的重要性。在一個團體中，大家來自不同的家庭生活和成長環境，各有各的想法和做法，所以就必須訂定大家都要共同遵守的方向和規範，人事才能井然有序，否則就會雜亂無章。

　　但有的人可以守好團體制定的規矩，可以自我管理，做一個守禮的人，在大環境中自然長養文質彬彬的形象與人品；但有的人則習氣深重，個性剛強，我

行我素，所以就必須用明確的條文與懲處辦法來約束他，讓他明白什麼可以做、什麼不可以做，才能幫助他走上正確的軌道，而不會擾亂別人和自障道業。

上人認為組織制度要有成效，必定要做到職權責分明、作業流程清楚。領導的人有其職，必有其權責，事情才能做得好；團體中人人依作業流程做事，事情才能做得順。事情能做好、做順，團體就會因為人人有規矩而形成秩序，因為秩序而形成安定的氛圍，人人才能在安定的環境中，因為心定、心靜而開啟智慧。

雖然制度很重要，但上人也強調，更重要的是培養每一個人的品德。成員若缺乏自覺，不能遵守規範，再嚴謹、完善的制度也無濟於事。

如何培養團體中人人的德？在上人的看法中，以身作則非常重要！上人說，身為帶領人的人，外在舉止看起來好像有威儀的樣子，但其實內心雜念妄想不斷，這是「有威無德」，因為他的習氣煩惱會常常顯現出來，所以就難以服眾。

如果從內而外都守戒律，修於內、形於外，內心的品德自然顯現於外在的舉止，這才堪稱為「威儀無缺」，整個人看來很有德相，相處久了也總是感到他很穩重、親和、不輕浮，這樣的人才能調伏眾生；即使他不說法，其實一舉一動都有法，在舉手投足之間都能教育眾生。

為適應時代需要，組織制度必須與日俱新，才能承先啟後。慈濟已經走過五十年歲月，當前正進行組織優化與永續，目標就是要在舊有的厚實基礎之上，將上人的法，也就是上人為佛教、為眾生的精神理念，更加深刻地貫徹到精舍師父、全球慈濟人與同仁們的心裡和行為中。

　　組織優化，就是強化對自我的淨化以及對大眾的教化。上人期待慈濟人，人人心中有佛、行中有法，合心協力發揮無私濟眾的宗教情操，來接引天下眾生從充滿貪瞋癡慢疑的凡夫人間路，去除習氣走上自覺覺他的菩薩道，進而覺行圓滿，回歸清淨的本性，創造祥和的世界。

六、上人對於生活教育的看法

　　日常生活中，包括服裝儀容的整理、居家環境的打掃、待人接物的禮節、做家事的學習等等，都是上人非常重視的禮的行為。

　　上人曾經教導弟子們如何掃地。上人說，掃地要有「掃地規律」，掃地也是要講究方法的，必須用心學習！上人感嘆，現在的孩子們，連掃帚都拿不好，他們並不是拿著掃帚在掃地，而是一手拿掃把、一手拿畚箕，這兒、那兒地走一下、掃一下；面對這種現象，上人總是嘆氣：「這怎麼像是在掃地呢？又怎麼能把地掃乾淨呢？」

上人說，以前他們掃地前都是要先灑灑水，沙土才不會揚起，然後再拿著掃帚從角落開始掃，一邊掃地，一邊人漸漸地往後退，最後將沙土掃成一堆，再掃入畚箕裡。上人說，每天早晨起來掃地時，心中就有「美化人生」的感覺！感覺到每一天將地掃乾淨，自己的心也清淨了！

上人認為，掃地的動作雖然簡單，但也是學習做人的開始，長輩們教導晚輩掃地，用意就是在教育做任何事，即使是不起眼的小事，也不能馬虎草率，必須注重清潔。

上人說，在以往的時代，孩子們並非到學校才受教育，而是從小就在家庭中接受教育，起床後首先要整理好自己的形象，女孩子要梳好頭髮、綁好辮子，不能披頭散髮；男孩子也要剪短頭髮，充滿帥氣與朝氣；並且也要學習做家事，每樣都必須學到一定的水準。

長輩們也會教導孩子們如何待人接物，例如吃飯要坐姿端正；拿東西要物歸原位，不可隨意亂放；要懂得讓坐、敬老尊賢；家裡來了客人，要主動打招呼，表達親切、尊重與禮貌；到學校上課，見到老師要停下腳步、立定站好、彎身鞠躬。

學校是進行道德教育之處，上人很期待教育能夠復古，回復過去那種尊師重道之風，所以總是殷殷叮嚀慈濟學校的校長和老師們必須體認自己職責的重

要，切實負起教育的使命！而教育就是要從生活教育開始做起，透過生活教育來培養高尚的品行，奠定好人格的基礎。

七、有德就能靜，心靜就能悟——
「雲童子論壇得獎」佛陀有德故有辯才無礙的智慧

做一個人，就要像一個人，要人模人樣；外在美、內在美，內外俱美，如禮如儀，威儀莊嚴，這是佛法的教育、中華文化的教育，也是上人重視的教育。

今天是第四屆的慈濟論壇，佛陀在過去生也曾參加過論壇。那時候，在雪山下的一個大道場，有五百位童子跟著一位老師修行；佛陀是其中一個童子，名字叫做雲童。雲童子的心很清淨、單純、善良，更難得的是不像別的童子那麼貪玩，他非常用功精進，並且待人和氣、恭敬師長。

雲童子十六歲了，跟著師長學到許多教法，為了多加學習，於是經過師長同意，辭別師長出外參學，同時順路回家探望父母。雲童子來到一個大城裡，有位婆羅門長者正舉行一個大法會，用一年時間供養五百位修行者，在最後一天舉行論壇，請五百位修行者論法，看看誰的心得最有智慧。

雲童子走到論壇來，很多人看他年紀輕輕，但是長相莊嚴、非常純真，好像是天人來到，讓人看了就起歡喜心、恭敬心！

雲童子上臺之後，很謙虛地說：「我只是人間的平常人，不是天人。」在大家熱烈的掌聲歡迎中，他開始闡述老師教導的道理，經過他細細分析之後，讓一些老修行者對於一些道理豁然開朗！

　　大家異口同聲說，今天的論壇最成功的人就是這位雲童子！長者很高興地獻給雲童子許多珍貴的寶物。雲童子心想：「我有今天的成就，完全都是老師無私的愛的教導。」所以向大家致謝後，決定回去找老師，要將所得到的豐厚的獎賞全部都供養老師。

　　雲童子的人品與智慧是如此超越，相比之下，有位也來參加法會的老修行者，他本來一心以為自己絕對可以拿到獎品，可以得名得利，成為在論壇中最風雲的人物！卻沒想到來了一位雲童子！自己的光芒完全被一個小孩子覆蓋，所以他心生怨氣、瞋恨與嫉妒，發出惡毒的誓言：生生世世都要報復雲童子！

　　雲童子就是佛陀，老師就是彌勒菩薩，有報復心的就是提婆達多。

　　上人說，如是因緣果報，種好因得好果，種惡因則果報無窮。雲童子就是因為尊師重道、敦品勵學、對人對事常常抱著感恩的心、恭敬的心，是一個知書達禮的人，所以能修得清淨莊嚴、智慧超越！

八、有禮達理

　　有禮達理，禮是做人的道理。上人認為，做人能

常懷感恩心和恭敬心，尊敬師長，孝順父母，多行善事，做一個知禮守禮的人，就能長養倫理道德的情操，有倫理道德的情操，心就能靜下來、定下來，使得感受力、領悟力提升，自然能夠通達一切人事物埋，得究竟解脫！

　　以上，是德仉對上人有關「禮」的思想的粗淺體會和心得；事實上，身為弟子的我，實在是無法詮釋得盡師長清淨的超越智慧！所以，靜思精舍的師父們，至誠地歡迎諸位法師與大德們前來靜思精舍，讓我們為您們奉上溫暖的茶，然後開心地聽聽上人話說慈濟世界美善的真人實事。

　　感恩大家蒞臨論壇盛會，祝福大會圓滿如意，人人法喜綿綿！

靜思法脈勤行道——佛法生活化
慈濟宗門人間路——菩薩人間化

The Jing Si Dharma Lineage, a path of diligent practice; the Tzu Chi School of Buddhism, a path through the world--Practicing Buddhist Dharma in Daily Life and Being a Bodhisattva for others

德悅法師　靜思精舍

Dharma Master De Yue
Jing Si Abode

　　證嚴上人期許我們，「靜思法脈勤行道」，把佛法落實在生活中，「慈濟宗門人間路」，在你我之間，在時間、空間、人與人之間；有理、有道、有路；「經者，道也；道者，路也。」，讓我們能夠按圖索驥，從此岸到彼岸，從凡夫地到聖賢地。

　　感恩證嚴上人和師公上人^上印^下順導師這分殊勝因緣，締造靜思法脈、慈濟宗門的法源。當年印公導師給予上人的期許：「為佛教，為眾生。」延續著印公導師的期許——「淨心第一，利他為上」，證嚴上人期勉慈濟人，無時不刻都能憫念於心，「為佛教」，因為不忍聖教而衰；「為眾生」，不忍眾生而苦，更要殷切地為天下蒼生。所以「佛心師志」是慈濟人共同的責任與使命，並將落實在生活中。

學習佛菩薩的通願，慈濟人秉持四弘誓願，「內修誠正信實，外行慈悲喜捨」，「誠心誓願度眾生，正心誓願斷煩惱，信心誓願學法門，實心誓願成佛道」；力行助人為善、布施造福田，福慧並進的人間菩薩道。以「誠正信實」的理念自我惕勵，時刻莫忘殷勤精進；慈濟宗門人間路，外行四無量心，就是「大慈無悔愛無量，大悲無怨願無量，大喜無憂樂無量，大捨無求恩無量。」

　　此次的論壇，感恩整個大臺北地區的慈濟志工菩薩們，以合和互協的精神，大慈、大悲、大喜、大捨的心願，共同成就如此殊勝的因緣。上人期許弟子們要力行六度萬行，以出世的精神，積極做入世的服務，在人群中歷練，更要修持自己、自修，才能夠自愛，也才能夠去度人。唯有從自己做起，改變自己才能影響他人。

　　在力行人間菩薩道的同時，不忘修鍊自己的心性，圓滿福慧，照見佛道，照見那分心地風光；不論是從臺灣的發祥地，及至全球各地，可以看到，哪裡有苦難，總有菩薩的身影，見證慈悲的腳印已走過九十幾個國家。在平常的生活裡，更讓我們能夠照見「如是我聞，如是我做」，能夠信解行證，身體力行去感受；藉由種種苦相，讓我們更懂得知福、惜福，還要再造福。能相應於二千多年前，佛陀所告訴我們的法義，如是我感受，走入經典，共同見證經典。在上

人的《靜思語》裡有一段話：「生命因利他而豐富，慧命因自覺而成長。」所以力邀天下善士，同耕一方福田；福田一方邀天下善士，心蓮萬蕊共造慈濟世界。一個人一分力量，每個人從自己做起，發心立願就能夠成就大因緣。

在慈濟世界裡，我們也看到許多令我們敬重的長者，年歲雖長，但他們的願行卻依然生生不息、殷勤精進。有許多可愛的小菩薩，宛若那乘願再來的人間菩薩，小小年紀，心地清淨，發大心、立大願。誠如我們看到來自馬來西亞的小菩薩，三、四歲的年紀，閒暇得空的時間，他就拿來讀書，讀的是哪一本書呢？是《法華經》！

而且不僅在我們鄰近的國家，遠方南非的慈濟人，證嚴上人常暱稱他們是黑菩薩，因為他們的外形、膚色。但他們那一分炎熱的心，他們的愛是完全相同的。在慈濟世界裡，證嚴上人有「普天三無」——普天之下沒有我不愛的人，沒有我不信任的人，沒有我不原諒的人。然而，我們在南非的慈濟人，更把它延展到非洲也有「三無」——無人不度，無處不在，無難可擋；人間菩薩道，難忍要能忍，難捨要能捨，難行更要能行。

更特別的是莫三比克，因為一位臺灣的女子遠嫁到當地，把這一顆大愛的種子，散播菩提苗芽，在當地深耕、發芽、茁壯；他們的環境是這麼有限，但他

們的愛心依然非常地澎湃，他們的願行非常堅定，哪怕是在芒果樹下，也都能夠進行知心相契；在樹底下能夠體驗到「樹下一宿」的修行。

雖然他們語言不通達，但是心念是相會的。所以他們在唱〈誠心祈三願〉的時候，也期望著向佛陀發願，願身心奉獻、虔誠懺悔，更願追隨佛菩薩的芳蹤、佛菩薩的精神理念，教導他們用更多的佛法來幫助苦難的人們。這一分的發大心、立大願，我們在非洲的黑菩薩身上，見證他們的心寬念純，以及一心一志的身心奉獻。

二千多年前，佛陀告訴我們，「心、佛、眾生三無差別，人人皆有佛性，人人皆可成佛。」眾生是平等的，人人具有佛性。因此在〈慈濟志言〉裡面，證嚴上人告訴我們：「富者施之，必能得富而樂；貧者受之，也必能得救而安。」所以秉承師志，「為佛教，為眾生」、「抽骨為筆，用髓當墨，皮肉為紙，日日宣講佛陀的教法。」為的就是要成長弟子們的慧命。

感恩五十年來有大家共同來成就，未來的五十年更需要每一個人的力量。學佛要能常保如初，恆持初發心，成佛即有餘。

※整理自 2016 年 10 月 2 日第四屆慈濟論壇發表內容

行經之路
The Path of Practicing Buddhism

德懷法師　靜思精舍

Dharma Master De Huai
Jing Si Abode

摘要

證嚴上人倡:「佛法生活化,菩薩人間化。」帶領慈濟人,從「做中學」到「做中覺」,走入人群,六度萬行,拔苦予樂,追隨菩薩芳蹤,回歸佛陀本懷。慈濟乃依循《法華經》的精神,深入其精髓《無量義經》,並作為推展慈濟志業的佛典依歸,讓慈濟人在行經過程中體會道理。對於所行之菩薩道是一條真實之路,如經中所云:「菩提大道直故。」所謂:「經者,道也;道者,路也。」

「以出世的心,作入世之事」,慈濟人內修「誠正信實」,外行「慈悲喜捨」;內修清淨心,外行菩薩道。弘揚佛法不只人道關懷,也疼惜大地萬物,跨越宗教、種族、國界的「大愛」精神,不只付出無所求,同時更以「感恩、尊重、愛」相待,建立人間互助互愛的希望與信心。佛陀是宇宙大覺者,透澈萬物生命的真理,學佛要依照次第,慈濟也依序而行,從「四聖諦」出發,行入人群,利濟眾生。「以佛心為己心,以師志為己志」,不只是在發源地的臺灣地區落實,遍布在海內外的慈濟人,在世界的每一個角落皆有發心立願的身影。依《無量義經》的法理,舖好人

間路，接菩提大道；看清人間道路，回歸清淨本性。發心力行，相信人世間定能淨化——而「淨化人心、社會祥和」，是消弭世間災難最好的方法。

行經之路，一九八九年，當時看到《慈濟月刊》裡，一句：「誦經不如聽經，聽經不如講經，講經不如行經。」開始了解慈濟。在這裡和大家分享慈濟人的行經之路。證嚴上人因為一念悲心，創立佛教克難慈濟功德會，當時大眾信奉佛教是為了求平安，上人也以方便法門啟藥師法會。

一九八六年五月十四日，農曆三月二十四日，借普明寺的場地，啟始藥師法會，成立佛教克難慈濟功德會。五十年來，年年月月在這一天舉辦藥師法會，恭誦《藥師琉璃光如來本願功德經》。藥師如來十二大願，就是上求、下化，令諸有情、所求皆得，恆持心願、身體力行，才能圓成佛果。也是以信、願、行，恆持初心，力行菩薩道。

靜思法脈，是從上人在小木屋修行開始，一切克己、克勤、克儉、克難，過去如此，現在如此，未來還是如此。投入靜思法脈與慈濟宗門，是以佛教精神入群度眾，不斷修除習氣，回歸與佛同等的清淨本性，在付出中體悟真理，以理啟事，以事會理，做中學，學中覺，在人群中，修鍊自己，改變習氣，才能回歸本性。

《無量義經》是法髓，它來自《法華經》的精神。《無量義經》「靜寂清澄、志玄虛漠、守之不動、億百千劫」是「靜思法脈」的立基；「無量法門、悉現在前，得大智慧、通達諸法」則是「慈濟宗門」的印證。

　　行經之路，「誦經不如聽經，聽經不如講經，講經不如行經」，不只是誦經，還要聽懂道理；聽經不如講經，聽懂道理後，還要講經，把好的道理傳達出去，讓更多人得法益；講經不如行經，知道道理了，要去實踐，實踐以後才能真正體悟經中的道理，真實利濟群生。

　　《無量義經》〈德行品〉：「是諸眾生真善知識，是諸眾生大良福田，是諸眾生不請之師，是諸眾生安隱樂處，救處護處、大依止處，處處為眾作大導師。」慈濟人在付出中，理事印證。心、佛、眾生三無差別，人人具有與佛同等的清淨本性，時時去除煩惱，以清淨心把握當下，殷勤付出，理可頓悟，事須漸修；所以靜思法脈是勤行道，「勤」非常重要。慈濟的四大志業是與四無量心「慈、悲、喜、捨」相對應。「慈」就是慈善志業；「悲」是醫療志業；「喜」是人文志業；「捨」是教育志業。將佛陀的大慈、大悲、大喜、大捨的教示，以具體行動表現出來，也就是「以慈悲喜捨之心，起救苦救難之行」。

　　人生的宗旨是「宗」，生活的教育是「教」，所以宗教不可以離開人生的宗旨與生活的教育，而且是終

身的教育。師公上人⊥印下順導師勉勵證嚴上人要「為佛教，為眾生」，證嚴上人慈示慈濟人要「以佛心為己心，以師志為己志」，佛心為大慈悲心，師志在慈濟，行在菩薩道上。倡導「佛法生活化，菩薩人間化」，佛法要實踐於日常生活中，菩薩就在人間。要以出世的心，做入世的事。出世就是無所求的清淨心，做入世的事，行人間菩薩道。

慈濟宗門由慈善門入，「見苦知福」才能修慧，走入人群，為苦難眾生拯救苦難，同時成就自己的慧命。由見「苦」開始，體悟四聖諦──「苦、集、滅、道」，進而力行六度──布施、持戒、忍辱、精進、禪定、智慧。「經者，道也；道者，路也」，路上的心靈風光，必須自己親身走過，才能真實看到法的真實相。

慈濟走過五十年，恆持初心，為「淨化人心、祥和社會、祈求天下無災難」努力不懈，祈願眾生共善業。以靜思法脈「內修誠正信實」──內修清淨心；慈濟宗門外行「慈悲喜捨」──外行菩薩道。依四弘誓願──「誠心誓願度眾生，正心誓願斷煩惱，信心誓願學法門，實心誓願成佛道」；四無量心──「大慈無悔愛無量，大悲無怨願無量，大喜無憂樂無量，大捨無求恩無量。」在靜思法脈中勤精進，在慈濟宗門中修覺道。感恩並祝福大家！

※整理自 2016 年 10 月 2 日第四屆慈濟論壇發表內容

步步生蓮
Lotus Flowers Blooming with Each Step

德勷法師 靜思精舍

Dharma Master De Rang
Jing Si Abode

「為佛教，為眾生」──恒持初發心

　　證嚴上人行願半世紀，用悲心、願力成就慈濟世界；用理想、行動感動整個社會。因皈依印順導師，受囑咐「為佛教，為眾生」這六個字，讓證嚴上人念茲在茲，不曾暫離，一生不為自己求安樂，只願眾生得離苦。

　　一九六六年證嚴上人在臺灣花蓮成立「佛教克難慈濟功德會」，當時靜思精舍常住眾生活十分清苦，但秉持「對的事，做就對了！」的精神，證嚴上人與五位同修弟子，每人每天多做一雙嬰兒鞋、三十位家庭主婦，日存五毛買菜錢，開始慈善救濟之工作。

　　克難功德會成立後，第一個長期救濟個案是林曾老太太，這位孤寡貧病的八十五歲老婆婆，蝸居在三個榻榻米大的破屋中，孑然一身，年老力衰加上患有哮喘，讓她經常飢寒交迫。獲知老婆婆際遇，慈濟按

月濟助白米一斗、現金三百，並請人為她燒飯、照料起居，直到一九七〇年老婆婆往生。[1]接著慈濟第二個救濟個案，也是第一例醫療援助對象，則是患有青光眼失明的婦人盧丹桂，證嚴上人送她到醫院開刀，負擔了五千多元的費用。不料，重獲光明的盧丹桂卻因用二顆高麗菜煮粥被先生責罵，竟然自殺了。盧丹桂的往生，催生了慈濟的「個案複查」制度，即使受助戶境況好轉停止補助，仍需保持關懷、後續輔導。[2]

貧苦生活下，有人餐風飲露、無家可歸。慈濟為貧戶援建的第一間房舍是幫助八十一歲眼盲的李阿拋。他住在木瓜溪床上用蘆葦桿編成的破爛草屋裡，一個人伶仃孤苦生活著，證嚴上人前去時，看到失明的阿拋伯正蹲在屋角，用手摸找一把草束，準備在石頭小灶上升火煮食，非常危險。於是在一九六七年，證嚴上人及常住眾縮衣節食籌措六千多元建屋費用，讓阿拋伯終於有了一間空心磚、水泥砌、鐵皮覆頂的新屋。[3]

慈悲的腳步在苦難中漸次展開，一念悲心開啟往後慈濟慈善關懷的主要模式，包括急難救助、訪視關懷、長期救濟、冬令發放、援建大愛屋等等，更發展出慈善、醫療、教育、人文四大志業之規模。

豪華心宅 一生無量

宗教真正的精神，是引導人人走進正確的方向，啟發每個人的愛心。

一九八五年，慈濟在海外第一個分會——「慈濟美國分會」成立，在證嚴上人「頭頂人家的天，腳踩人家的地，自己要先付出愛，才會得到別人的疼愛。」以及「就地取材，自力更生；取之當地，用之當地」的叮嚀下，海外慈濟人深耕社區，菩薩招生，透過華人圈逐漸向全球各地拓展迄今五十六個國家地區。就如南非慈濟人，將慈善在地化，開設職訓班培養當地人一技之長，讓她們走出家暴陰影，雖貧而心靈富有——「貧中之富」，更有能力去關懷愛滋病患、自力更生經營大愛農場維持孤兒供食站。甚至菩薩六度萬行，從南非開始，擴及到南部非洲莫三比克、史瓦濟蘭、賴索托、辛巴威、波札那、納米比亞等七個國家，善行義舉普受當地肯定。甚至在二〇一一年，南非祖魯族本土志工葛蕾蒂絲（Gladys）和鐸拉蕾（Tolakele）受邀至聯合國婦女大會分享她們在南非成立職訓所、援助弱勢婦女，自力更生的成功經驗。

　　一九九一年，中國大陸發生華東水災，慈濟人首次踏出臺灣的土地對外賑災，也展開慈濟另一個全球化的腳步。在「無緣大慈，同體大悲」的情懷下，不忍眾生受苦難，慈濟人以無所求的心投入國際賑災，不分種族、宗教、貧富，慈悲等觀、救拔苦難，啟發當地民眾的愛心，轉受助者成為幫助別人的人。

　　二〇〇八年緬甸發生納吉斯風災，逾十萬人以上往生，風災發生後，慈濟人立刻前往賑災，發放稻米

穀種供受災農民重新播種，當地一位農民烏丁屯感念慈濟人前來發放穀種幫助他們，他每天對稻田說好話、祈禱與祝福，願稻米成功長大，願全世界人都能享用。果真稻米豐收，他將一部份的稻米與他人分享、幫助其他人，同時他也現身說法告訴大家，只要心存善念和力行善舉，再困難也必定有路可走。

二○一○年海地發生世紀強震，數十萬人往生，慈濟人前往賑災，在這個對佛教完全陌生的土地上，啟發愛心，帶動當地人投入志工。就如海地志工丹尼爾所說：「如果這個世界上，所有人都能具備慈濟精神，效法這樣的價值觀，那麼我們的世界就能更美好。」

二○一三年海燕風災，菲律賓中部萊特省受創嚴重，重災區獨魯萬瀕臨棄城，但在慈濟人以工代賑帶動下，當地災民用自己的力量清理家園、重現生機。為感恩慈濟人在他們最困難時帶給他們最即時的愛心援助，在以信仰天主教為主的菲律賓，本土志工主動參與慈濟浴佛大典，不分宗教虔誠祈禱。

證嚴上人曾經定義何謂「宗教」？就是「人生的宗旨，生活的教育」，真正的愛心是沒有界限的。更明顯的例子是慈濟在二○○三年開始幫忙的印尼奴魯亞‧伊曼習經院，每年提供兩千噸的米給習經院內數千名貧困學生食用，無所求付出的舉動，打動了師生的心，如今每年印尼慈濟分會舉辦浴佛典禮，信仰伊斯蘭的習經院師生都會主動前往參加。

步步生蓮　承擔使命

　　《妙法蓮華經·從地湧出品》云，娑婆世界必定有眾多的菩薩，志願弘法，從地湧出，發心立願弘揚法華大法，承擔娑婆世界度眾的使命。佛陀理想中的菩薩是人間菩薩，每個苦難的地方都會有人間菩薩湧現。證嚴上人說：「這是我的一大事，也是慈濟的一大事，慈濟已經把佛教帶上國際舞臺，我的肩膀也開始負起無疆界眾生的責任。」

　　二○一五年歲末祝福，證嚴上人立下未來目標——「大愛之道廣披寰宇，長情之路古往今來」；慈濟成立近五十年來，慈善足跡已走過九十餘個國家地區；在全球天災人禍頻傳的時代，持續開闊長情大愛，以慈悲和智慧步步精進，讓愛廣被天下苦難，讓「生命因利他而豐富，慧命因自覺而成長」。

　　近年來，天地告急，天災人禍不斷，苦難眾生處，就是菩薩修行道場，「福從做中得歡喜，慧從善解得自在。」期許大愛包容地球村，苦難的地方都有人間菩薩。

[1] 參考資料來源：潘煊，〈主題報導 慈濟四十 溯源慈善〉，慈濟月刊473
　　期，2004年4月。http://enquarterly.tzuchiculture.org.tw/monthly/473/
　　473c4-1.HTM。
[2] 同上。
[3] 同上。

慈濟法脈宗門與慈善的開展

Tzu Chi's Philosophy and Development of the Mission of Charity

呂芳川　慈濟基金會慈善志業發展處主任

Fang-Chuan Lu
Director of Charity Mission Development Department,
Buddhist Tzu Chi Foundation

摘要

靜思法脈為佛教，是智慧；慈濟宗門為眾生，是大愛。慈濟宗門的修行方式就是在人群中，以智慧應眾生的需要，又不因外境的紛擾起無明，心靈能常保清淨無染。所以慈濟宗門強調內修清淨心，去除個人無明煩惱與習氣，是做人處世的根基；外行菩薩道，則是走入人群，拔苦予樂，是人間淨土的良方。

慈濟五十年來從啟發社會的善心，集合眾人的善念，共同走入長街陋巷做貧窮個案的關懷，一起投入天災急難的救助；臺灣社會成為一個以愛以善為實的淨土。慈濟人醫會的人醫菩薩闡釋慈濟宗門如何凝聚了許多醫事人員的愛心，爬山越嶺，乘風破浪去幫助一些缺乏醫療照顧的人；花東地區偏鄉原鄉的專案關懷，來闡釋人間菩薩如何深入社會暗角，去找出族群貧窮的根源，完整地規劃扶貧脫困的方案，耐心細心地陪伴與推動。

當發生重大災害時，慈濟人間菩薩，如何不顧自己家中也遭災，卻捲起袖子，從第一時刻投入救災，走入泥堆中，深入廢墟裡，陪伴災民走到最後，沒有人說苦，沒有人說累，只為了災民能早

日恢復正常的生活。這一切正說明慈濟法脈的智慧，讓他們走入災區，日以繼夜拔苦予樂而不覺辛苦；也說明著宗門的大愛讓他們走入苦難人群，以吃苦為吃補，補的是慈悲心的長養，成為一股源源不竭的動力。

靜思法脈為佛教，是智慧；慈濟宗門為眾生，是大愛。慈濟宗門的修行方式就是在人群中，以智慧應眾生的需要，又不因外境的紛擾起無明，心靈能常保清靜無染。所以慈濟宗門強調內修清淨心，去除個人無明煩惱與習氣，是做人處世的根基；外行菩薩道，則是走入人群，拔苦予樂，是人間淨土的良方。

菩薩緣苦感同身受

慈濟從五十年前慈濟克難功德會，證嚴上人就親自帶著慈濟志工做個案的訪視居家關懷，一方面走入苦難的人群，拔苦予樂，這是佛陀的本懷；另一方面也是讓慈濟志工從個案關懷來見苦知福、自我教育，成為一位隨時聞聲救苦的菩薩。所以慈濟人從進入慈濟大團體成為一位志工開始，就不斷地從個案關懷中，讓自己悲心增長，也養成隨時幫助他人的情操。在慈濟團體傳頌著這樣一個理念：每一位慈濟委員都有長期關懷的個案，他們將每個個案都視為一方珍貴的福田，在這福田裡，被關懷的人受到真誠的關懷，關懷的人也都發願，要讓這一位被關懷的家庭獲得美

善人生的翻轉。也就是說，這個個案既然與慈濟結了緣，就一定要讓他們的生活得到實質的改善。每個弱勢家庭都有個別原因才會需要別人幫忙，也許是一時陷入困境，也許是因為承擔家庭經濟生產的人有些不好的生活習慣，導致家境青黃不接。慈濟人用心陪伴，讓為人父母的改變不良習慣，讓兒女們懂得行善盡孝的觀念，大家的生活價值觀因為正向的啟發，而充滿著希望。

一九九九年九月二十一日凌晨兩點，臺灣中部地區發生大地震，筆者就與北區人醫會的醫事人員將藥材、衛材準備好，在當天下午兩點就抵達南投災區，在與南投縣救災中心照會後，登記好進入災區，人醫會就進駐中寮國小，當時中寮國小擠滿了災民與帳篷，設站後，醫事人員各就崗位，筆者與幾位後勤志工就深入災區勘察，當時中寮鄉百分之八十的房子都倒塌了，學校、衛生所也倒塌了，真是滿目瘡痍，慘不忍睹。

筆者看到有許多穿著藍天白雲的慈濟人，就前去跟他們招呼，原來他們是南投縣在地的志工，筆者問他們：「你們家還好嗎？」他們回答幾乎都是一樣的：「雖然家裡一樣受災，但是災區的鄉親受災這麼嚴重，我們出來先安他們的心，看看有什麼我們可以幫忙的。」

事實上，多年來，臺灣大大小小的各種災害，筆者幾乎都是看到慈濟人不顧自己的受災，先走出家

門，給災民伸出援手為優先。

到了第二天，來自臺灣各地的慈濟志工越來越多，它們井然有序地依據災區慈濟協調中心的安排，加入整個大中部的救災工作，舉凡應急金發放、家庭醫藥箱發放、煮熱食供應災民、社區清潔恢復家園、義診、提供物資、膚慰災民及其他救災工作。而其中最特殊的一項工作是為冷凍貨櫃中大體的翻動，因為當時天氣很熱，屍袋就先放到冰櫃，讓一些還沒有家屬前來指認的大體先有個安置的地方，但大體太多重重疊疊好幾層，冷氣不夠，慈濟志工為了保護大體不要腐爛，以免家人來了無法辨識，每半個小時就要進到貨櫃幫大體翻動順序一次。

慈濟精神自我管理

多年來，慈濟的慈善深入社會各個暗角，對慈善個案的關懷，長期陪伴，直到個案的人生能有更良善的發展；而國內的大小災害，慈濟人快速有效率地走到災害現場，馬上進行救助工作。筆者常聽到有人問起慈濟人的動員力為何這麼迅速，運作這麼井然有序，效率如此高？是慈濟真的有一套非常完善的志工管理制度，還是這個組織的背後有著什麼維繫的力量，讓這個團體的每一個個體如此積極主動，充滿著熱忱與真誠，彼此之間又能如此協調與凝聚？

如果我們能夠走進慈濟團體來親自感受，就會發

覺慈濟宗門背後的靜思法脈發揮了教化、啟發、培力的強大力量；證嚴上人出家修行前自己取了「靜思」兩字為名，並以這個名字來命名他修行的精舍，稱為「靜思精舍」。而整個慈濟的發展源頭就是五十年前證嚴上人從靜思精舍出發，引導弟子實踐《法華經》的人間菩薩法門，讓每一位慈濟人無所求地用感恩心走入苦難人群去付出，從這一個付出的行動中，每一位慈濟人在一心一意關懷苦難人的同時，忘卻我相、我執與煩惱，從而獲得歡喜自在、充實豐富的心靈體驗；而且持續這一個助人拔苦的行動，隨著時間累積，滋長慈濟人悲憫的胸懷，漸漸培養每一位慈濟人成為聞聲救苦的菩薩，這也是慈濟宗門的精神與內涵。

尊重生命慈悲等觀

　　如果說慈濟的慈善工作有甚麼特色，那就是將尊重與大愛的胸懷成為一個傳遞眾生平等的理念；證嚴上人教導弟子「有尊重生命的情操，就能平等、普遍地愛護一切生命。」並將它落實在海內外所有慈善救助工作中。慈濟海內外救災，從災難發生的初期進入賑災，常常持續一、兩年，乃至三、四年後，許多災區居民住進慈濟為他們建造的永久屋，在那裡會因應居民不同信仰及生活需求，為他們興建教堂、清真寺、學校、集會所、職訓所等等。

　　由於這些災民大多居住在貧窮的地區，如非外

來的資源，當地政府無法提供合適安居的房子，慈濟因救災的因緣，在那裡蓋了永久屋；從此，他們子子孫孫有了安居的的房子。在那裡，孩子們有學校可以讀書，居民有自己的信仰的寄託，並在這穩定基礎之下，展開新希望的生活。筆者有幸參與了一九九三年尼泊爾水患一千八百戶大愛村的援建。二〇一五年四月尼泊爾大地震，慈濟再度回到當初援建的大愛村，家家戶戶安居樂業，當時的小孩都已長大，各有所長，大家都還記得當年慈濟人的幫忙。南亞大海嘯，慈濟在斯里蘭卡東南邊的漢班托塔省援建六百多戶，現在是當地最好的社區，到現在都還定期為居民舉辦義診，當時的翻譯志工現在在社區裡服務居民；同樣在南亞大海嘯受災非常嚴重的震央印尼亞齊，慈濟蓋了三個大愛村安置將近三千戶災民，當年與印尼政府對峙的亞齊反抗軍，現在因為有穩定的居所，生活安定，都接受政府的招安，社會一團和諧。

　　慈濟國際賑災走過海外九十多個國家，每個地方用心陪伴，將大愛與尊重的理念，灑播在當地，所給予的不是一時的幫助，而是以真誠的相處，提供當地永續的穩定生活。證嚴上人認為「落地皆兄弟」，人類彼此互為親人，應該互相友愛，不要有分別心。所以二〇一三年菲律賓中部萊特省遭受超級颶風海燕颱風侵襲，當地政府束手無策，慈濟在萊特省的重災區獨魯萬等地帶動以工代賑，提供每日前來以工代賑的

災民急難賑災金，帶動災區居民用自己的力量重建家園，災民才快速從廢墟中站了起來，也因為市容快速恢復，人人手中有應急金，社會經濟也快速恢復；佛教徒習慣說一句話：「無緣大慈，同體大悲。」這種境界對慈濟人來說，不是一個口號，而是已經走過九十多個國家，落實在行動中，以大愛的心，像家人一樣關懷與陪伴這些苦難人。

深山義診付出無求

臺灣雖然在一九九五年三月開始實施全民健康保險，但在許多深山的原住民，很難享受到全民健保的好處，他們上下山都要兩個半到三個小時的車程，如果身體有病痛，通常就是忍耐著讓疼痛過去了，而這種醫療資源匱乏地區民眾的習慣，往往造成了小病變大病，大病變怪病。慈濟人醫會在證嚴上人的號召下，將愛送到全省各地最深山的幾個村落，像是海拔一千兩百公尺的桃園縣復興鄉華陵村、三光村，新竹尖石鄉的玉峰村與秀巒村，宜蘭大同鄉的四季村與南山村，此外還有南澳鄉、五峰鄉。舉其中的秀巒村為例，從田埔部落，到下一個部落是秀巒部落，經過檢查哨，迴旋山路上去，有岔路，右邊山路進去是錦路、養老兩個部落；而直接走上去就是泰崗部落，接著是新光部落與鎮西堡部落，每個部落車程約十五分鐘，所以秀巒村從第一個田埔部落到最上面的鎮西

堡就至少一小時以上的車程，而衛生所還在一小時車程外的山腳下，這兩小時的路程中，不但山路迴旋崎嶇，而且沒有一位醫師或一家診所，偏遠地區醫療缺乏與不方便可見一斑。

在臺灣各地大小醫院用薪水來約聘醫師尚且不易的情況下，慈濟人醫會仍感召了許多醫事人員，大家辛辛苦苦到這麼偏遠的山區，不僅沒有薪資，還要無所求付出，但許多大小醫院私人診所的醫師都非常踴躍參與，每兩週人醫會就要到這些深山定點一次，有六支義診隊隨時準備好藥材、衛材、消毒好儀器設備，幾乎每個週日早上天尚未亮，醫師、護理師、藥師就由家人載送到集合地點，他們習慣地報到後，就領了簡單的餐包，一路顛簸到深山，路途再遠再辛苦，每一位都不叫累，臉上充滿著歡喜的笑容，口中彼此道感恩。在深山義診，每每下午三點後會起濃霧，所以義診團就必須在三點半左右整隊下山，但病患或場地的整理總是會花了不少時間，所以車隊往往都是在濃霧中徐徐下山，有時又遇到週日下午野外旅遊的車子特別多，醫事人員回到家大多已是晚上十點多。深山義診很辛苦，但讓人感佩的是，這些醫事志工即使得犧牲跟家人相聚的寶貴假期，但幾乎沒有人中途退出。當人醫會要到離島或海外義診，慈濟志工必須自己負擔交通費與膳宿，他們也都自掏腰包成行，這就是慈濟志工最可貴的地方。

慈濟宗門的靜思法脈是以《妙法蓮華經》的菩薩道法為依歸，每一位志工平常參與慈濟活動與精進共修，耳濡目染下，將六度波羅蜜深烙在心裡，所以對慈濟志工而言，布施、持戒、忍辱、精進、禪定、智慧已融入生命當中，許多志工儲蓄了一些旅費就是為了參與國際志工。許多醫師參與了慈濟的義診關懷活動，就捐儀器、交通車輛。有一位眼科醫師，為了將長者視力關懷帶到偏遠地區，一口氣花了幾百萬為七支義診隊捐了七部眼科的裂隙燈儀顯微鏡，這些都是從做當中體會佛法，行菩薩道。

慈濟志工六度萬行就是在寫一部現代的大藏經，證嚴上人將佛法深入淺出地引導弟子，看輕自己是般若，看重自己是執著，慈濟志工因而慢慢去除我相，企業公司的董事長與計程車司機、公務員都一樣搬桌椅、掃廁所，人生更輕安自在，所有志工隨時互道感恩，彼此尊重，合心協力灑播大愛；人因執著妄想而迷失起煩惱，而這都起因於太看重自己，所以人醫會的志工不斷走入苦難人群去拔苦予樂，事事都為苦難眾生著想，自己的一切漸漸看淡，內心自然不起煩惱，智慧也慢慢打開。

以茶代酒照護原鄉

慈濟的慈善工作，如何用心細膩地去走入社會，去做扶貧脫困、拔苦予樂的工作呢？筆者就以臺灣原

住民鄉推動酒害的覺醒運動為例。臺灣的原住民由北到南，由東到西，不管是平地或高山，都存在著相同的社會問題。臺灣原鄉的酒害至少有四大問題，第一是健康的問題。臺灣早期因為歷經殖民時期，實施菸酒公賣制度，改變了臺灣原鄉的的生態，酒變得便宜又容易取得，原本並沒有那麼多的痛風人口的原鄉，現在卻變成了原鄉社區型疾病；在陳清朗醫學博士的研究提出，當一個人血液中酒精濃度過高，會影響身體中尿酸的排出，於是就在人體堆積成結晶狀，時間久了就成痛風石，常造成發炎，形成痛風；痛風是一個身體的警訊，慢慢造成身體更多慢性疾病的發生。

酒害的第二個問題是經濟的問題，原鄉居民常因酗酒而喪失工作機會，一個家庭的經濟往往就靠著壯年的父母親工作維生，但家庭經濟的承擔者如果因酗酒而喪失工作，這個家庭的經濟就會發生極大的危機，原鄉經濟弱勢，居民酗酒後無法工作也是主要原因之一。

酒害的第三個問題是家暴問題，平時慈祥的父母親，也許一下子因酗酒亂性，就會變成毆打子女的家暴者，進而造成子女輟學離家出走，甚至家庭破碎。酒害的第四個問題是造成酒駕意外，原鄉因地處山區或偏遠平地，酒駕意外常造成嚴重的創傷，成為植物人，或因撞人而需賠償，使得家庭經濟雪上加霜。

慈濟基金會為了要協助原鄉走出酒害問題，規劃

酒害覺醒運動專案，這個專案共分五項工作，第一個工作，基金會於二〇一二年從花蓮秀林鄉逐村、逐部落舉辦說明會，讓原住民了解自己長期受到酒害影響後，期能改變酗酒習慣。為找尋替代酒類的飲品，慈濟基金會調查文獻，了解綠茶對於尿酸高的族群有許多的好處（法蘭克‧默瑞，2002），於是準備了綠茶包與專用的茶杯作為參加說明會的禮品，因此說明會在與部落的共識下，取名為「以茶代酒，遠離痛風」，整個說明會也呈現出對原住民文化的尊重與肯定。

因為從文獻中得知，原民在百年前，社會規範非常嚴謹，並沒有公賣酒，小米酒的釀造都非常慎重，以便用來與祖靈對話感恩，所以早期的小米酒對原住民而言是神聖的。小米酒的量並不多，年輕人並不能喝，除非耆老同意。而且一百年前的文獻亦顯示，基督教長老教會的馬偕博士來到臺灣，走過許多原鄉部落，他清楚地記載：「山上清涼的氣候，原住民很少有疾病，不需要外來的醫療。」以及「我在次高山與當地原住民住了幾個星期，基本上他們都是健康的。」（引自藍忠孚，許木柱，1992：31）。說明在早期，原鄉並不像現在的原民部落，到處都是痛風的人口。就如，陳清朗醫學博士所談到，人體每天都會產生一些尿酸，正常情況下這些尿酸都會排出體外，所以人的身體會保持健康；但如果喝酒過度，血液中酒精濃度過高，會降低尿酸的排出能力，累積在身體內成為結

晶狀，久了就成痛風石，同時，許多慢性病也會慢慢在酗酒者身上形成（陳清朗，1991）。

　　酗酒不只影響個人，其實影響的是整個家庭，許多人因為酗酒而喪失工作能力，導致家庭經濟失衡；甚至原本和善的好父母，由於酗酒變成為會毆打妻兒子女的家暴者；也有人因為酒駕而成為植物人，甚至喪失生命；更不用說部落中因酗酒英年早逝者更不在少數。說明會上陳述這些事實，給原民鄉親帶來很大的衝擊，他們從沒有想過，他們習以為常的社交飲料，竟然會帶給他們如此嚴重的境遇。

　　所以，當筆者在三年半內走過臺灣的花蓮、臺東超過二十個鄉、五十四個村，每個村至少都有四次的宣導，總共舉辦超過兩百多場的說明會，超過一萬多原民鄉親參與。這些是原鄉酒害覺醒運動的第一階段。

　　如何讓被關懷者能經由培力而成為一股在地永續茁壯的力量，這與慈濟的關懷戶能夠因為與慈濟結緣之後得到良好機遇，翻轉人生一樣。所以，在原鄉酒害的覺醒運動中，第二個工作就是成立茶友會。在以茶代酒的宣導活動中，團隊慢慢與部落菁英探討成立茶友會的可能性，並將成立茶友會的意義與目的向所有鄉親一再說明，它的內容是：一、以茶友會去除原鄉酗酒的汙名。二、提振使命，讓部落下一代不再受酗酒戕害。三、讓茶友會壯大，部落就更有希望，也能為部落凝聚更多愛鄉、愛族的力量。

依世界衛生組織對健康專業人員給予病人健康照護的培力有三個層次：第一個層次是專業從業人員直接或與病人共同解決健康上的問題。第二個層次是專業從業人員支持病人善加利用他們個人的資源或建立更多個人的資源去解決他們健康上的問題。第三個層次是專業從業人員支持病人們集體地去發展他們相關處境裡的基本結構，以便更加理想地去解決他們健康上的問題。在第三個層次上，病人們組成病友會；或是社區型的疾病，能從群體中找到支撐力量；或從社區民眾的整體認知上形成一種運動、深入了解他們處境的基礎結構，從而讓他們從整體健康行為上去除掉依賴，自己做決策去發展他們健康的處境（World Health Organization,1998,）。所以茶友會的因應而生，正是酒害或痛風的社區型疾病，在部落社區大家的認知下，形成的一股自發性運動。這個運動在兩年半間，筆者走遍了整個花蓮縣十三個鄉鎮市，在第三年走到了臺東縣。

其中，花蓮縣秀林鄉各村的社區發展協會主動成立茶友會，自己設計表格與節酒公約。光復鄉太巴塱部落由村長帶動，自費設計了印製有「以茶代酒，健康久久」的運動衫，並在活動中宣誓。萬榮鄉紅葉村與馬遠村當地協會由本會支持成立青少年文康活動，並帶動年輕人做社區關懷，並由年輕一代了解酒害的問題，讓年輕一代早日從酒害中覺醒。卓溪鄉呂必賢

鄉長更落實推動整個酒害覺醒運動，除了每次鄉裡的大型活動，一定邀請慈濟團隊前往宣導；鄉長並規定所有鄉公所同仁上班絕對不能有酒氣，到部落關懷絕對不能喝酒，以實際行動帶動鄉親；鄉長與他太太帶著課室主管到各地成立茶友會，並發願要讓所有村都成立茶友會；卓溪鄉婦聯會在聽了本會以茶代酒宣導活動後，向鄉長夫人建議全鄉婦聯會全力支持推動茶友會，於是非常快速的情況下，在卓溪鄉形成了一股風氣。

原鄉飲酒過量與痛風非常普遍，但酒精依賴成性而無法工作，造成社區困擾的人數就像金字塔的頂端，比例不高，但是對原鄉酗酒的形象確實造成很大的傷害，也是社區非常頭痛的一些人，他們的家庭往往充滿各種經濟問題或家暴，乃至家人離家或離婚等等問題，所以對這些酗酒的鄉親，慈濟志工組成關懷團隊，成立戒酒班，循循善誘，讓因酗酒而無法找到工作的這些酗酒者，經由參與慈濟護育大地的環保工作，從節酒而到戒酒。慈濟人先取得個案同意，代為安排到醫院戒斷；戒斷後可以到慈濟環保站，在慈濟人的陪伴下，他們共同的心聲是：「我們從沒有想到人生還可以這麼受到尊重與發揮功能。」也有的較成功的戒酒者就在自家庭院做起環保的工作，平時還參與慈濟人的讀書會。戒酒班的成員有班長，平時也會自己煮茶水來喝。以上的工作也就是慈濟在原鄉酒害

的覺醒運動的第三個工作。第四個工作則是協助與鼓勵成功走出酗酒的鄉親，慢慢找一些零工或穩定的工作，重新走出自己的美好人生。除了以上四項工作，慈濟常常會對原鄉居民舉辦定期的感恩茶會，藉此慈濟對原鄉各村的居民平時推動環保資源回收也表達感恩，並利用這機會肯定他們的工作，慈濟也邀請戒酒者來參與，讓他們能在這個團體裡，受到更大的肯定。

靜思法脈所依止的是《法華經》的菩薩道，以六度波羅蜜修行來內化每一位靜思弟子；當所有靜思弟子將修行內化成智慧，走進社會去關懷眾生時，他就是一個千手千眼的菩薩，聞聲救苦。在這一個充滿菩薩的世界裡，每一個都是懷抱著慈悲的胸懷，隨時隨地將眾生當成自己家人來愛護，當重大災害時，慈濟人不顧自己家中也遭災，卻捲起袖子，從第一時刻投入救災，走入泥堆中，深入廢墟裡，陪伴災民，只為了讓災民能早日恢復正常的生活；當他們走入災區，日以繼夜拔苦予樂而不覺辛苦，以吃苦為吃補，補的是慈悲心的長養，成為一股源源不竭的動力，這就是菩薩的胸懷。

參考書目

一、藍忠孚／許木柱／鄭惠珠／劉竹華／孔吉文，許木柱，1992，〈現代醫療體系對社會規範的衝擊——臺灣原住民社會的實證研究報告〉，行政院衛生署

八十一年度委託研究計畫。

二、法蘭克‧默瑞，2002，〈100種健康營養素完全指南〉，劉逸軒譯，臺北：麥格羅希爾。

三、陳清朗，1991，〈痛風與高尿酸血症〉，臺北：臺灣新生報出版。

四、World Health Organization, 1998, Health Promotion Glossary, Switzerland, Distr.: Limited (Health Promotion Glossary, WHO 1998)

國際宗教的合作
Inter-Religious Cooperation

烏蜜·瓦黑達 印尼奴魯亞·伊曼習經院院長

Umi Waheeda
Dean of Yayasan Al-Ashriyyah Nurul Iman Islamic
Boarding School

　　我是來自位於印尼西爪哇，努魯亞·伊曼習經院的烏蜜·瓦黑達，奴魯亞·伊曼習經院現在從幼稚園到大學共有一萬五千名學生。先夫和我在一九九八年起開始興辦從學前至大學的免費且高品質的教育，而且學生們在就讀過程中，每一樣東西都是免費的，包括吃、住及健康照顧等。我們的學生來自印尼各地，其中有孤兒、遊民或因家境貧窮而被拋棄的孩子們等等。

　　我們與慈濟的因緣起源於二〇〇三年，而且一開始就非常投緣，慈濟每個月資助五十噸白米，持續了五年的時間，這讓我們更容易經營習經院，並且減輕我們的負擔，因為我們沒有得到政府或其他機構任何的贊助。慈濟也為我們建蓋校舍，免得學生因資源匱乏而只能在樹下讀書。

慈濟也為我們邀請中文老師，這是為了要讓我們自立與永續經營。學生們非常喜愛中文課程。我們的畢業生在印尼各地開設中文班。他們在校所學的中文程度讓他們足以在許多學校裡教中文並成為翻譯者。慈濟教我們做回收，分成有機與無機垃圾。有機垃圾可以變成酵素，做為稻田、農業及漁業、畜牧業養牛的肥料。而且每六個月，醫生、護理師和牙科醫生們來到我們學校，為學生做健康檢查，若學生有疝氣、盲腸炎、腫瘤，甚至癌症，慈濟會提供免費醫療給他們，讓生病或需要手術的學生能夠立即得到所需的照顧。

　　擁有健康的心理、身體和靈性都很重要。孩子是全世界的未來、伊斯蘭教的未來。我們有全世界最大的穆斯林族群，如果我們不照顧穆斯林兒童，他們會變成恐怖份子、強盜及街童，會造成社會問題。所以我們要獨立與永續，必須要一起合作，不論哪個宗教或種族，這也是我教導我的學生、我的孩子們的內容。為了人類起見，我們必須一起努力消弭貧窮，這是奴魯亞·伊曼習經院的座右銘。

　　因此，對我來說，我無法等待捐款或其他人的資助，我們必須自給自足。所以我必須透過社會企業精神提供免費與高品質的教育。這就是為什麼我們會與慈濟合作，建立緊密的關係。

　　再多的言語，也無法表達我們對慈濟萬分之一的

愛的支持與關懷。一九九八年，在慈濟的幫助下，我和我先生從零開始，甚至是更糟的情況下重建學校，慈濟教我們很多的專業知識與經驗。如果不是慈濟，我們將會面臨很大的困難，尤其是我在我先生過世之後，大家看到的是一個女士接替了他的位置。這是在印尼——一個穆斯林社會中，是不可能發生的事。教長不可能是女士，更何況這個女士又並非在印尼生長；我出生並成長於新加坡。因此，這在當時造成很大的爭議。我甚至被警察詢問、被法院召喚。我知道我們不能只仰賴於指標性人物，將來無論是誰領導奴魯亞伊曼習經院，他們都將會藉由社會企業的支持，持續經營這間免費的優質學校；而慈濟將永存於我們心中。

祝福！無比地感激你們，感恩！

志工及捐助者的感受對慈濟宗門全球化的影響

The Globalization of the Dharma Path of Tzu Chi Will Be Driven By Measured Impact and How the Volunteers and Donors Feel

約翰·霍夫曼 牛津大學薩伊德商學院副研究員

John Hoffmire
Associate Fellow at Saïd Business School,
Oxford University

摘要

隨著慈濟菩薩道全球化，一些成長的項目將變得非常重要。以慈濟的立場，他們是以下這幾點來衡量其所帶來的影響力：幫助了多少人；建蓋醫院、房子和學校；資源回收成果；賑災援助；基本醫療與牙科服務的提供；人文教育的提升與貢獻；媒體平臺的開啟與使用。但同等重要的是志工與捐贈者心靈與記憶的感覺。慈濟特別注重與關懷對組織很重要的人的感受，包括他們幫助的人。本文呈現了慈濟透過全球性的工作醞釀出可衡量的影響和比較不能衡量的情感因素。

　　很高興來參加第四屆慈濟論壇，在這恭祝慈濟五十周年慶，這是我第二次在臺灣參加論壇，很高興有機會再來到臺灣。

　　李奧納教授和我一樣，都是商學院的教授，他的

演講，幫慈濟如何在全球運作，定下一個基礎；我的演講則是主要著重在一些實際的例子上，用來介紹為什麼大家會認為慈濟在全世界這麼地重要。雖然我不認為，用量化的方法來分析一件事情是最好的方法，但是在這世界上，很多人都是利用量化的方法來判別一件事情的好壞。

我曾跟大家分享，幾天前我來臺灣在下飛機時候的一些情況，這可以讓大家明白，為什麼我都是用一個不是量化的方法來看整個事情。當我下飛機的時候，我非常、非常地疲倦；來臺灣之前，我是從倫敦先飛到印度二個地方，然後不斷地轉機，最後再從東京轉機到臺北。

當我在很疲倦地拿著我的行李走出機場時，馬上就認出慈濟人，陪伴我們的可人師姊露出了一個讓人永生難忘的笑容。當我看到慈濟人的笑容的時候，我所有的疲倦都不見了，這就是慈濟為什麼會成功的原因。

如我所說，這世界上在評論很多事情的時候，都是用一種量化的態度在看待事情；所以，我舉三個例子，在海地、菲律賓，還有美國，我們利用這些例子來做分析。

首先談到海地，慈濟在當地重建三所學校；第二個提到的是菲律賓海燕風災的後續，以及慈濟人在當地的付出；最後，談到美國在紐約和紐奧良的風災，

慈濟志工在當地救災的狀況。在這些地方，我不會談很多細節，因為我知道，除了我報告的東西之外，慈濟人還做了更多、更多的事情；但是，我希望能夠將一些重點提出來。我為什麼選這些例子的原因，就是因為它們具有歷史縱深的觀點。我們分析一個組織的時候，若能研究它長期的影響力，這樣會比較客觀。

二〇一〇年一月二十一日，七級地震襲擊海地，超過十六萬人死亡、三十萬人受傷。二〇一三年初，慈濟協助當地重建三所學校，其中小學和中學總共可以容納一千七百名學生，包含可容納一百二十名學生的秘書學校。其中一所學校的主任，烏爾特馬優里費希爾修女說：「當我告訴學生，慈濟會幫我們重建學校，我能夠感受到，學生發自內心的感恩，他們的人生真的可以重新開始。」

利塔拉維修女是當地負責天主教會學校系統的首長，許多人問她為什麼天主教的修女要和佛教團體合作？她用一個硬幣來做譬喻，她說：「雖然硬幣的兩面不同，但是愛是一樣的。也不知道為什麼在這個宇宙中，我們常常都擁有相同的價值觀，慈濟表示真正的慈悲是需要付出行動的；而身為天主教的修女，我們也認為如果沒有行動的思考，這是沒有意義的，我們體會到天主教和佛教有許多類似的地方。」

我個人對於慈濟參加海地賑災的分析如下：和其他的團體相比，慈濟在海地的賑災資源，很少會因為

詐騙和貪汙而遭受損失，其中很重要的原因就是慈濟合作的對象，都是在地震發生前就已經深耕當地，在當地建立良好關係的組織或團體。慈濟選擇原地重建的政策，而不是聚焦於建立全新的計畫，這種做法也減少慈濟在海地遭受貪汙的機會。我要告訴大家，全世界對慈濟在海地所做的事情，是非常、非常感動的。

接下來，我要提到海燕颱風侵襲菲律賓的事情。海燕颱風當時的持續陣風達到每小時三百一十五公里，最大風速每小時達到三百七十九公里，颱風造成的浪潮高達五點二公尺高，

海燕颱風造成超過六千人死亡，一千人失蹤，與兩萬八千多人受傷，保守估計有五十多萬人因為颱風而流離失所。事實上，真正流離失所人數，可能遠超過這個數目。慈濟在海燕風災後提供兩種服務：一種是個案關懷；一種是社區關懷。在個案援助方面，慈濟提供的物資，其中包括每人二十公斤的大米，還提供環保毛毯、熱食和義診，幫助許許多多的家庭；按照受災戶成員的人數，慈濟發放每戶新臺幣五千元至一萬元不等的急難救助金。很難想像，總共有超過三十萬人次的以工代賑機會，提供給當地的災民。這是一個非常令人驚訝的數字。

接下來，要跟大家介紹的是海燕颱風後，慈濟對社區的協助：慈濟在初期協助當地建立了三百間簡易教室，同時援助了二百五十間防颱簡易屋。更重要的

是，慈濟提出一種以工代賑的援助方式。災後這麼多艱難的工作，大部分都是由慈濟菲律賓分會來執行。然而，他們只有三十六位全職的職工，十二位專案工作人員，一千五百名志工及十三位董事會的成員。

　　接下來，這是我個人對慈濟參與菲律賓賑災的分析。當地其他援助組織都非常認同慈濟的做法，認為這是非常重要，並且非常有開創性的，這種認同在援助組織當中，並不常見。事實上，四十六個國家地區都有捐助菲律賓賑災，並且認同慈濟在做的這件事情是一件非常重要的事情。菲律賓的官員也拜訪慈濟本會，表達他們對慈濟在史上最大風災後，所提供之協助的感謝。

　　最後，來看看發生在美國的桑迪颶風、卡翠娜颶風風災，分別為紐約新澤西和紐奧爾良所造成的損失。二○一二年桑迪颶風，造成了金額高達二點三兆新臺幣的損失，在紐約和新澤西州造成九十人喪生，颶風來的時候，浪高達四點二五公尺；在美國登陸時，它是屬於三級颶風。

　　與桑迪颶風相比，二○○五年的卡翠娜颶風也在美國當地，造成金額損失達新臺幣三點九兆，在美國七個州造成一千八百三十六人喪生，而颶風造成的浪高達三點七公尺，在美國登陸時，它也是屬於三級颶風。

　　以下就是慈濟在紐約、新澤西和紐奧良所提供的

急難救助：慈濟人在紐約、新澤西的發放包括：提供熱食八千一百二十五份，提供二千一百八十一個應急包，八千九百條毛毯，六千五百五十七條圍巾，更重要的是，慈濟提供了二億七千萬新臺幣的緊急現金卡給這些災民使用，這是極龐大的一個金額。慈濟人在紐奧良的發放，除了有熱食供應，還提供了一萬八千個應急包、義診、諮詢服務，還有牙科義診的服務。

以下就是我個人對慈濟參與紐約、新澤西和紐奧良的賑災分析：慈濟在桑迪颶風和卡翠娜颶風災後的影響是難以估計的，在這兩個地方的賑災顯示出，只要有需要，慈濟就會提供協助。數以百計的志工都隨時準備出動，慈濟也相信，志工能夠在安全的情況下，從付出中得到心靈的成長。

最後，我要談的是有關未來後續的發展。一直以來，慈濟都是同時以財物上的援助和心靈上的協助，來進行災後重建。我個人的研究是，影響力的投資是另一種可能的選擇，影響力投資和慈善救援並不矛盾，事實上它們可以相互共存。

而我的結論是：慈濟在過去五十年來，為整個世界做出很大的貢獻。謝謝大家給我這個機會再次回到臺灣與大家分享。

※整理自 2016 年 10 月 2 日第四屆慈濟論壇發表內容

從王道理念談慈濟宗門的全球化發展

The Globalization of Tzu Chi's Dharma Path from the View of the Altruistic Principles of Wangdao

施振榮　宏碁集團聯合創辦人

Stan Shih,
Co-founder of Acer Group

　　慈濟宗門跟王道有其相似之處。王道的思維其實很簡單，利他是最好的利己，只有從利他、為別人創造價值，自己才會變得更有價值。慈濟也是強調從利他出發，創造無形價值。

　　我對全球化發展的看法，在宏碁的創業上可說是徹底地落實；以我的觀點，除非以全球化做思考，否則我們對人類的貢獻將非常地有限。

　　四十年前，宏碁創業時是從王道的理念開始，近年成立「王道薪傳班」，積極投入推廣「王道」的思維。這個源自於東方文化的傳統思維，可以追溯至二千五百多年前，由孔孟一脈相傳下來的儒家思想。在古代，王道談的是治國為王之道，到了現代，所謂的王道，並不是帝王之道，而是「大大小小組織的領導人之道」。它主要的目的，在為社會、為人類創造價值。

王道可說是與時俱進的管理哲學與策略思維，它的三大核心理念在於：「創造價值、利益平衡、永續經營」。要落實王道的思維，首先就是要不斷地創新，如此才能創造價值；其次，在共創價值的過程中，要追求所有利害相關者的利益平衡，也唯有創造價值又能做到各方的利益平衡，才能實現永續經營的理想目標，這就是王道的精神。雖然王道的理念尚未成為社會主流，卻是普世的價值，也才能面對未來的挑戰。

　　在王道的三大核心信念中，重中之重就是創造價值；創造價值，不能只看單一面向，而是要由「六面向的價值」來看，既重視有形、直接、現在的「顯性價值」，更重視無形、間接、未來的「隱性價值」，隱顯並重、六面平衡。

　　人性本身對於顯現價值——直接、有形、現在比較感覺得到；對隱性的價值，間接、無形、未來相對比較無感，加上資本主義、民主政治管理系統，對於顯性價值已經發展出一套很有效益的方法來推動人類的文明發展。對於間接、無形、未來的隱性價值，若非領導人不斷地重視與投入，對人類永續發展實際上有其極限。

　　我個人的座右銘就是挑戰困難、突破瓶頸、創造價值。活著就是要創造價值；創造價值，要找到能夠創造價值的地方。瓶頸，要想辦法尋求突破；挑戰困難，一定要反向思考，所以「"Me too" is not my style.」但面對未來永遠正向樂觀。

　　宏碁從創立以來，都是以王道的思維一以貫之，也是宏碁三次轉型變革的中心信念，成功帶領全體同仁化危機為轉機。王道的關鍵思維，就六面向價值的總帳論，隱顯要並重、六面要平衡。原來做的沒有價值，找到更有價值的空間以及方法，建構一個利害相關者，利益平衡的模式。西方資本主義的思維是贏者通吃，並不符合東方共榮、共存的基本文化；當所有的利害相關者利益平衡，才是持續不斷發展的保證。

　　一九七六年創立宏碁，是以人性本善作為組織文化的核心價值，希望提供一個舞臺激發年輕人才的潛能，能夠共創價值。實質上，我認為投資在人創造價值的空間最大，人實質上就是最好的投資標的物。

　　一九八六年，我在臺灣發展龍騰國際，希望華人對世界的貢獻能更多；在高科技的舞臺，能夠揚眉吐氣。一九八九年，提出科技島的臺灣願景，也談到世界公民。臺灣要國際化，要把自己定位成當地的企業公民，也就是每到一個國家，要為當地做出具體貢獻的基本思維。

　　一九九二年第一次再造，我提出要作為一個從臺灣出發的全球品牌，因為本地的市場實在太小了，所以我的方法不同於美國、大陸等大國的作業思維。這個機制結合地緣，尊重當地的文化，為當地的利害相關者，建構一個可以共創價值的舞臺。

一九九六年，我特別提出在科技島的前面，加一個「人文」──人文科技島；因為面對未來，不但要高科技，更重要的是高感性。二〇〇六年因為我對個人電腦（PC）全球普及化的努力，成為時代雜誌亞洲英雄之一。這是我自二〇〇四年退休後第三次回到宏碁。當時公司的執行長（CEO）是位義大利人，他以西方的價值觀為主導，希望成為世界第一的電腦品牌，當外界產生變化時，他卻沿用原來的方法，因而產生重大的虧損。

　　七個月的時間將傳承的事情、未來方向部署好，主要也是用王道的思維，希望打造全球性，以及各區域性的王道，與當地的利害相關者共創價值的一個機制。

　　最近我提出一個利用臺灣作為創新基地的想法，人類的文明必定與創新有關。現今的臺灣已經是世界生產矽晶片最多的國家，如何利用這個基礎，讓臺灣變成東方矽文明的發祥地，是我現在推動的目標。

　　全世界大的組織要培養新的事業都不容易，如果我們把它的過程分為兩個階段，分別稱為「0到1」，以及「1到N」的過程。「0到1」就是要尋找有價值的「1」，過去我們的「1」就是電腦，當它變成太多的「N」之後，也變得沒有價值了，所以我們就要不斷地尋求新的「1」。

　　尋求新的「1」與大團體裡面的文化是衝突的，因

為大團體都很有紀律，這樣在「1到N」的階段，複製才會快；「0到1」是很多的創業、摸索、錯誤都在裡面，雖然浪費的資源都是小小的資源累積起來，但是在大團體的文化標準裡，這都是在浪費資源、浪費時間。

所以在培養新事業這「0到1」的過程裡面，即使美國也做不好，全世界也做不好，他們要在大組織裡面培養出新事業，結論就是說，要領導大組織的人改造的，都是位高、權輕，影響力大的人。

所以，為什麼要有創新價值，因為「1」是自然貶值，貶值的理由有兩個：一個是外界的需求可能沒有那麼殷切，因為「1」愈來愈多，經濟理論就是供需，供需不一定物質，很多服務方面也有供需的問題，本來就是新的東西比較值錢，所以你要給它新的生命，要創新。

另外，集團內「要分才會拚，要合才會贏」，大家拚的時候目標清楚，合的時候力量比較大。分，主要是為了保持它的競爭力，每一個分的單位都是獨立而且有自己生存創造價值的能力，這樣還會不錯；但有機會合的話，將會有更高創造價值的能力。集團最高的總部在能合的情況下就盡量讓它合，特別是像人才得之不易，所以人才在集團裡面，總部也要能管理到，不能說這個人是你單位的，就不讓集團統籌運用，有時候一個個的小單位，可能也沒有辦法有像制

定財務管理或稽核那樣的專業人才。

　　當然，王道中很重要的是德，要有兩個不改初衷，這「初心」很重要，一個是屬於他原來的理想是什麼？要做什麼事情，要在哪裡發揮？第二個就是要持續地王道，就是以這「初心」的價值觀，持續下去。

　　最近有一本書，談到「佛教是最有科學觀的一個宗教」的論點，若從此一觀點來看，慈濟宗門跟王道有其相似之處。王道的思維其實很簡單，利他是最好的利己，只有從利他、為別人創造價值，自己才會變得更有價值。慈濟把這麼多人的資源，導入善的循環裡面，以非營利事業的角度來看，對社會的影響力、貢獻非常好。而慈濟的志工出錢出力，但賺快樂感、成就感、感恩的心情，也正是以有形價值換取無形的價值。

　　共創價值，要不分種族、不分宗教、不分文化；創造價值要當地化，隨著時間的不同，與時俱進；隱顯要並重，不斷地論述，這樣才不會因人性的重顯性而忽略隱性的重要。

※整理自 2016 年 10 月 2 日第四屆慈濟論壇發表內容

人類互助的希望——來自愛與關懷的人性

The Keys to Mutual Aid: Love and Caring

謝景貴 慈濟基金會宗教處主任

Ching-kuei Hsieh
Director of Religious Affairs Department,
Buddhist Tzu Chi Foundation

一九九九年八月十七日凌晨三點零二分，土耳其發生芮氏規模七點四的大地震，造成四萬人傷亡，超過六十萬人失去家園，當時預計將使該國國力倒退四十年。

那時我們正好在科索沃賑災結束，於是直接從科索沃前往土耳其。一到土耳其首都伊斯坦堡，只見前往災區的公路上，車水馬龍，未受災的民眾載了食物、盥洗用具等，前來幫助自己的同胞。在那裡，誰也不必認識誰，只因為同樣關心災民的需要而聚在一起。我們看到的是人類的互助，而在這過程中，臺灣也沒有缺席。

希望之源 人類互助

當面對全世界的災難，我們不會想到對方是什麼宗教；在所有愛的面前，我們也不會覺得有什麼樣的

隔閡。

　　在災區一片混亂又必須及時發放物資的情形下，相較於很多組織，甚至民間「見人就發放」的互助作法，慈濟志工親自勘災、依災民需要造冊、在領據上附慰問函，甚至在工作人員極少的情況下，仍堅持親手將物資送至災民手上，這都是為了什麼？只因為人類互助才有希望。

　　曾有人問我，慈濟以一個民間團體的力量，對於國際災難所能提供的援助不過是杯水車薪，這麼做有意義嗎？但是，如果因此而卻步，人性之中的愛與關懷從何而生？這就是慈濟人的信念。我參與慈濟國際賑災二十年，除了累積經驗，在許多苦難的現場，更多的是見證了愛的無遠弗屆與慈悲的力量。

　　在阿富汗賑災時，一尊被炸掉的佛足下我看到了五戒，這是身為佛教徒的我，第一次有似曾相似的感覺，覺得好親切。但有人說：「不是，這是我們穆斯林的戒律！」我想，「那不是一樣嗎？」但我卻無法回答這樣的問題──十四歲的孩子要保護媽媽、保護姊姊，可是，他必須拿起跟他身高一樣高的槍來。這孩子有錯嗎？但他做的是什麼？這樣的經驗一直放在我的心裡面，跟著我在全世界各地的災難現場流轉。

　　科索沃當權者拿著歷史課本告訴不同信仰者說：「你們這些不同宗教信仰的人，我要將你們趕離這裡！」一九九六年六月我們到了科索沃，當時志工必

須坐著防彈車，戴著防彈頭盔，看到的就是人禍，看到的就是殘破！

在科索沃，許多的兒童都不講話了，只能藉由畫畫為他們做心靈創傷的復健。這些孩子畫什麼？畫裡是刺刀下的一個嬰兒。那個嬰兒會是誰？他想不想救？救了沒有？這樣一個滄桑會不會在他的心裡留下陰影？而我們要如何去撫平？

平等同理 愛為橋梁

當獲知土耳其大地震的訊息時，我們一路從科索沃轉到土耳其伊斯坦堡。我們到的時間是那麼地早，前面是其他國家的救難隊，我們看到的是一千多萬人全都睡在公園裡面，因為擔心當天會有餘震。當我們被問到帶幾條狗來？我們回答說：「狗沒有，只有四個人。」

從人禍的科索沃到了天災的土耳其，我們在勘災的現場，看到的都是一個個的人道救援團體。最後我們回報本會，證嚴上人決定要援助。於是慈濟志工開始募款，依循上人的指示，堅守崗位各盡本分，信守心中的承諾。

正當一切都在積極準備時，沒想到一個月後臺灣發生了九二一大地震；地震後，慈濟仍是信守承諾，由全球志工總督導黃思賢按照既定的行程，於九月二十三日抵達土耳其，跟當地華人穆斯林胡光中先生

（後來成為土耳其的第一位慈濟志工）接洽，思考著要怎麼找到一塊適合的土地蓋房子，接著從第一塊房板開始預鑄，到房子蓋好，最後讓受災鄉親可以從帳篷區搬出來。

我常在想，救災的數字雖然可以量化，但笑容是超越的，看到這些受災鄉親的笑容，總是讓我們滿心歡喜。

不過，在建屋的過程中也曾發生一些事情，讓我十分緊張。我當時留在災區協助大愛屋的援建，就在準備開工的時候，我在工地現場看到了一頭羊，總工程師阿拉丁先生告訴我這頭羊是要用來祭祀的。我開始試著說服阿拉丁不要殺羊，並且告訴他，「在臺灣，我們是用鮮花素果祭祀。」但他告訴我：「在伊斯蘭教，這隻羊牠生命的意義就是要在宰牲節（Kurban Bayramı）這時候犧牲，我們要送牠回阿拉那裡。在我們的宗教裡，這個節日是要親手殺雞宰羊，把最好的部分，送給我們貧窮的鄉親們共享。」當他講到這部分時，我警覺到事態嚴重，深怕將有一場宗教的衝突和論戰要發生。最後我只好告訴他：「你如果相信真主是全能的，難道不相信有人希望你不要殺羊嗎？這不就是真主的意思嗎？」

在這互動的過程中，因為我的堅持，最後是阿拉丁包容我。穆斯林每天要禮拜五次，阿拉丁後來在非禮拜的時間，跑去了清真寺祈禱，回來後並沒有宰了

那頭羊。

　　我感恩阿拉丁對我們的包容，在為他們搭建的帳篷時，我們也是以同理心來尊重穆斯林兄弟們；我們提供的帳篷都是以他們土耳其國旗的顏色來設計——白色、紅色，還有一彎星月在上面。因為這樣尊重的過程，我第一次有了一位真正的穆斯林兄弟——胡光中師兄。

　　齋戒月時，我入境隨俗地跟著他們早上不吃不喝，他們也會很善良地說：「他跟著我們一起齋戒吧！這個兄弟不錯！」他們把我當成穆斯林了。所以，我們沒有時間去討論宗教，直到一個多月後，我才問他們這些習俗代表什麼意思？

　　我還記得，有一位非穆斯林的庫德族工人，知道我是佛教徒，不用齋戒，於是給了我一顆橘子。接到橘子那一 那，我忘了自己正在跟穆斯林一起齋戒，正要剝橘子的時候，突然遠遠地聽到一個聲音：「嘿！齋戒月！」我回說：「啊！好，齋戒月！」他不會分別你是什麼教徒，在那個過程中，很自然地我們就是一家人。

苦難面前　不分信仰

　　二〇〇一年一月十三日薩爾瓦多大地震，這個地震一樣是泥石流，一樣無法傳達的是屍臭的味道。但是，可以看到的就是苦難，苦難面前是沒有任何宗

教，尤其當我看到老婦人深鎖的眉頭，還要問他們是信仰什麼宗教嗎？

上人問房子倒了幾間？我回說：「他們算的是還有幾間沒倒！」要做發放只能選在教堂，於是我們找到了一間教堂，門口掛了一個牌子，寫了西班牙文「我家就是你家」。

神父問我們為什麼會來？我告訴他，我是佛教徒，我們的教法是：「無緣大慈，同體大悲。」他答應讓慈濟在他的教堂做發放，還將他換聖袍的聖室，作為慈濟人醫會醫師的診療室。他也應允讓我們在教堂前面稱念佛號為這塊土地祈福。這樣子的畫面，就發生在中美洲。

在薩爾瓦多的耶路撒冷小鎮，佛教的志工跟摩門教的兄弟，為天主教的弟兄一起努力、一起打拼。在義診現場，一位記者自發地拍了一幅照片，鏡頭下記錄的是在耶穌基督的見證下，一個佛教徒醫生，如此用心地為天主的子民看診。一張照片裡的老人家是左手痛，人醫會醫師為他在右手上做針灸治療，很有效，老先生的手也好了。之後在薩爾瓦多的鄉間，每個人碰到我們就會問：「那神奇的小針，什麼時候來？」

另外一個場景在緬甸，二〇〇八年納吉斯風災，導致逾七萬人往生、逾五萬人失蹤。慈濟志工前往勘災時，眼見的是所有東西都不見了，然而當地人的說

法卻是：他們本來就很貧窮，所以也沒有甚麼可失去的。幾片的帆布，傾頹的木頭柱子，覆蓋著稻草當屋瓦，一個家甚至沒有完整的四壁，但這就是他們的家，晚上遮風蔽雨的地方。

我看到了當地的災民，一手捧著浸壞的穀子，另一手則是拿著慈濟發放給他們的，充滿希望的稻種，我突然想到了慈濟的教法：「慈是予樂，悲是拔苦。」怎麼樣能夠予樂？於是我們開始帶著他們唱歌、比手語，讓大家歡歡喜喜；我們唱〈一家人〉這首歌，其中一段歌詞如下：「我的快樂來自您的笑聲，而您如果流淚，我會比您更心疼⋯⋯」也帶動搭配動作的〈阿爸牽水牛〉，我們期待的只是為了想要看到孩子們的笑容，因為那笑容正是我們為何要前去賑災的答案！

在那裡，我看到了「父慈」，是一個緬甸的災民小孩，與從未謀面的泰國志工的擁抱，就像遠地回來的父親，抱著孩子般地欣喜；我看到了「子孝」，就在志工用自己隨身帶去的香積飯，一口一口餵著老人家的同時，他想到的是自己的父親。

在發放的現場，彼此深深地合十鞠躬，臉上自然流露著笑容，誰是施者？誰是受者？有沒有布施這回事？──落地為兄弟，何必骨肉親。佛教講「三輪體空」（無施者、無受者，亦無所施之物），布施不就是像陽光、空氣、水一樣地自然嗎？

人人布善 千手觀音

近年來全球氣候大反常，乾旱、地震、颱風、大水發生，災情往往都是數十年、百年僅見，顯見地球已經無法承載人為的破壞而在崩毀中，其嚴重性無分國界與種族。假設人們還是只想到自己，地球毀壞的速度只會加快；但如果從今天開始，我們改變生活習慣、凝聚愛心，就是在救這個地球。

因此，當你施予一個善行、當我給身旁的人一個微笑；當你在北朝鮮救援、我在柬埔寨賑災，我們就會是一尊千手千眼的觀世音菩薩。

※整理自2016年10月2日第四屆慈濟論壇發表內容

真情伴星月——
佛教慈濟與伊斯蘭在土耳其的相遇與相融過程
True Sentiments in Turkey
The Tzu Chi Buddhist Foundation and Islam in Turkey – Encounter and Compatibility

胡光中　慈濟基金會土耳其負責人

Faisal Hu
CEO of Buddhist Tzu Chi Foundation,
Turkey Branch

摘要

當世界充斥著戰爭，滿布煙硝味，而聯合國亦宣布二〇一六年世界上難民人數已達到六千五百萬人，比二〇一五年多了五百萬人，是二次大戰後的歷史新高；面對那些曾經擁有美好生活，但今天卻一無所有的難民們，我們能做些什麼？一九九九年八月十七日，土耳其發生世紀強震，四十五秒內造成一萬六千人往生，六十萬人無家可歸。遠在臺灣的慈濟在地震後的第三天就派遣了四人小組到達土耳其，四個月內幫助土耳其蓋了三百戶的大愛屋，並致贈兩百頂的帳篷。因為尊重穆斯林，慈濟宗教處謝景貴主任問我若帳篷上的慈濟logo有「佛教」兩個字，住在裡面的災民會不會心裡有絲毫的不舒服？於是我們連夜趕工做出新的logo——臺灣慈濟基金會，為了尊重、體恤災民，設身處地為災民著想，體現出真正的人道精神。

一九九九年的十一月，第一次見到證嚴上人，我問上人：「幾個月的接觸，感覺慈濟是一個非常好的團體，但慈濟是發源於佛教

的團體，而土耳其是一個信仰伊斯蘭教的國家，如何能夠把慈濟精神帶到土耳其呢？」

上人回答：「把人所造成的隔閡，如膚色、國籍、宗教都去掉，心中只剩下一個字——愛即可。宗教是『大同小異』，什麼是『大同小異』？宗教是『人生的宗旨，生活的教育』，過往的觀念，佛教徒是吃齋念佛、念經，什麼是『經』？經是道，道是路，路是給人走的。慈濟人實現行經，並融合尊重不同的宗教信仰，在世界各地只要有災難的地方，就看得到藍天白雲，走在最前做到最後。」

二〇一二年敘利亞難民開始逃亡到土耳其，至今有將近三百萬敘利亞難民滯留在土耳其；二〇一四年慈濟人在伊斯坦堡的蘇丹加濟市深入難民家庭訪問，針對不同的需要給予協助，如發放物資、購物卡及現金，發放前尊重穆斯林，以念誦《古蘭經》開始，受到感動的災民將剛領到的購物卡投入竹筒，回捐給慈濟去幫助更需要的人，並說就算將來他的生活改善不在受助名單中，也希望每一次都能來協助發放活動，體會這心靈的饗宴。二〇一五年一月慈濟滿納海中小學一校成立，短短一年內，在土耳其政府協助下開立二校、三校，學生數目增加到二千四百人，學生每天上課前在操場背一段聖訓才進教室，課餘時間背誦《古蘭經》比賽，在滿納海讀書的孩子們，並沒有因為慈濟的幫助成為佛教徒，反而成為更虔誠的穆斯林，他們沒有忘記慈濟人的愛，他們心中愛的種子早已發芽，二〇一六年南臺灣發生地震以及臺東發生風災時，他們主動捐款表達對臺灣的感恩與關懷。

當世界充滿戰爭，遍地狼煙時，聯合國宣布二〇一六年世界上難民人數已達到六千五百萬人，比二〇一五年多了五百萬人，是二次大戰後的歷史新高；面對那些曾經擁有生活中一切美好，但今天卻什麼也沒

有的難民們，我們能做些什麼？這些難民與我們原本都互不相識，但是本著「無緣大慈、同體大悲」的精神，發揮廣闊無邊的愛，不因宗教、種族、國度等等而有差別時，慈濟人與難民結下了緣。

證嚴上人告訴弟子們：「各個宗教所倡導的慈悲、大愛、仁愛、博愛，無不都是要表達那一分廣大無邊的愛，因此，不管是什麼樣的宗教，所需要的就是這個『愛』字。」

事實上，信仰的不管是天主教、基督教、伊斯蘭教，或者是東正教等等，名稱雖然不同，但是真實的人性、善與愛是共同的，愛的本質是同樣的，慈濟稱它為「大愛」，而這個大愛最佳的體現就在「無緣大慈」。雖是無緣，但是不忍眾生受苦難，有一個共同的志願要去幫助他；雖然跟你與我無關，可是我們也有那種切膚之痛，人傷我痛，傷在他的身上，可是痛在我的心，這就是「同體大悲」。

一九九九年八月十七日，土耳其發生了世紀大地震，四十五秒內造成逾一萬六千人死亡，六十萬人無家可歸，看著電視螢幕上不斷跳動的數字，死亡人數不斷增加，看到各個國家的救援隊伍相繼到達土耳其，獨不見臺灣的援救隊伍，想到臺灣錢淹腳目，為何卻又這麼缺乏愛心？忍不住提筆投書《聯合報》：

「救援土耳其，臺灣在哪？」

因為八月十七日凌晨三點，我忽然在一陣陣櫃子

的搖晃聲中被驚醒，睜眼一看，整個世界好像都在上下左右不停地晃動，抱著太太和孩子在那致命的四十五秒鐘裡唸著：『萬物非主，唯有真主』，幾乎已經可以確定一定會倒了……緊接而來的大停電，使伊斯坦堡整個陷入一片漆黑，帶著家人、開著車子往空地上逃，途中見男女老少全都上了街，除了可看到他們眼中的驚恐外，似乎大家都在慶幸自己逃過了一劫。

然而，四十五秒內會造成一萬六千多人的死亡，五千人的失蹤，這種事誰想得到呢？五天過去了，路邊的咖啡廳不再放音樂，取而代之是清真寺叫喚人們替那些逝去的人做追悼禮，電視新聞不停播放傷亡的人數，從五百人到三千到六千到最後的一萬多，心情真是跌到了谷底。

土國政府救援工具不夠，有些稍偏遠的地方，根本已經放棄救援的行動，倒塌的大樓前坐著那些已欲哭無淚的人們，無懼於那陣陣的屍臭，因為那是他們的親人啊！直到看新聞，有一男士地震後九十六小時奇蹟似地存活，我突然驚覺，死亡的人裡，有很多人並不是當場走的，而是在那漫長等待救援中，慢慢絕望而去的！當時，多國政府已派救援部隊及物資運送到土國，而我心裡想著：「我們臺灣呢？」

當時我並不知道慈濟人已經在土耳其，遠在臺灣的慈濟在地震後的第三天就派遣了四人小組到達土耳其；土耳其地震，讓一向對佛教有強烈偏見的我，竟然

能與慈濟共結一分善緣。當然，這分善緣得來不易，與慈濟第一次接觸，內心並不十分願意與慈濟合作。但經過多次的深思與觀察，我發現，慈濟所談的大愛是無關宗教的，於是摒棄因為對宗教的認識不夠而產生的誤解，終於敞開心扉，接受遠道而來的慈濟愛。

一九九九年土耳其大地震之後，四個月內慈濟幫助土耳其蓋了三百戶的大愛屋，當設計圖到了證嚴上人的手中時，他指著設計圖的一個角落，問說這奇怪的建築物是什麼？有人告訴他這是清真寺，清真寺是穆斯林做禮拜的地方；接著他問：做禮拜？每個人都需要做禮拜嗎？若是每個人都需要做禮拜，為什麼不把清真寺擺在大愛村的中間呢？日後，我們所建的大愛村正中央都有一個廣場，清真寺就在那裡。

其間因為發生第二次的地震，我們又做了兩百頂的帳篷；因為尊重穆斯林，宗教處謝景貴主任問我若帳篷上的慈濟 logo 有佛教，住在裡面的災民會不會心裡有絲毫的不舒服？我回答他：「也許會。」之後大家連夜趕工做出新的 logo——臺灣慈濟基金會。從那一次的經驗裡，我體驗到了，為了尊重災民、為了體恤災民、為了設身處地為災民而想，慈濟體現了真正的人道精神。

一九九九年的十一月，第一次見到證嚴上人，我問上人：「幾個月的接觸，感覺慈濟是一個非常好的團體，但慈濟是發源於佛教的團體，而土耳其是一個信

仰伊斯蘭教的國家，如何能夠把慈濟精神帶到土耳其呢？」上人回答：「把人心裡面自己所造成的隔閡如膚色、國籍、宗教都去掉，心中只剩下一個字——『愛』即可，那就可以傳播慈濟的精神。」

這令我想到伊斯蘭教也處處講到愛，真主阿拉的九十九個名字裡面有一個字叫做「ودود」-wadud——意思就是大愛、極致的愛；伊斯蘭教相信真主造人，在人的身上都可以找到一些形容真主名字的特徵，比如說仁慈、高貴、光明、愛、寬恕……這些特徵在我們的日常生活之中表現出來雖不及真主阿拉的億萬分之一，但若是我們把任何其中一項特徵發揮到極致的時候，在我們的世界裡就是一個偉大的人。慈濟人的愛應該就是這樣，若把愛發揮到了極致，無時無刻不愛，無地無處不愛，以愛來處事待人，這世界將會更美好與和平。

過往的觀念裡，以為佛教是吃齋、念佛、念經、敲木魚而已，在一次偶然的機會裡，看到《慈濟月刊》裡的一篇文章說〈行經，鋪路〉——「經者，道也；道者，路也，『慈濟宗門』就是要走入人群，行經鋪路；若只是講佛法、論道理，卻不知『門』在哪裡，要如何去鋪路？慈濟成立四十一年來，愛的足跡走到哪裡，路就鋪到哪裡。所有慈濟人都是鋪路人，都有鋪路的使命。」（《慈濟月刊》484期-P.115）

上人解釋什麼是「經」？「經是道，道是路，路是給人走的。」慈濟人實現行經，並融合、尊重不同的宗教信仰，只要有災難的地方就看得到身著「藍天白雲」的慈濟人，走在最前、做到最後。為何要融合尊重不同的宗教信仰？因為上人說，「宗教」是什麼？「宗」就是人生的宗旨，「教」是生活的教育；不論是信佛教、基督教、天主教、道教，甚至完全沒有信仰的人，都離不開做人的宗旨和規範。上人又說，人生的宗旨說起來很深奧，但其實很簡單！只是很多人對人生非常迷惘，不知道生從何來？死往何去？更迷惘的是在這一生當中，不知道要如何做人？做人的目標與價值在哪裡？所以，我們應該要教育他們明白人生的宗旨以及如何生活，這就是宗教。在人的本性中都有愛，假如每個人都懂得做人的道理，並且扮演好自己的角色，那麼人生就會很祥和，世間就會很太平！

二○一二年開始，敘利亞難民開始逃亡到土耳其，至今有將近三百萬敘利亞難民滯留在土耳其；二○一四年在街頭看到一個沒有穿鞋的孩子，慈濟人不忍，希望能夠幫這些難民一些生活物資的補助；同年七月，慈濟人在伊斯坦堡的蘇丹加濟市深入難民家庭訪問，歷經千辛萬苦。很多家庭原本對慈濟人並不信任，加上伊斯蘭教戒律森嚴，有時家中只有女性，慈濟志工們只能在門外或是樓梯間登記家訪表，經過歸檔造冊，依據每一家、每一戶不同的狀況以及不同的

需要給予協助，發放物資、購物卡及現金，發放前尊重穆斯林，以念誦《古蘭經》開始，之後志工排成一列，以雙手奉上購物卡或物資，並向敘利亞難民道感恩，感恩有他們讓我們有機會付出。

在一次的發放裡，發生了一件令現場所有志工都非常感動的事，那一次敘利亞志工主麻老師（**Mr. Cuma**）對現場民眾說，「你們相信一塊錢可以開啟天堂的路嗎？你們知道幫助我們的臺灣慈濟人大部分都是平民百姓嗎？他們知道團結的力量大，所以每個人捐出一塊錢、兩塊錢，集合起來幫助我們敘利亞人。現在我領悟到《古蘭經》上的啟示——我們在樂善好施上要彼此學習、濟貧幫困中應互相勉勵，你們應當分捨自己所得的美品，誰以善債借給真主，真主將多倍償還他本息——當你捨得了一些東西幫助別人時，真主阿拉會因為你的捨得而給你答謝，並給你意想不到、多倍的東西。現在在你們之中，有人已經領取過一次或多次的幫助，但是我們的鄰居還有很多人沒有受到幫助；有人願意打開自己的心，奉獻一點點來幫助他們嗎？願意的人請舉手！（現場馬上有超過一半的民眾舉手）現在現場的人將近一百五十人，只要每人捐十里拉，集合起來便會有一千五百里拉，你們知道這樣可以多幫助多少家庭嗎？可以幫助十五個家庭！」

隨後便有一位民眾站起來，捐出來第一份的十里

拉，當主麻老師高興地舉著這位民眾的手，進行愛心捐款時，接二連三的民眾拿著大小不等的金額——十里拉、二十里拉、五里拉，還有銅板給我們，還有一位婦人拿著美金一元跟一些銅板也來捐獻，甚至好幾位小朋友拿著一個銅板來放在我們的手心上，所有的慈濟志工激動得眼眶含著淚，不停地道謝！

現在，每一次的發放，難民們學習慈濟的「竹筒歲月」，學習付出，我們感動於他們甚至將剛領到的購物卡投入竹筒之中，並告訴我們就算將來他也許生活改善不會在受助的名單中，但也希望每一次都能來參加發放活動，體會這心靈的饗宴。那一刻我們明白，愛是循環的，慈濟人不分宗教付出的愛，啟發了他們的心，讓他們願意無私地幫助自己的同胞。

二〇一四年十一月嚴冬將至，慈濟人在蘇丹加濟市為難民們準備了一萬條毛毯，還有很多生活物資，包括米、麵、豆子等等，發放中不時有人跑來，拿著毛毯，拿著米、麵，希望換成現金。我們問：「你要現金做什麼呢？有毛毯可以禦寒，有食物可以充飢，為什麼你們要錢呢？」他們回答：「我們的孩子已經好幾年沒有受到教育，我們可以忍受飢餓，可以忍受寒冷，但是我們不能忍受我們的孩子未來沒有知識。」這時我們才知道原來所有的敘利亞學校都是私立的，只有有錢的人才可以將孩子送到那裡去讀書。因此，在蘇丹加濟市有將近四、五千個孩童是無書可讀的，

看到孩子在垃圾桶中撿食物，看到九歲的孩子還不會寫自己的名字，看到孩子在窗前看著土耳其學童可以上下學。我們又開始家訪，開始登記這些孩子的資料。

　　同一個時間，蘇丹加濟市教育局長亞伯拉罕先生（Ibrahim Demir）願意跟慈濟合作，提供政府的學校為教學大樓，早上有土耳其學生上課，下午提供給敘利亞學童讀書，由慈濟補助學童，教育局保證承認學歷。就這樣，在二〇一五年一月慈濟滿納海中小學一校成立了，取名「滿納海」為阿拉伯語「沙漠中的泉源」的意思，期許學校有如在這沙漠之中帶給學童如泉源般的知識。成立初始，有五百七十八位一到八年級的學生，同一年的五月，並收三百一十位補校生，這些補校生年紀介於六到十五歲之間，平常在打黑工，只能夠禮拜六、禮拜天到學校學習阿拉伯文、土耳其文以及數學，但是補校生並沒有辦法得到學歷證明。六月份滿納海學校辦學優異的成績及模式傳遍整個土耳其，土耳其教育部副部長特別打電話給蘇丹加濟市的市長阿里烏司蘭馬茲先生（Ali Uslamaz），他恭喜市長，因為滿納海創造了一個讓敘利亞難民學童上學的模式，而這個模式經過教育部討論後，認為是一個可以解決難民學童就學最好的模式，教育部希望在二〇一六年以這個模式創建一百八十所敘利亞暫時學校。至今，整個土耳其的確在二〇一六年以滿納海中小學為模範，另外幫助了將近二十萬的學童就學。

二〇一五年七月底帶著主麻老師、教育局長及前副市長訪問慈濟，向證嚴上人報告的時候，上人問到這三百多位讀補校的孩童，「為何不讓他們去讀書呢？」眾人哭著向上人解釋，這些六歲到十五歲的孩子們因為必須負擔家計，每天打工十三個小時只能上十三分鐘的廁所。上人不忍，希望我們也可以照顧到這些孩子們的未來，讓他們去除心中的恨，重返校園。

　　經過短短一年，在土耳其政府協助下，慈濟至今在蘇丹加濟市已經開立二校及三校，學生數目增加到二千三百八十四人，其中有二百一十三位之前打工的學生在慈濟補助他們家計之後也回校上課，他們每天上課前在操場背一段聖訓才進教室，課餘時間背誦《古蘭經》比賽。在滿納海讀書的孩子們，並沒有因為慈濟的幫助成為佛教徒，反而成為更虔誠的穆斯林。

　　看著這些孩子告訴我們，他們夢想將來成為老師、工程師、醫生，當他們訴說著未來的夢想的時候，他們眼中散發著光芒，而我們也夢想這些孩子們十年到二十年後，他們也許有能力幫助別人了，也許他們不會忘記一群穿著藍天白雲的慈濟人曾經散播愛的種子在他們心中，也許哪天愛的種子可以發芽長成大樹，可以結更多善的種子，幫助更多的人。沒想到愛的循環來得那麼快，二〇一六年南臺灣發生地震、臺東發生風災時，這些孩子們在校園發起「竹筒歲月」募款，並唸誦《古蘭經》為全臺灣祈福，他們主動捐

款表達對全球慈濟人以及臺灣人的感恩與關懷。

　　不同的國度，不同的宗教環境下，因為天災，因為人禍，讓慈濟在土耳其，以「無緣大慈、同體大悲」的精神，與信仰伊斯蘭教的穆斯林相遇，以尊重為本，以互信相融，讓穆斯林認識了慈濟，也讓慈濟了解了穆斯林，這一切都是因為一個字——愛。

「真愛」跨越藩籬
——以祥和社會、創造無災無難世界的共同目標與使命融合宗教

"True Love" Crossing Barriers
—To Fuse Religions under the Common Goal and Mission of Creating Harmonious Societies and a Disaster-free World

潘明水 慈濟南非分會前執行長

Michael Pan
Former CEO of Buddhist Tzu Chi Foundation,
South Africa Branch

　　南非，非洲大陸上一顆璀璨的鑽石，因為曾經歷經將近五十年的種族隔離政策，被阻隔成兩個截然不同的世界。白人的世界，是美好的人間天堂；十幾公里外的地方，卻是充斥著暴力和貧窮的黑人社區。

　　秉持著「無緣大慈，同體大悲」的精神，慈濟志工在南部非洲深耕二十多年，苦他們所苦，從而入苦、拔苦。用行動證明了真愛可以跨越藩籬，創造無災、無難的世界；而且一個共同的目標和使命，可以融合各種的宗教與信仰。

動盪社會 苦難人生

　　一九九四年，結束南非種族隔離談判到南非大

選前的社會動盪時刻，一樁臺灣慈濟推動的「送愛到南非」舊衣賑濟活動因緣，讓我們這些僑居南非、居住在安逸白人社區的臺商，首次深入到危險的黑人社區，救濟受暴力迫害的貧困難民。

當時，政治動亂下，極端暴力人士互相殘害，隨處可見被燒毀的房子。我剛進去黑人社區的時候，看不到任何人。在那裡，有一個社區中間隔著一條土路，路的兩邊，兩個敵對的政黨支持者正互相越過這條土路殺害對方。因此，沒有人敢出去外面，否則就會被殺害。路上唯一可見的是軍方架著重機槍的裝甲車，來回巡邏，維持著治安。

這區域的治安工作原本是屬於警察的。而且在這個公路的另一頭，大約只有一百公尺遠的地方就有警察局。不過，這個警察局的警員，卻在走入那個區域維持治安時被殺害了，警方不得已只好申請軍方的戰車到那邊去鎮暴。

可以想像，當年就是這麼恐怖的一個場景，到處都是屠村事件，房子一間間地被燒，很多人無家可歸。後來成為我們第一位南非本土志工的葛蕾蒂絲（Gladys Ngema）回憶，當時她的家也遭人放火、付之一炬，她躲在叢林裡面，沒有食物、水，甚麼都沒有！直到遇見我為她帶來食物與衣物，讓她十分感動，後來成為第一位慈濟南非本土志工慈蒂師姊（法號）。

另一位慈濟南非本土志工慈艾師姊，在加入慈濟之前，不僅她的房子被燒，而且她還身中八槍，眼睜睜看著三位家人在自己面前遭人殺害。她住院半年後出來，雙眼都是血絲，一心只想復仇，心中充滿了仇恨。所幸因緣際會下接觸到慈濟，一步一步地跟著慈濟志工去訪視貧病，從見到其他人苦難的當下，也啟發了她心中本具的愛心，消融了仇恨。於是，就在這樣為苦難人付出的同時，也拔除了自己內心的苦。

愛滋關懷　賑濟孤兒

　　迷信，讓很多愛滋病患選擇再去傷害別人，卻不明白這麼做救不了自己；我們相信唯有集合所有不同的愛，來自不同信仰、種族、宗教的愛，這種愛沒有宗教種族之分；一戶戶關懷，一村村宣導，才能防止更多人染上這種世紀的黑死病。

　　慈蒂師姊告訴過我，曾有警察跟她們說，每週警察局會接到上百件兒童遭到性侵的案例，因為那些男性相信童貞可以治癒愛滋病。從那時候起，我便要所有志工全心關注愛滋問題，因而開啟了照顧愛滋病患的因緣。

　　在祖魯族的村莊，普遍的大家庭制度下，一個十幾口的人家，一旦成人染上愛滋病往生，不出兩年，就會變成只剩下兩、三個小孩子；一個個的泥土堆，埋葬的多是青壯年的愛滋往生者。而愛滋父母往生後，

問題不會跟著消失，留下的是更大的愛滋孤兒問題。

愈是深入，愈能感受到世間苦難偏多，發現更多躲在暗角哭泣的苦難人。苦難需要邀請更多人，承擔起人間天使，或是人間菩薩去愛他們。

眼見愛滋病蔓延，父母往生後留下許許多多無助的孤兒乏人照顧，本土志工並不富有，但愛的能量讓他們有願、有力做下去。許多本土志工用智慧開闢愛心菜園種植蔬菜，藉以成立愛心廚房，設立供食據點照顧孤兒身心的溫飽。到處可見的愛心露天廚房，是如此簡單，卻發揮很大的愛的良能。無論是佛教的華人、超過一萬五千位基督教或傳統信仰的非洲本土黑人志工，不同的宗教可以一起成就相同的目標。

在南非，我們探訪病人、為孤兒準備食物、跨過邊境去其他國家照顧貧窮的人。我們前往賴索托、辛巴威、史瓦濟蘭、莫三比克、波札那、納米比亞等其他國家散布愛的善種子。南非慈濟志工供養熱食給一萬多名小孩子，還有照顧著超過二千名愛滋病患者，原本他們沒有這種愛，只能躲在暗角哭泣，現在又恢復了人性的尊嚴。

慈悲濟世 真愛無別

在我們志工隊伍裡面有一位很特別的人，他是一位虔誠穆斯林警察的慈濟志工，名叫沙希德。他當志工的時候永遠穿著厚夾克，南非有時候很熱，但他還

是這樣穿著，即使汗流滿面，都不願意脫下來。原來他下班後直接來當志工，沒有時間換志工服，穿著外套，是為了遮住警察制服，以免驚嚇到受關懷的對象。

證嚴上人祈求「人心淨化、社會祥和、天下無災無難」的三個願，將大家和合為一，消弭了各種有形、無形的隔閡。就如志工在社區活動所用的場地大部分都是教堂，這在當地已是最好的場地了。教堂提供場地讓我們辦月會，十字架旁就是佛教慈濟的標誌；無形的融合，是不同宗教的志工，將大愛化為行動。

此外，也有基督教徒受證慈濟委員，分享佛陀教育世人的本懷，以及自己做慈濟體悟到耶穌的真愛。真愛，是真正共同的信仰，慈濟談大愛、基督談博愛，都是一分對人世間的真愛；佛教、基督教、牧師、巫師，表面上信仰不同，苦人所苦的教義卻是一致的，慈悲救世的目的本具，只是有著不同的名字、不同的做法。

已受證的慈濟委員齊努木希正是一位牧師，在二○一六年四月史瓦濟蘭的本土志工研習會上，分享的主題是「回顧慈濟五十年」，即使因為生病虛弱地需志工的攙扶，他依舊堅持不懈地出來參與志工活動。因為他希望啟發人人成為天使或菩薩的使命不能停止。

而即將受證為慈濟委員的蘿達師姊，也是一位基督徒，她虔誠向上帝祈禱，不要讓她太早上天堂！因為參與慈濟志工之後，她平常一戶戶關心許多病患，

然後養了許多孤兒。而且在南部非洲嚴重的旱災中，看到牲畜死亡，居民飽受飢荒的折磨，讓她很捨不得，於是發願請求上帝不要讓她太早上天堂，她要用生命做到讓史瓦濟蘭完全沒有苦難。

還有幾位年長的慈濟志工，投入慈濟跨國關懷團隊中，在使命感的驅使下，仍是奮不顧身要將這些美善的觀念和行動傳遞到更多地方去。八十歲的慈蕾師姊，雖然身體不舒服，她依舊前往離家一千多公里的村莊，帶動當地人投入志工行列，服務自己的社區。帶著受傷的腳，慈帝師姊毫無罣礙地在三天內，跨過國界來回五千公里去引導帶動當地人，投入去照顧苦難人；還有慈碧師姊車禍骨頭斷了四節，一出院後馬上就帶著志工隊伍，一山一山地爬，拔苦予樂。

不只是南非、史瓦濟蘭，南部非洲七個國家的慈濟本土志工，將不同宗教、種族的力量合而為一，共同發願追隨證嚴上人，祈求「人心淨化、社會祥和、天下無災無難」的三個願，期許讓人心都能淨化，每一個人都變成活菩薩或天使。無量從一生，菩薩無量愛無量，天使亦無量，眾生無邊誓願度，共同締造一個無災無難的人間淨土。

※整理自2016年10月2日第四屆慈濟論壇發表內容

德國慈濟志工對於難民問題的觀察與關懷行動

Tzu Chi Germany Observations and Actions for Refugee Problem

范德祿 德國慈濟志工

Dr.Rudolf Pfaff
Volunteer of Buddhist Tzu Chi Foundation,
Germany Branch

由於貪婪、腐敗、人為疏失，以及政府的體制運作不良等因素，導致許多國家治理不善，大批人民逃往歐洲國家，認為可以為他們的生活帶來好處，並且獲得一份美好的工作。

顯然地，爭奪資源和影響力的政治權力鬥爭為人民帶來痛苦，尤其讓人難以接受的是資源豐富的非洲國家，竟然因為權力的腐化和貪婪，也無法養活人民。他們的政治家和宗教領袖仍然沒有徹底理解，世間沒有什麼是永恆的，財產和權力只是暫時的擁有。戰爭的發生也基於同樣的理由——想要去竊取和支配他人所擁有的。這些事情的後遺症在歐洲四處可見——例如大批難民的湧入，希望能在歐洲國家獲得免費的資源。

在關懷、幫助難民一段長時間之後，我們已經非常了解他們的問題，德國慈濟人已經學會如何去管理

及對待這些來自不同背景的難民。他們大多數並不想要改變自己的行為模式，他們告訴我許多不同逃離家園的原因，但我則是告訴他們：「需要學習和改變融入一個組織化及有價值的生活體系，而非為這裡帶來困擾。」

對我們來說，這是一個巨大的教育工程，也是一個很難實現的挑戰。他們大多數是穆斯林，並不想改變自己的行為。於是德國慈濟志工開始舉辦各種活動與他們互動，邀請所有不同的社群參與，過程中慢慢學會包容不同文化和教育的差異。

人們無法忘記發生在一千多年前基督徒和穆斯林間戰爭的歷史，這件事情影響著他們的良知與行為，尤其是教育程度較低的人們。所以我們有一個最重要的教育工作要做，那就是告訴他們，慈濟是以愛與關懷為準則的。但幾乎所有的人都無法了解我們的理念，並且從一開始就拒絕理解。因此，慈濟志工需要用堅持和耐力去克服。

德國慈濟志工雖然曾在波士尼亞、塞爾維亞與德國經歷許多衝突，但仍在經濟與精神上幫助他們。在波士尼亞，我們設法在很排外的社區裡，將一千多位信仰穆斯林、東正教、天主教的人們聚集在同一個空間，並鼓勵在場的人一起對他們各自信仰的神祈禱。這可說是一次的創舉，但也證明不同宗教其實是可以融合在一起的，當時的祈禱氣氛非常和平，漸漸地也

因為這個事件，讓本來很敵對的社區，慢慢變得和諧。

此外，在塞爾維亞發生難民過境事件時，我們也曾跟他們的首長見面，討論如何針對較有困難的窮人，發放他們需要的物資，但重點還是在於難民的生活教育和關懷上。塞爾維亞的首長對於慈濟國際賑災的成效都讚許有加，也非常尊敬慈濟。在難民營時，只要慈濟的車子一開進去，所有的難民幾乎都一擁而上，呼喊著：「慈濟、慈濟！」發放任務要結束準備離去時，大家會哭泣不捨地追著我們。

我認為塞爾維亞是難民進入歐洲重要的中繼站，我們必須要扎根在那裡，讓原本大量湧進來的難民，從那邊開始重新再教育。

針對德國近期湧進的大量難民，我們也做了針對援助難民的教育計畫，而不僅僅只是發放。慈濟希望在當地帶動和平的氛圍，讓這些被迫離開家園的難民，不平衡的心態能慢慢消弭，甚至仇恨也能化解於無形。慈濟志工在當地帶動大型發放，或是祈禱典禮時，我們都邀請難民一起加入，並且分派一些工作讓他們投入參與。譬如發放飲水或食物，甚至是安全的維護。難民們漸漸地都很配合，從做當中慢慢地受感動，進而帶動自己的同胞，一起來為苦難的人民祈禱。我相信慈濟這種愛與關懷的理念，將會一點一滴地深植在難民的心中，從而化解仇恨，攜手向前。

慈濟讓這些宗教、政治、教育、文化背景完全不

同的難民，可以融入到德國當地的文化，這點讓德國政府當局也很驚訝——慈濟神奇的力量，竟然能做到他們做不到的事情！事實上，我們的使命是要在難民的教育和知識上努力，期待能獲得不同社群之間的和平與愛。德國慈濟志工因為了解難民不同的文化與行為，因此是完全承諾能勝任並且致力去幫助他們。

　　在德國當地的慈濟人還有很多任務，但相信秉持著證嚴上人的教導及理念——「感恩、尊重、愛」，一定可以為當地帶來和平；也希望可以將上人的教導一點　滴地帶給當地的難民，讓他們發起利他的心，幫助別人，同時也幫助自己。

　　我們相信，愛和關懷將會勝過一切分歧！

論壇致詞輯錄

圓宗長老 中國佛教會理事長

各位貴賓、各位法師、諸山長老：大家早安，阿彌陀佛！

慈濟的主人證嚴法師是菩薩化身，他是以無量劫修來的諸善功德、福德因緣，成就今日的慈濟功德會。他好像有觀音菩薩的神通廣大，他的智慧、他的慈悲、他的願力是無窮無盡的。

根據我的了解，在幾十年前，證嚴法師住在花蓮一個小小的靜思精舍，以手工做的產品來跟眾生結緣，然後一直發揚光大，變成現在臺灣的慈濟，變成地球上的慈濟，神通廣大。

在證嚴法師的領導之下，現在全世界慈濟人，包括臺灣慈濟人，都由證嚴法師培養出來，所以現在所有的慈濟人也跟證嚴法師一樣，在全世界、在有災難的各地，有一切的困難，他們也跟證嚴法師一樣，行菩薩道來濟度眾生。

在這裡，祝福證嚴法師及所有的慈濟人：「行願無盡、慈悲無盡、智慧無盡、功德無盡。」

　　感謝大家，謝謝！

淨耀法師 新北市佛教會理事長

諸位法師、諸位學者專家，所有與會的嘉賓：阿彌陀佛，大家吉祥，大家平安！

非常高興今天有這個福德因緣共同來成就這次論壇盛會，慈濟在證嚴法師的創辦帶領下，走過半個世紀，已經五十年了。在這五十年的當下，我們看著他的成就，在回顧的過程中去了解走過來的辛苦，我們後人應該怎樣學習才有今天的論壇；我覺得這個論壇是千載難逢、難逢千載，大家能夠好好地從這當中，得到我們學習的目的。

我們都知道，佛陀誕生人間，唯一的目的是如何幫助眾生離苦得樂。佛法的本質，是佛陀觀察到人生的根本問題，就是老、病、死的問題，那麼，老病死的問題要如何能夠去對治、去解決？佛陀在思考的當下，他捨棄王位出家，目的是為普天下所有的眾生，找到對治生死輪迴的根本。

所以佛就是一種覺悟，就是今天主題所謂的「普世性」，關懷一切眾生，這就是慈濟宗門的根本精神，

怎樣能夠真正以無私的愛，嘉惠所有的眾生，但願所有的眾生都能夠在慈濟這艘法船的載領之下，能從生死的此岸，而登涅槃的彼岸。要能夠登到涅槃的彼岸，要先能夠聽聞了解到我們自己有什麼樣的問題；能夠在聽聞了解問題之後，進而如何去思考，如何去做對治，在對治的當下，能夠把自己淨化，就是我們所謂聞、思、修的修行次第。

但願今天在場聆聽的所有專家學者，能夠提供本身睿智的高見，當下我們大家都能悉心來思惟，來改變自己、提升自己，我想今天論壇的舉辦，才能產生實質的意義。

學人今天有幸能夠前來共襄盛舉，除了抱著一分感恩的心情，同時也抱著一分學習的心情，預祝我們大會圓滿成功，也摯誠祈願在佛陀的護佑下，讓證嚴法師法體安康、法輪常轉，讓他的慈悲願力能遍及寰宇。感恩普天下所有的慈濟人，能夠如我們證嚴法師的化身，每一位慈濟人所到的地方，就是證嚴法師慈悲化身的表現，但願慈濟人能夠遍及世界五大洲，讓慈濟這一條法水，能滋潤到普天下一切眾生，離苦得樂，這才是佛陀誕生人間的本懷，我們一起來期待。

也祝福與會的所有嘉賓、專家學者們健康吉祥，謝謝大家！

黃麗馨 慈濟法脈宗門中心秘書長

　　敬愛的法師、海內外貴賓、精舍師父、慈濟的家人們：大家好！阿彌陀佛！

　　很高興能夠參加今天的論壇，這次論壇是以佛教普世性，以慈濟宗門的開展為主題。在證嚴上人帶領大家從事慈善工作五十周年的此時，舉辦論壇有特別深遠的意義。在我們行前，證嚴上人特別殷勤囑咐我們弟子們，要用最誠摯的心來舉辦這場論壇，也要求我們弟子們，要用最真誠的心來接待與會的各位貴賓、學者專家們。

　　臺灣的宗教蓬勃發展，最近美國有一個研究機構——皮尤研究中心，公布全球宗教多樣性的報告，指出臺灣的宗教多樣性指數非常高，在全世界二百三十二個國家地區裡面，臺灣排名第二，僅次於新加坡。根據官方的統計資料，臺灣不僅有傳統的五大宗教，甚至共有二十一種的宗教類別；在政府部門登記的宗教團體，總共有一萬六千處，但臺灣的宗教活動自由，所有的宗教活動不一定要跟政府登記，所以政

府估算沒有登記的，可能是這個數字的一倍以上。也就是說，在臺灣三萬六千平方公尺的面積裡面，大概每個村里都會有一個不同宗教的寺廟、會堂。臺灣宗教團體協助政府從事公益活動的績效非常卓著。根據二〇一五年政府的各宗教社會服務概況，顯示我們宗教團體從事公益慈善的績效。

在興建醫院方面，臺灣共有三十三所醫院是宗教團體興建的，有十四所大學是宗教團體興建的。其中，慈濟興建的醫院就有六所，慈濟的大學也有二所，所以在宗教團體從事的社會服務裡，慈濟的成效也都非常卓著。

我們的師父證嚴上人，一九六三年在臨濟寺受戒的時候，印順導師給他六個字：「為佛教，為眾生。」證嚴上人感於臺灣化東地區貧窮落後，醫療匱乏，所以他帶領五位弟子、三十位家庭主婦，以日存五毛錢創立慈濟克難功德會，展開竹筒歲月，從事募心募愛的工作。

五十年來，精舍的常住師父、清修士和全球慈濟人跟隨著證嚴上人的腳步，內修誠正信實，外行慈悲喜捨，慈濟志工的腳步遍布全球五十六個國家地區，慈善活動也擴展到全球九十四個國家地區。

根據二〇一五年的統計，慈濟全球總共有九萬零八百六十三位受證的慈誠和委員，在這九萬多位慈濟志工裡面，有七萬八千位在臺灣。也就是說，另外有

一萬二千多位志工是在全球五十六個國家地區。對於海外志工，證嚴上人給大家的期許是：「自力更生，就地取材。」海內外慈濟志工在從事慈善工作的時候，都是自費、自假、自掏腰包，透過人力、專業技術和愛心的付出，二〇一五年全年統計，臺灣慈濟志工動員投入慈善服務，有六百八十萬四千一百四十二人次，這些投入的慈善工作，如果換算成社會的價值來說，約等同於三十九億八千二百四十六萬億元；也就是說，有將近四十億無形愛心的付出，這項無形愛心的付出，其實就是穩定整個社會的重要力量。

這五十年來，慈濟投入慈善工作，跟著我們整個臺灣的成長過程，步步向前進，今天在慈濟五十周年之際，舉辦這場論壇，對我們來說，有特別深遠的意義；我們不僅要回顧過去，我們也要展望未來，相信經由今天的研討、座談，可以為未來漢傳佛教、慈濟宗門的發展，提供很好的貢獻。

最後，我還是要祝福這場論壇圓滿成功，在座尊敬的法師們法體安康，各位與會的貴賓身體健康、萬事如意，謝謝大家！

蔡炳坤 慈濟教育志業執行長

敬愛的上人、圓宗長老、淨耀法師、北京大學樓院長、牛津大學龔布齊教授、精舍師父、各位學者專家、居士大德、各位慈濟家人：阿彌陀佛！

感恩諸位蒞臨，讓這次的論壇增添無限的光彩，此次論壇適逢梅姬颱風過後，全臺正展開災後復建之餘，讓我們一齊為受災戶祈福，臺灣加油！

今年的慈濟論壇以佛教普世性、以慈濟宗門開展為主題，探討的層面涵蓋宗教學、管理學及全球化，進而開展出慈善志業、漢傳佛教、菩薩道、組織運作、理念弘揚等內容；整體而言，這次的論壇以菩薩精神的高度，慈濟宗門的廣行，以及慈善良能的深化，建構出佛法落實於現代生活的立體構面。

首先是菩薩精神的高度，所謂菩薩精神，誠如印順導師所說：「淨心第一，利他為上。」隋代智者大師在《摩訶止觀》提到：「菩薩是上求菩提，下化眾生。」菩薩一方面尋求菩薩道，同時度化一切眾生，就是發大悲心，以大智慧為引導的利他者。菩薩的悲心就是：「但願眾生得離苦，不為自己求安樂。」環顧

國內各大寺院寶剎，無不推展菩薩精神。諸如佛光山星雲大師推動的「做好事，說好話，存好心——「三好運動」，從身口意三業著手，並能自度度人；法鼓山聖嚴法師推動的「心六倫」，從「家庭倫理、生活倫理、校園倫理、自然倫理、職場倫理、族群倫理」，都是建立起群我之間的和諧、社會國家的平和；中台禪寺惟覺老和尚倡導「四箴行」，從「對上以敬，對下以慈，對人以和，對事以真」之中度化群倫；在座諸位法師，也在各地推展教化，無不都是以利他作為前導的利他精神，化度諸有情。

證嚴上人在《靜思語》當中提到，「願要大，志要堅，氣要柔，心要細」。個人認為這正是展現菩薩的悲智願行。所謂「願要大」，願要如大地一般安穩不動，承載萬物，這就是大願地藏王菩薩的願力；「志要堅」，志向堅定智慧生，這代表著大智文殊師利菩薩的智慧；「氣要柔」，氣和理柔能實踐，象徵著大行普賢菩薩的難行能行；「心要細」，心細能聞眾生苦，正是大悲觀音菩薩的悲心。上人說，真正的菩薩能做事、能說話、能吃飯、能尋聲救苦，處處現身；菩薩是走出去幫勵苦難人，正說明菩薩精神就是悲智雙運，上求下化，日月精進，行化人間的典範。

其次是慈濟宗門的廣行，今年正逢慈濟成立五十周年，半個世紀以來，慈濟本著慈悲為懷、濟世為志的悲心弘願，為人間拔苦予樂，在各地濟貧救難。全

球慈濟人奔走五大洲，關懷達九十四個國家地區，在此也感恩來自全球各團體、各組織、各宗門對慈濟的協助，共同成就菩薩志業。今年（二〇一六年），上人以「大愛之道廣披寰宇，長情之路古往今來」為宗門的主軸，其中「大愛之道廣披寰宇」說明了空間的普遍性；「長情之路古往今來」表達出時間的永恆性。慈濟人在時、空的交會當中走入人群，不分國家、種族、地域、宗教信仰，無私無我的付出，說明了人與人之間是無差別的平等性，這也是慈濟宗門廣行全球的註解。

　　第三是慈善良能的深化，所謂：「法不孤起，仗境方生；道不虛行，遇緣即應。」慈濟的因緣從一九六六年到現在，從不停歇，本著尊重生命、肯定人心的核心價值，從慈善志業，進而推動醫療、教育、人文等四大志業，再由慈善深化國際賑災，醫療深入骨髓捐贈，教育引導社區志工，人文志業開展環境保護，這八項重要的任務與使命，不僅是一生無量、無量一生，更是燈燈相續、光光相入，彼此相融互攝。慈善不僅發揮了補救功能，更可以達到解決預防的良能。近年來，慈濟不但結合醫療志業，關懷長者健康、預防老化；在教育的部分，更推動防災、減災希望工程，為偏鄉遠鄉援建校舍，分別在屏東、高雄、臺東、花蓮、苗栗，援建了二十八所學校，除了國內，也在全球十六個地區援建了二百零一所學校。

教育為生命帶來希望，有了硬體建設，也要推動軟體的服務。今年編輯完成的《大愛引航》人文素養教材十一冊，從幼兒園、小學到中學，從學校、家庭到社區，課程主軸是當前最迫切需要的生活教育、品格教育、生命教育及環保教育，並將分送到一千所以上的學校，為人文教育扎根。

　　個人認為，今年論壇有三項特色，一是理想與現實的融會；二是理念與實踐的印證；三是理論與實物的結合。我們因懷抱理想而形成理念，進而形成理論。我們期待由現實環境的需要，進而達到實物的實踐，我們每個環結都要能夠環環相扣，每個議題都要百尺竿頭，更上層樓。今、明兩天的論壇，懇請諸位法師、教授、學者、大德惠賜卓見，多方提點、全方論述，讓菩薩精神得以闡揚，慈濟宗門得以廣開，慈善的良能得以深耕，造福更廣大的人群。

　　在此衷心祝福諸山長老，法體安康，法輪常轉；誠心祝福諸位貴賓，身心康泰，六時吉祥；更祈願所有的居士大德，闔府平安，福慧增長，感恩！謝謝大家！

王本榮 慈濟大學校長

　　尊敬的法師大德、諸山長老,所有來自海內外的教授、學者、專家,還有各位親愛的慈濟師兄、師姊,大家早安!

　　容我代表主辦單位,向各位表達最高的敬意與謝意。由於您們的參與和付出,讓論壇更加豐盛與成功!

　　今年論壇主題是「佛教的普世性與慈濟宗門的開展」,就讓我以宇宙時空中的人間與佛教的入世與出世,來表達對於議題的看法,也請各位多指教。

　　首先談到宇宙的本體論,從十五世紀文藝復興、十六世紀宗教改革、十七世紀科學革命、十八世紀啟蒙運動、十九世紀浪漫主義,演化論到二十世紀科學相對論、量子論以及分子生物的發展,讓西方教會權威逐漸式微,強化科學化約主義與一元論的觀點。

　　現在以相對論探討宏觀的世界,以及量子論探討微觀的世界,已經納入我們對整體的宇宙知識體系中;特別是演化論到分子生物學的發展,也破解了我們DNA的雙螺旋結構,也解開了遺傳與生命的奧秘。

這是一個科學化約主義的時代，其實科學還是沒有辦法解答我們根本的存在問題，沒有辦法定義意義，也沒有辦法明辨是非；所以宗教很重要，我們就來探討佛教是不是合乎宇宙的科學精神。

　　我們從一九九二年宇宙微波背景輻射的探索，已經很明確知道，宇宙是從一百三十七億年前開始無中生有。我們可以看到宇宙從零時間、零空間，透過一個爆漲（inflation），再經過一個「big bang」——所謂的大霹靂，然後隨著時間開展空間，成為一個無垠的宇宙。現在宇宙有多大呢？宇宙還是不停地在擴張中，太陽系直徑有四十五億公里，雲河系的直徑有十億光年。

　　那光年是怎麼計算出來的呢？它是一秒能夠行走三十萬公里，所以它不是一個時間單位，它是一個距離單位，一光年約為九兆四千六百億公里。銀河系有十億光年，現在可以觀測的宇宙至少有兩百億光年，所以我們說宇宙是昊天罔極的。而從物質和我們人類、所有生命，回歸基本的單位就是原子。原子就是微觀的世界，它是由質子與中子所構成的原子核，以及在外面迴旋的電子所構成的；那質子與中子，又從基本粒子的夸克所組成的。

　　進入微觀世界，原子非常、非常小，是十的負十次方公尺。那麼像電子跟夸克的基本粒子，甚至已經下修到十的負十八次方公尺的微量世界。從這樣來看

整個宇宙，它其實是無中生有；其實也不是無，它是一個真空能量爆漲，然後經過一個大霹靂，進行能量物質化的過程。首先產生的粒子，夸克與電子，隨著宇宙溫度下降，三個夸克會結合質子與中子；三分鐘以後，質子與中子又結合微原子核。三十八萬年後，電子與原子核結合，就成為所有宇宙和物質構成的基本單位。

宇宙形成於一百三十七億年前，現在還不斷地在擴張。我們的銀河系在一百二十億年前，也是宇宙一千億個星系之一。銀河系有兩千億個恆星，太陽也是其中之一而已，太陽形成於五十億年前，而地球是在四十六億年前形成。

我們在《楞嚴經》裡面看到的宇宙是甚麼？三千大千世界就是《楞嚴經》的宇宙，這個宇宙已經有時間和空間同時開展的觀念，時間、空間相生相滅、相依相存。其實，在《楞嚴經》的宇宙和現在是完全符合的，而且它提到如來藏中，「性色真空」、「性空真色」，也就是代表質能，能量物質化的科學精神。它提到「空生大覺中」，這個空從一個能量來，就像海中一個小泡沫一樣，所有宇宙的「有漏微塵國，皆因空所生」，我們可以看到《楞嚴經》中，已經把宇宙論的科學表達得非常清楚。

地球是以時速一千七百公里自轉，自轉一周稱為一天；十萬七千公里繞著太陽轉一周為一年。太陽系

又以七十七萬八千公里繞著銀河系，繞一周二點五億年。所以，我們天體的運行大小互融、交攝無盡、相互接引、自成秩序，這與《華嚴經》表述的也是不謀而合。華嚴經講「一微塵轉大法輪」，「一毫端見十方剎土」，整個華嚴世界就是大、中可以攝小，小、中也可以攝大，一切可以入一，而一中又可以容納一切，天體的運行也是一樣的。

　　真空是物質不存在的狀態，一旦獲得能量就可以轉變為物質，成為實質狀態；所以，佛學的「性空」與科學的「真空」異曲同工，不是斷空，它代表無限的可能、無限的包容、無限的變動，以及無限的因緣流轉。

　　在物質與原子這個實相，其實也是「實相非相」。原子是最基本的單位，《法華經》同樣講三千大千世界微塵數，這個微塵再把它分析就成鄰虛塵，那就再進一步更析鄰虛塵即是空性，所以我們就很清楚空性能夠生出色相。科學從真空發展為基本粒子，形成原子，再變成宇宙所有的物質生命，與佛學從虛空變成鄰虛塵，變成微塵，變成大千世界，完全是不謀而合的。所以《金剛經》與《心經》講的道理，我們從科學中能夠更加透徹明白。

　　相對論是一個宏觀的世界，它講的是能量等於質量，就等於一個能量可以變成物質，物質也可以變成能量，這個跟我們的「性空真色」其實是完全一樣

的。相對論在光速中，從愛因斯坦的角度來看時間就是等於空間，所以宇宙也是時間與空間同時構成的。

在量子論中，提到的「測不準原理」、「波粒二重性」、「量子疊加」的一些原理，就和佛學裡面的「諸行無常」、「諸法無我」，菩薩可以千百億化身，道理也是完全是一致的。所以佛法的真諦其實是真空妙有，也是無亦未曾無，「非空之空為真空」；有亦未曾有，「非有知有為妙有。」它緣起性空，物質有「成、住、壞、空」；意識有「生、住、異、滅」；生命有「生、老、病、死」，和現在的科學其實是完全不謀而合的。

從演化論和分子生物學的角度，我們知道基因是一個雙螺旋結構，從這樣的科學，印證所有的生物都有相同的始祖，以及相同的ATGC四種鹼基的基因密碼；只是排列的差異性，造就了地球上豐富多樣的生態環境，這個也符合佛法眾生平等、眾生同源、同種的說法。

可以看到基因的距離，每一個人的差異不會超過百分之零點一。基因的排列上，我們五百萬年前和黑猩猩分道揚鑣，在演化的路上分開了，黑猩猩和我們只差百分之一點二三而已，所以差之毫釐，謬以千里；我們已經探索宇宙，而黑猩猩還在森林裡面。因此，佛陀告訴我們，人身難得今已得，更重要的是佛法難聞今已聞。

現在進行第二個探討，是人間的實踐論，印順導師給證嚴上人六個字：「為佛教，為眾生」。所以慈濟宗門開展，不但是「開、示、悟、入」，更重要的是一個「行佛知見」，是一個實踐佛法的人間菩薩道。佛陀告訴我們甚麼叫做佛教：「諸惡莫作、眾善奉行、自淨其意、是諸佛教」、「止惡、修善、斷惑」。證嚴上人也告訴我們，「宗教就是人生的宗旨、生活的教育」，充分表達佛教人間化的最高精神。

　　我們都很清楚了，慈濟在五十年前是從慈善開始，然後進行醫療、教育、人文，還有國際賑災、社區志工、骨髓捐贈、環境保護；我想四大志業、八大法印各位都已經很清楚，就不再做進一步的說明。但是可以看到這四大八印，全部都基於我們的行佛知見，包括聞聲救苦、開迷啟悟、深觀廣行、利濟眾生。

　　從醫學的角度，其實我最震撼的是佛陀兩千年前就講頭目髓腦、悉施於人，不過在那個時代只是神話，根本不可能辦到；但是現在的科學，讓佛陀的預言成真。醫學科技一刀兩刃，也容易衍生倫理議題，必須要有人文與反省的創造。宗教的議題，是一體兩面，容易造成人神衝突，所以必須要順應時代的變化，來實踐宗教基本的精神。

　　像器官捐贈，就是可以延長人的生命，也可以讓自己部分生命得以延續之利他自利行為；骨髓捐贈讓「細胞種子」的血液幹細胞，能夠穿越時空，因緣和合

在一個即將殞滅的身體中，重新燃起生命的火花，「眾裡尋他千百度，那人正在骨髓資料庫」，這是何等莊嚴曼妙的功德、人間科學專業與佛法大愛的結合。

慈濟更發展到大體捐贈、大捨之愛，證嚴上人以佛法最高的精神——「無緣大慈、同體大悲」、「不厭生死、不著涅槃、不見一切相、性相不相離」，打破華人入土為安的觀念。現在有四萬個人簽下同意書，把大體捐贈給慈濟大學，我們都稱為「大體老師」，這樣融合人文教育與生命教育的解剖學，已經開展了解剖教學的新視野。因為有四萬人的見證，讓我們得以將解剖學從傳統認識身體奧秘的大體解剖，提升到能夠真的去救人，真的去救命的臨床醫學。

所以目前慈濟大學每年都要舉辦六次模擬手術教學，讓實習醫生、住院醫師、主治醫師，甚至專科醫師，在這六次的課程中，可以學習或者是精進手術的技能，嘉惠到廣大的民眾。全世界大學也都來這裡學習，這是全世界唯一的中心，也徹底實踐人間菩薩道的的理念。所以，《華爾街日報》以首頁來報導，認為不但是全世界最好的醫學科學的教育，更是一個最好的生命教育、人文教育。

現代的人間佛教就是以佛法出世的精神、入世的悲願，應用現代經世的智能，廣招所有的專業人才，從深觀的大智、廣行的大愛去實踐佛陀的教義，營造善的共業，改造外在的環境，來提升每一個人的心靈

品質。我們很清楚，在人群中，最能夠砥礪修行；在人群中，也最容易迷失自我。所以，在人間佛教的構成中，我們還是須臾不能離開佛法的普世價值、宇宙的精神；慈悲與智慧要悲智雙運，真諦與俗諦要二諦融通，這是在慈濟宗門開展，證嚴上人秉持的佛陀最核心的教導，來領導我們、教育我們。

　　以上是我簡單的分享，感恩大家的聆聽！
※整理自2016年10月2日第四屆慈濟論壇致詞內容

國家圖書館出版品預行編目 (CIP) 資料

慈濟宗門的普世價值 / 樓宇烈，理查·龔布齊等著. -- 初版. --
臺北市：經典雜誌，慈濟傳播人文志業基金會，2017.05
408 面；21×15 公分
ISBN 978-986-6292-90-3（平裝）

1.佛教慈濟慈善事業基金會　2.宗教與社會　3.文集

548.126　　　　　　　　　　　　　　　106005161

慈濟宗門的普世價值

作　　者／樓宇烈、赫曼·李奧納 (Herman B Leonard) 等著
發 行 人／王端正
總 編 輯／王志宏
叢書主編／蔡文村
叢書編輯／何祺婷
總 策 劃／許木柱、何日生
策　　劃／賴睿伶、羅世明
美術指導／邱金俊
美術編輯／黃昭寧
封面設計／蕭明蘭、莫炳燊
內頁排版／莫炳燊、極翔企業有限公司
編 校 群／人文真善美志工、外語隊志工、吳瑞祥、姚慧俐、
　　　　　黃基淦、褚于嘉、楊景欣、賴睿伶、羅世明
出 版 者／經典雜誌
　　　　　財團法人慈濟傳播人文志業基金會
地　　址／臺北市北投區立德路 2 號
電　　話／02-2898-9991
劃撥帳號／19924552
戶　　名／經典雜誌
製版印刷／禹利電子分色有限公司
經 銷 商／聯合發行股份有限公司
地　　址／新北市新店區寶橋路 235 巷 6 弄 6 號 2 樓
電　　話／02-2917-8022
出版日期／2017 年 5 月初版
　　　　　2018 年 3 月再版三刷
定　　價／新台幣 400 元